나만의 진로 가이드북
: 직업을 알면 학과가 보인다

인문계열

머리말

'좋아하는 일을 할까요, 잘하는 일을 할까요?'

많은 학생들이 진로 상담을 할 때 하는 질문입니다. 물론 좋아하는 일을 잘 할 수 있다면 더할 나위 없이 좋 겠지만, 그것이 아니라면 누구나 진로를 선택할 때 이와 같은 고민을 할 것입니다. 이런 학생들을 만날 때마다 '우선 너의 적성과 흥미에 맞는 일을 찾아라. 그러면 열심히 하게 되고, 비록 당장은 아니더라도 결국에는 잘 하게 될 거야.'라고 답을 합니다. 그런데 자신이 좋아하는 일이 무엇인지 알고 있는 학생이라면 그나마 다행입 니다. 그러나 많은 학생들은 자신이 무엇을 좋아하고, 어떤 일을 하고자 하는지조차 파악하지 못한 채, 자신의 성적에 맞춰 대학이나 학과를 선택하는 경우가 허다합니다.

'선생님, 제가 꿈꾸었던 학과가 아니에요. 전공을 바꿔야겠어요.'

자신의 적성과 흥미에 적합할 것으로 예상되는
학과에 무난하게 진학한 경우라도 한 학기가 지나면
전공 적합성으로 고민하는 학생들이 많습니다.
이는 진학한 학과에 대한 정확한 정보가 아닌, 피상적인 지식과 선입견으로
학과를 선택한 결과입니다.
입시 준비에 열중하느라 바쁜 학생이 혼자서 학과에 대한
구체적인 정보를 찾기에는 어려움이 있을 뿐만 아니라,
비록 찾았다고 하더라도 진학을 위해
어떤 노력을 해야 할지 막막한 것이 사실입니다.

이 책은 자신에게 적합한 전공 선택을 하고자 하는
중·고등학생들의 고민과 어려움을 해결하는 데
조금이라도 도움을 주기 위해 만들어졌습니다.

　대학 전공을 인문, 사회, 자연, 공학, 의약, 예체능, 교육 등 7개 계열로 나누고, 계열별로 20개의 대표 직업과 그 직업에 연관된 학과를 제시하여, 총 140개의 직업과 학과를 안내하고 있습니다. 해당 직업의 특성은 무엇인지, 하는 일은 무엇인지, 어떤 적성과 흥미를 지닌 학생에게 적합한지, 어떻게 진출할 수 있는지, 미래의 직업 전망은 어떤지, 어떤 자격증이 필요한지 등을 상세히 풀어놓았습니다.

　또한, 직업과 연관성이 큰 대표 학과에 대해 소개하면서 학과의 교육 목표, 학과에 적합한 인재상, 취득가능 자격증, 배우는 교과목, 졸업 후 진출 가능 직업을 제시하였습니다. 더불어 진로를 선택하는 데 도움이 되는 도서와 전공에 도움이 되는 고등학교 과목을 안내하였습니다. 마지막으로 원하는 학과에 진학하기 위해 중·고등학교 시절에 무엇을 어떻게 준비해야 하는지 알 수 있도록 수상, 자율, 동아리, 봉사, 진로, 교과, 독서 등의 항목으로 나누어 구체적으로 정리하였으니 이를 바탕으로 '학교생활기록부'를 잘 관리한다면 '학생부 종합 전형'을 대비하는 데 많은 도움이 될 것입니다.

　진로 계획을 잘 세우려면 시대의 변화에 관심을 가지고 그 흐름을 잘 파악해야 합니다. 평생직장의 개념이 사라진 현 시점에서는 자신에게 필요한 경험, 지식, 자격증, 학위를 쌓아가는 것이 좋습니다. 사회적으로 어떤 직업이 유망하고 안정적일 것인가에 초점을 두고 직업과 학과를 좇기보다는 자신이 어떤 일을 가장 즐겁게 할 수 있는가를 먼저 살피고, 그에 맞는 직업을 선택하여 꾸준히 능력을 개발하는 것이 중요합니다.

　'일을 즐기면 일의 완성도가 높아진다.'라고 한 아리스토텔레스의 말처럼, 좋아하는 일을 하게 되면 스스로 열심히 하게 되고, 어느 순간 그 분야의 전문가가 되어 있는 자신을 발견하게 될 것입니다. 그러나 그 과정이 순탄하지만은 않을 것입니다. 열심히 노력하더라도 극복해야 할 어려움들은 분명히 찾아올 것입니다. 그때마다 자신의 꿈에 대해 확신을 갖길 바랍니다. 간절히 원하는 만큼 노력한다면 무엇이든 이룰 수 있습니다. 그러한 여러분들을 열렬히 응원하겠습니다.

　끝으로, 이 책이 자신에게 적합한 진로를 찾아, 성공적인 직업 생활, 나아가 행복한 삶을 살아가는 데 조금이라도 도움이 되길 진심으로 기원합니다.

- 저자 일동

이 책의 구성

책은 인문, 사회, 자연, 공학, 의약, 예체능, 교육 등 총 7개 계열로 구성되어 있으며,
계열별 20가지 대표 직업과 각 직업과 관련된 학과를 소개하고 있습니다.
각 직업과 학과에 대해 보다 심도 있게 이해할 수 있으며, 실질적인 직업 진출 계획을
세우는 데 도움이 될 수 있도록 구성하였습니다.

Jump Up

직업 관련 토막 상식,
세부 직업 소개,
자격시험(자격증),
용어 해설 등
다양한 관련 정보를
자유롭게 다루는 코너입니다.

직업

직업의 유래와 정의는
물론, 우리 주변에서
볼 수 있는 직업의 모습과
직업이 하는 일
등을 관련 이미지와 함께
소개합니다.

커리어맵(1p)

준비 방법, 관련 교과, 적성과 흥미, 흥미 유형, 관련 학과, 관련 자격,
관련 직업, 관련 기관 등 직업 진출을 위해 점검해야 할 요소들을
맵 형태를 활용하여 소개하였습니다.

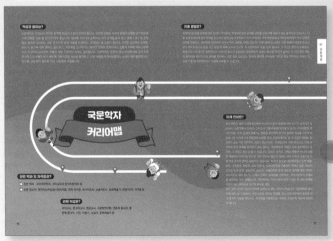

커리어맵(2p)

직업에 요구되는 적성과 흥미, 관련 학과와 자격증,
관련 직업, 직업의 진출 방법과 미래 전망을
객관적인 시각에서 상세하게 다루었습니다.

학과 전공 분석

각 직업과 관련되는 학과의
역할과 성격, 상세한 교육
목표와 교육 내용 등을
소개합니다.

주요 교육 목표

학과의 인재상을 통해
학과의 주요 교육 목표를
살펴봅니다.

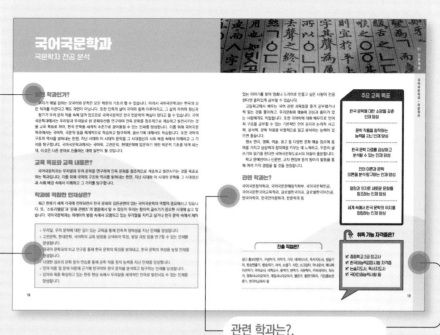

추천 도서는?

학과 공부에 도움이 되는
주요 추천 도서 목록을
제시하였습니다.

관련 학과는?, 취득 가능 자격증은?

관련 학과나 유사 학과, 각 학과에서 취득
할 수 있는 자격증 등을 제시하였습니다.

각 학과 진학 시에 배우게 되는 다양한
교과목을 기초 과목과 심화 과목으로
분류하여 제시하였습니다.

학교생활기록부 관리는?

희망 학과 진학과 희망 직업 진출을 위해
중·고등학교 학교생활에서 어떠한
계획을 수립하고 실천해야 할지를
항목별로 정리하여 제시하였습니다.

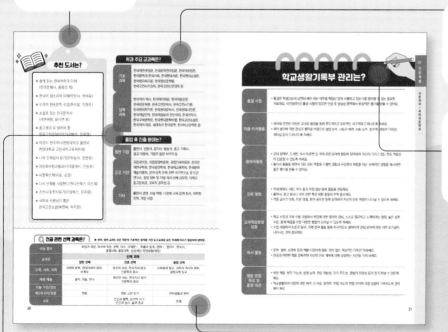

진출 직업은?, 졸업 후 진출 분야는?

학과 졸업시 실제 진출할 수 있는 직업과 분야를
보다 폭넓게 생각해 볼 수 있도록
다양하게 제시하였습니다.

전공 관련 선택 과목은?

희망 학과 진학을 위한 전공 관련 선택 과목에는
무엇이 있는지 확인할 수 있도록
표로 정리하였습니다.

Contents 인문계열

문화재연구원
문화유산학과

문화관광해설사
고고미술사학과

방송작가
문예창작학과

42

52

62

번역가
응용영어통번역학과

72

웹소설작가
미디어문예창작학과

역사학자
사학과

언어학연구원
언어인지과학과

102

92

82

통역사
영어영문학과

평론가
미학과

한국어교사
한국어학과

한문학연구원
한문학과

172

182

192

202

PART 01

인문계열 소개

1. 인문계열은?

인문계열은 모든 학문의 근본이 되는 인문학의 교육과 연구를 목표로 합니다. 인문계열은 세계 여러 나라의 문화를 이해하기 위해 언어를 과학적으로 연구하며, 문화들 사이에 존재하는 유사성과 차이점을 비교하고 분석합니다. 이를 통해 인간의 행동과 사고에 대한 연구 및 인간 삶의 근본적인 문제에 대한 답을 찾는 데 교육의 목표를 둡니다. 인문학을 연구하고 교육하여 인간의 삶과 그 터전인 이 세상의 보편적 진리와 가치를 탐구하며, 인문학 전문 교과 이외에도 교양 과목을 교육합니다.

2. 인문계열의 분야는?

인문계열은 언어·문학, 인류학, 심리학, 철학, 종교학, 교육학 분야로 분류됩니다.

3. 무엇을 배울까?

인문계열에서는 세계 각국의 언어와 문학, 인류학, 심리학, 철학, 종교학 등을 배울 수 있습니다. 언어학에서는 언어의 구조, 언어 능력, 언어 표현의 형식 등과 관련된 과목뿐만 아니라 언어학의 전체적 흐름을 파악하기 위해 언어학사를 배웁니다. 인류학에서는 다양한 관점으로 문화 변동의 원인, 과정, 결과를 연구하고, 역사 속에 숨어 있는 시간의 변화와 공간의 차이를 구별하여 인간의 행위를 재구성합니다. 심리학에서는 사회심리, 성격심리, 인지심리, 심리학 조사법 및 연구법을 학습하며, 철학에서는 존재론과 형이상학 및 철학사를 통해 하나의 현상보다는 보편적 원리에 대해 탐구합니다. 종교학에서는 종교에 대한 기본 지식과 종교가 문화와 예술 등 인간의 생활 양식에 미친 영향 등을 연구합니다. 마지막으로 교육학에서는 학생들을 효율적으로 가르치는 데 도움이 되는 다양한 교수 학습 방법을 연구합니다.

4. 졸업 후 진로는 어떨까?

인문학은 사회 어느 분야에서나 기반이 되는 학문이므로, 졸업 후 진출할 수 있는 분야도 다양합니다. 인문학은 전공을 살려 교수, 연구원이 되기도 하며, 사무 관련 업무를 하거나 작가 및 관련 전문가로 활동할 수 있습니다. 또한 외국어나 외국 문학을 전공하면 번역가나 통역사로 진출하거나 교직 과정을 이수하여 중등 학교로 진출할 수 있습니다. 그 외에도 신학 또는 철학을 전공하여 성직자, 목회자, 종교인이 될 수도 있으며, 교육학을 전공하면 임용 시험을 거쳐 초·중등교사가 될 수 있습니다.

가. 언어 · 문학

인류의 언어를 과학적으로 연구하는 언어학과·언어를 표현 수단으로 예술 활동을 하는 창작·문학 작품을 연구하는 문학으로 구성됩니다.

이 분야에는 세계 여러 나라의 언어와 문학을 연구하는 분야가 포함됩니다.

나. 인류학

인류학은 인간에 대한 모든 것을 연구하는 학문으로, 인류 문화의 본성에 대한 일반화를 연구하고, 다양한 문화들 사이에 존재하는 유사성과 차이점을 비교하고 분석합니다. 또한 생물학적·문화적·사회적 관점에서의 인간을 연구합니다. 이러한 이유로 인류학은 사회과학적 성격분만 아니라 인문학적 성격과 자연과학적 특성도 지니고 있습니다.

다. 심리학

심리학은 인간의 행동과 심리 과정을 과학적으로 연구하는 경험 과학의 한 분야입니다. 인간과 관계된 모든 학문 분야는 직접적으로나 간접적으로 심리학이 학문적으로 뒷받침되어야 하기 때문에 인문과학에서부터 자연과학, 공학, 예술에 이르기까지 많은 분야에서 심리학이 활용되고 있습니다.

라. 철학

이 세상과 인간의 삶에 대한 근본 원리, 즉 인생관, 세계관 등을 탐구하는 학문입니다. 모든 현상과 사물에 대해 "이건 왜 그럴까?"라는 질문을 던지고, 그에 대한 합리적인 대답을 찾으려고 노력하는 것에서부터 시작된 것이므로 사실상 모든 학문의 근본이 되는 학문입니다.

마. 종교학

종교학은 세상에 존재하는 다양한 종교의 보편적인 것들에 대해 탐구하는 학문입니다. 특정 종교에 대해 논리적으로 분석하여 연구하기보다는 다양한 종교들을 객관적으로 연구합니다.

바. 교육학

교육학은 교육의 본질, 목적, 내용, 방법, 제도, 행정 등 교사와 학습자 간에 일어나는 교수 학습 활동에서부터 교육의 사회적 기능까지 연구하는 학문입니다. 최근에는 교육 현상을 연구하기 위해 교육 활동 또는 교육 제도에 관한 배경, 특성 그리고 개인이나 사회에 미치는 영향을 연구하기도 합니다.

전공 관련 선택 교과 활용의 유의점

본 책에서 제시된 학과의 선택 과목 추천은 2022 개정 교육과정 고등학교 보통교과에 한정되어 있습니다. 광주광역시교육청 발간 〈2024 진로연계 과목 선택을 위한 학과 안내서〉, 부산광역시교육청 발간 〈청소년을 사로잡는 진로디자인5〉 자료집과 2024학년도 서울대 권장 이수과목 목록, 고려대 외 5개 대학이 제시한 자연계열 핵심 권장과목, 부산대에서 제시한 2024 이후 학생부위주전형 모집단위별 인재상 및 권장과목 자료를 참고로 2022 개정 고등학교 교육과정 교과에 맞게 재구성하였습니다.

본 책에서 **국어 교과와 영어 교과의 일반 선택 과목은 도구 교과(다른 과목을 학습하기 위한 기본적인 수단이 되는 교과 과목)인 성격을 고려하여 모든 학과 선택 과목에 포함하지 않았음**을 안내합니다. 아울러 **수능 필수 지정 교과인 국어(화법과 언어, 독서와 작문, 문학), 수학(대수, 미적분I, 확률과 통계), 영어(영어I, 영어II), 한국사, 사회(통합사회), 과학(통합과학), 성공적인 직업생활(직업) 교과는 필수 선택 과목 영역으로 구분하여 제시하였습니다.**

본 책에 제시된 학과 관련 선택 권장 과목은 절대적인 것이 아니라 하나의 예시 자료입니다. 본 자료가 절대성을 의미하는 것은 아니므로 최종 과목 선택시 단순 참고자료로 활용하기를 바라며, 학생 개인의 희망과 진로 등을 고려하여 최종 선택하는 것이 바람직합니다.

학생들의 이해를 돕기 위해 〈직업과 학과〉 시리즈 영상을 제작하고 있습니다. QR코드를 스캔하여 유튜브 페이지에서 영상을 확인하세요.

01
인문계열

직업	학과
국문학자	국어국문학과
국제기구 공무원	불어불문학과
목사	신학과
문화재연구원	문화유산학과
문화관광해설사	고고미술사학과
방송작가	문예창작학과
번역가	응용영어통번역학과
언어학연구원	언어인지과학과
역사학자	사학과
웹소설작가	미디어문예창작학과
심리학연구원	심리학과
인류학자	문화인류학과
종교학자	종교학과
중동전문가	아랍어과
철학자	철학과
출판기획자	인문콘텐츠학부
통역사	영어영문학과
평론가	미학과
한국어교사	한국어학과
한문학연구원	한문학과

대학교수에 대해 알아볼까요?

➔ 대학교수는 대학에서 근무하며 연구하고 학생을 지도하는 사람이에요. 해당 분야의 전문성을 바탕으로 연구를 수행하며, 새로운 지식을 창출하고, 학생들의 전문적 역량을 향상시키는 역할을 하는 대학의 핵심 구성원이지요. 자신의 연구 분야에 대해 각종 학회, 세미나 등에 논문을 제출하고 발표하며, 전문 학술지에 논문을 투고하여 심사 과정을 거쳐 게재하거나 다른 교수 및 연구자의 논문을 심사해요. 교수는 자신의 전공 분야와 관련된 정부나 기업체의 정책 수립이나 사업 방향에 대해 조언하며, 평가를 위해 외부 회의에 참석하기도 해요. 대학교수 중에는 학교 보직으로 학과장, 단과대학장, 학생처장 등을 맡기도 하는데, 이때는 학교 운영과 관련된 각종 행정 업무를 수행해요 또한 신입생 유치 업무, 학생들의 취업 등을 지원하거나 진로 지도를 하기도 해요.

국문학자란?

현대사회는 다양한 스토리텔링과 문화 콘텐츠가 넘쳐나는 시대입니다. 영화나 드라마, 온라인 게임, 웹툰 등과 같은 콘텐츠는 재미있고 기발한 이야기를 만들어 내는 작가들의 상상력에 그 성패가 좌우된다고 할 수 있습니다. 우리는 이와 같이 창의적인 글쓰기능력이 중요한 시대에 살고 있습니다. 국어국문학은 최근 세계적으로 각광받고 있는 '한국학'의 중심이라고 할 수 있습니다. 국문학자는 한국 문화와 정신사의 근간을 이루는 한국어 및 한국 문학 자료를 감상하고 분석하며, 언어 이론 및 문학 이론에 근거해 한국어와 한국 문학을 연구하고, 이를 토대로 새로운 문화를 창조하는 일을 합니다. 국어학, 고전문학, 현대문학, 어문교육 등 국어국문학의 모든 영역과 이들 사이의 내적인 소통은 물론, 인문학이나 사회과학, 자연과학과 공학 등과의 소통을 위해서도 연구합니다.

국문학자는 문자가 없었던 시대에 노래로 전해 내려오던 작품들, 한자로 기록되었거나 북한이나 연변, 일본, 미국 등에서 우리나라 사람이 우리의 정서를 표현했던 작품들, 작자 미상의 고전문학부터 현대문학에 이르기까지의 모든 작품들을 연구합니다. 또한 우리나라 사람이 일본어, 중국어, 러시아어, 영어 등으로 쓴 작품을 수집하고 분석하여 해당 국가의 문학 연구자들과 공동으로 연구하는 국문학자들도 있습니다.

일반적으로 국어국문학은 우리말의 문법과 언어학적 구조를 다루는 국어학과 한국 문학을 다루는 국문학으로 나눌 수 있습니다. 그런데 최근 사회가 급격하게 변화하면서 국어국문학의 체계도 많이 바뀌고 있습니다. 예를 들면, 한국어를 배우고 싶어 하는 외국인들이 많아지면서 여러 대학에서 '(외국인을 위한) 한국어교육' 전공이 생겼고, 국문과에서 문예창작학이나 문화콘텐츠학 관련 과목을 가르치기도 합니다. 이렇듯 요즘은 국어국문학이라는 학문의 범위가 굉장히 넓어져서, 새로운 매체 환경에서 나타나는 언어들, 예를 들면 인터넷 기반의 언어나 영상의 대본과 같은 것들도 국문학의 범위에 포함시켜 연구해야 할 과제들이라고 할 수 있습니다.

우리나라의 국가적 위상이 높아지고 있는 현 시점에서 미래의 국어국문학은 기존의 민족 학문이라는 위상을 넘어, 세계 속의 한국학을 지향하기 위한 필수 학문으로 자리 잡을 것입니다. 외국어로서의 한국어에 대한 수요 증대, 한국어문학에 대한 세계적 관심의 증가, 깊이와 폭을 점차 확장하고 있는 한류 현상 등을 감안할 때, 향후 국어국문학자가 할 수 있는 일과 해야 할 일은 점차 많아질 것으로 보입니다.

앞으로 국어국문학자는 다문화·세계화 시대에 한국어문학이 나아가야 할 방향과 세계로 확산될 수 있는 인문학적 방법을 연구해야 합니다. 또한 미디어의 발전에 따른 한국어문학의 연구 방향과 함께 4차 산업 혁명의 시대에 인간과 기계의 역할 분담과 공존을 위한 인문학적 가치관을 확립하는 것도 국문학자의 중요한 과제라고 할 수 있습니다.

국문학자가 하는 일은?

국어국문학의 세부적인 전공 분야에 대해 꾸준하게 연구하고, 각종 학회, 세미나 등에 논문을 제출하고 발표합니다. 또한 국어국문학에 대한 전문가로서 정부나 기업체의 정책 수립에 조언하기도 하고, 외부 회의에 참여하기도 합니다. 또한 국어국문학을 연구함 으로써 민족정신을 함양하여 세계 문화의 발전에 기여합니다.

» 우리말의 글과 문법, 외국어와 다른 구조 및 변천사 등을 연구합니다.
» 작자 미상의 고전문학에서부터 현대문학까지 다양한 문학작품과 작가에 대해 연구합니다.
» 작가 및 작품 제작 경위, 작품의 주석에 대해 고증합니다.
» 연구 학회지 및 기타 연구 내용을 실은 도서를 간행합니다.
» 학술 발표 대회 및 학술 강연회에 참여하여 발표합니다.
» 한국어 및 한국 문학 자료를 감상하고 분석합니다.
» 언어 이론 및 문학 이론에 근거해 한국어와 한국 문학을 연구합니다.
» 우리 민족 구성원이 일본어, 중국어, 러시아어, 영어 등 다른 언어로 쓴 작품을 수집하고 분석합니다.
» 새로운 미디어 환경에서 나타나는 언어들, 즉 인터넷 기반의 언어나 영상의 대본을 연구합니다.
» 한국어와 한국어문학의 연구와 교육에 학문적 기틀을 마련합니다.
» 세계화 시대에 걸맞은 한국어와 한국 문학의 위상을 정립합니다.
» 학술회의를 개최하고, 학술지를 만들어 국어국문학의 연구가 지속되도록 돕습니다.

Jump Up

시인에 대해 알아볼까요?

시인은 자연, 인생 등 여러 현상에 대한 인간의 사상과 감정을 운율이 있는 언어로 표현하는 사람이에요. 글을 쓰기 위해서는 일단 주제를 정하고, 그 주제를 가장 효과적으로 나타낼 수 있는 소재들을 찾은 후, 적절하게 구성하여 예술적인 표현으로 형상화해요. 시인은 세상의 여러 가지 현상을 자신의 주관적이고 독특한 시각으로 관찰하여 시적 어구로 정리해요. 다양하고 현실성 있는 소재를 발굴하기 위해 취재를 하거나, 다양한 사람들을 만나 정보를 수집하여 창작에 반영해요. 선택된 주제에 대한 여러 현상을 작가의 주관적인 시각을 통해 재조명하고 정리하여 한 편의 시를 창작해요. 시인이 되기 위해서는 인간과 사물에 대한 세밀한 관찰력과 호기심, 문장력과 언어 감각, 창의력이 필요해요. 항상 새로운 아이디어를 생산해야 하기 때문에 스트레스도 많아요. 시인이 되는 데 학력의 제한은 없지만, 전문 대학이나 대학의 문예창작학, 국문학 관련 학과를 졸업하는 것이 도움이 돼요.

국문학자
커리어맵

- 국립국어원 www.korean.go.kr
- 한국언어연구학회 www.jkals.or.kr
- 한국어교육학회 www.koredu.org

- 국어 및 한문 교과 역량 키우기
- 문예반, 도서반 등 국어 관련 동아리 활동
- 문예, 국어 분야 교내외 대회 참가
- 국립국어원, 출판사나 학과 탐방 활동
- 국문학자, 시인 등 직업 체험 활동

관련기관   **준비방법**

능력 및 흥미
- 상상력
- 창의력
- 글쓰기 능력
- 읽기 능력
- 자기 통제력
- 인내심
- 의사소통 능력

관련교과
- 국어
- 사회
- 한문

국문학자

관련학과
- 국어국문학과
- 국어교육과
- 국어국문학부
- 국어국문학전공
- 글로벌지역학부
- 한국언어문화전공
- 글로벌한국어 문화학부
- 글로벌한국어전공
- 한국어교육과
- 한국어문학부
- 한문학과 등

흥미유형
- 관습형
- 탐구형

관련자격   **관련직업**

- 한자 자격증
- 독서 및 논술지도사
- 문화해설가
- 관광가이드 자격증

- 독서지도사
- 국문학연구원
- 한국어교사
- 비평가
- 문화해설가
- 중고등학교 국어교사
- 대학 교수
- 한문 교사
- 시인
- 소설가

15

적성과 흥미는?

국문학자는 무엇보다 언어와 문학에 관심과 소질이 있어야 합니다. 언어와 문학은 사회적 환경에 영향을 받기 때문에 사회 변화를 읽을 줄 안다면 더욱 좋습니다. 평소에 우리나라 문학이나 외국 문학을 즐겨 읽고 영화나 연극 등 문학예술 장르를 감상하는 것을 즐긴다면 문학 작품을 이해하고, 창작하는 데 도움이 됩니다.

무한한 상상력과 창의력, 글쓰기, 읽기에 대한 흥미도 필요하고, 국문학을 연구하기는 하지만 언어와 문학이라는 공통의 주제에 대해 공부하므로 외국어와 외국문학 작품에 대한 기본적인 이해도 필요합니다.

국문학자는 본인의 관심 분야에 대해 깊이 있게 연구하고 탐구해야 하기 때문에 기본적으로 학습을 좋아하고, 다른 사람들과 의사소통하는 능력도 매우 필요합니다. 탐구형, 관습형의 흥미를 지닌 사람에게 적합합니다.

국문학자
커리어맵

관련 직업은?

국어교사, 한국어교사, 한문교사, 국문학연구원, 언론계 종사자,
출판계 종사자, 시인, 비평가, 소설가, 문화해설가 등

진출 방법은?

세계적으로 한국 문화에 대한 관심이 커지면서, 한국어와 한국 문학을 교육할 전문가에 대한 수요도 높아지고 있습니다. 이를 위해 한국어와 한국 문학을 연구하고 발전시킬 국문학자가 되기 위해서는 국어국문학과나 국어교육과에서 우리 문학과 언어를 전공하고, 대학원에 진학하여 석사나 박사 과정을 거쳐야 합니다. 이후 대학이나 연구 기관 등에서 국문학 조교나 보조 연구원 등으로 일정 기간 일을 한 후에 교수나 연구원, 즉 국문학자의 길을 걷게 됩니다.

그 기간은 본인의 능력과 노력에 따라 다르겠지만 일반적으로 10여 년 정도가 걸립니다. 국문학자가 되려는 확고한 의지가 없이는 긴 시간 동안 학문에 몰두하며 자신의 관심 분야를 연구하는 것은 힘든 일입니다. 한국의 문학에 자부심을 가지고 항상 연구하는 자세로 최선을 다할 때 국문학자라는 직업에 만족할 수 있습니다.

관련 학과 및 자격증은?

→ 관련 학과 : 국어국문학과,
　　　　　　 국어교육과, 한국어문학부 등
→ 관련 자격증 : 한국어능력검정시험자격증,
　　　　　　 한자 자격증, 독서지도사,
　　　　　　 논술지도사, 문화해설사,
　　　　　　 관광가이드 자격증 등

미래 전망은?

최근 한류가 세계 각국에 퍼지면서 한국어와 한국 문화에 대한 인기가 높아지고 있습니다. 각종 영화나 드라마, 그리고 BTS를 비롯한 아이돌의 인기는 아시아뿐만 아니라 유럽, 미국, 중남미 등에서도 열풍을 일으키며 한국이 문화의 중심을 이루게 되었습니다. 인터넷 스토리텔링과 다양한 문화 콘텐츠에서도 알 수 있듯이 현대는 창의적인 글쓰기와 인문학적 교양이 중요시되는 시대입니다.

이런 현상으로 인해 한국어와 한국 문학을 연구하고 널리 알리는 국문학자의 역할은 더욱 중요해지고 있으며, 그 전망도 밝다고 할 수 있습니다. 요즘은 문자로 기록된 책뿐만 아니라 다양한 매체에서 나타나는 인터넷 기반 언어나 영상의 대본도 한국 문학에 포함시킬 만큼 한국 문학의 영역은 넓어지고 있습니다.

따라서 앞으로 국문학자들은 문학 비평, 창작, 고전문학, 한문학, 국어 문법 등 국어국문학의 전통적인 영역은 물론, 외국어로서의 한국 문학, 영화문학, 글쓰기, 사회언어학 등의 새로운 영역에 대한 개척도 지속적으로 해야 합니다.

그래서 민족적 정체성을 함양하고, 국어국문학의 세계화를 실현하는 것이 과제입니다. 국문학자는 우리나라의 문자가 있는 한 계속 존재할 직업이지만, 학자로서 자신의 위치를 정립하는 것은 순전히 자신의 의지에 달렸다고 해도 과언이 아닙니다.

국문학자로 확고하게 자리 잡기 위해서는 우리나라의 언어와 문학을 깊이 있게 연구하여 올바른 한국 문학의 전통을 확립하고, 세계화를 지향한다는 목표로 꾸준하게 학문에 정진해야 합니다.

국어국문학과
국문학자 전공 분석

어떤 학과인가?

우리가 매일 접하는 모국어와 문학은 모든 학문의 기초라 할 수 있습니다. 따라서 국어국문학과는 한국의 모든 학과를 이끈다고 해도 과언이 아닙니다. 또한 민족의 삶이 국어와 함께 이루어지고, 그 삶의 자취와 정신과향기가 우리 문학 작품 속에 담겨 있으므로 국어국문학은 한국 인문학의 핵심이 된다고 할 수 있습니다. 국어국문학과에서는 우리말과 우리말로 된 문화유산을 연구하여 민족 문화를 창조적으로 계승하고 발전시키는 것을 교육 목표로 하며, 한국 문학을 세계적 수준으로 끌어올릴 수 있는 인재를 양성합니다. 이를 위해 국어국문학과에서는 국어학, 국문학 등을 체계적으로 학습하고 탐구하며, 글쓰기에 대해서도 학습합니다. 또한 국어의 구조와 역사를 밝혀내는 한편, 지난 시대와 이 시대의 문학을 그 시대정신과 사회 배경 속에서 이해하고 그 가치를 탐구합니다. 국어국문학과에서는 국어학, 고전문학, 현대문학에 입문하기 위한 학문적 기초를 닦게 되는데, 이것은 다른 분야로 진출하는 데에 발판이 될 것입니다.

교육 목표와 교육 내용은?

국어국문학과는 우리말과 우리 문학을 연구하여 민족 문화를 창조적으로 계승하고 발전시키는 것을 목표로 하는 학과입니다. 이를 위해 국어의 구조와 역사를 밝혀내는 한편, 지난 시대와 이 시대의 문학을 그 시대정신과 사회 배경 속에서 이해하고 그 가치를 탐구합니다.

» 우리말, 우리 문학에 대한 깊이 있는 교육을 통해 민족적 정체성을 지닌 인재를 양성합니다.
» 고전문학, 현대문학, 국어학의 교육 방법을 모색하여 특징, 발달 과정 등을 연구할 수 있는 인재를 양성합니다.
» 외국어 문학과의 비교 연구를 통해 한국 문학의 특징을 밝혀내고, 한국 문학의 위상을 높일 인재를 양성합니다.
» 다양한 장르의 문학 창작 연습을 통해 문학 작품 창작 능력을 지닌 인재를 양성합니다.
» 언어 이론 및 문학 이론에 근거해 한국어와 한국 문학을 분석하고 탐구하는 인재를 양성합니다.
» 깊이와 폭을 확장하고 있는 한류 현상 속에서 우리말을 세계적인 언어로 발전시킬 수 있는 인재를 양성합니다.

학과에 적합한 인재상은?

　최근 한류가 세계 각국에 전파되면서 한국 문화와 깊은관련이 있는 국어국문학의 역할이 중요해지고 있습니다. 또, '스토리텔링'과 '문화 콘텐츠'의 열풍에서 알 수 있듯이 우리는 창의적 글쓰기가 중요한 시대에 살고 있습니다. 국어국문학과는 외래어의 범람 속에서 오염되고 있는 우리말을 지키고 싶거나 한국 문학 속에서 재미있는 이야기를 찾아 영화나 드라마로 만들고 싶은 사람이 전공한다면 흥미있게 공부할 수 있습니다.

　고등학교에서 배우는 국어 관련 과목들을 즐겨 공부했거나 책 읽는 것을 좋아하고, 우리문화와 예술에 관심과 흥미가 있는 사람에게도 적합합니다. 또한 국어학에 대해 배우므로 언어적 구조를 공부할 수 있는 기본적인 언어 감각과 논리적 사고력, 분석력, 문학 작품을 비평적으로 읽고 분석하는 능력이 있으면 좋습니다.

　평소 연극, 영화, 미술, 광고 등 다양한 문화 예술 장르에 흥미를 가지고 상상력과 창의력을 키우는 데 노력하고, 꾸준히 글쓰기와 읽기를 한다면 국어국문학도로서의 자질이 충분합니다.

　학교 문예반이나 신문반, 교지 편집부 등의 동아리 활동을 통해 여러 가지 경험을 할 것을 권장합니다.

관련 학과는?

국어국문창작학과, 국어국문문예창작학부, 국어국문학전공, 국어국문한국어교육학과, 글로벌한국어과, 글로벌한국어전공, 한국어학과, 한국언어문화과, 한문학과 등

진출 직업은?

광고·홍보전문가, 구성작가, 극작가, 기자, 네이미스트, 독서지도사, 방송기자, 방송연출가, 방송작가, 사서, 소설가, 시인, 스크립터, 아나운서, 애니메이션작가, 국어교사, 대학교수, 통역가, 번역가, 국문학자, 카피라이터, 작사가, 영화시나리오작가, 게임시나리오작가, 평론가, 출판기획자, 기업홍보전문가, 한국어교육자 등

주요 교육 목표

한국 문학에 대한
소양을 갖춘 인재 양성

- - - - - - - - - - - - - - - - - - - -

문학 작품을 창작하는
능력을 지닌 인재 양성

- - - - - - - - - - - - - - - - - - - -

한국 문학 자료를 감상하고
분석할 수 있는 인재 양성

- - - - - - - - - - - - - - - - - - - -

언어 이론과 문학 이론을
분석·탐구하는 인재 양성

- - - - - - - - - - - - - - - - - - - -

열정과 의지로 새로운 문화를
창조하는 인재 양성

- - - - - - - - - - - - - - - - - - - -

세계 속에서 한국 문학의
위치를 정립하는 인재 양성

 ### 취득 가능 자격증은?

☑ 중등학교 2급 정교사(국어)
☑ 한국어능력검정시험 자격증
☑ 논술지도사, 독서지도사
☑ 국어인증능력시험 등

추천 도서는?

- 쉽게 읽는 한국어학의 이해
  (한국문화사, 홍종선 외)
- 한국어 말소리의 이해 (박문사. 박덕유)
- 로쟈의 한국문학 수업(추수밭, 이현우)
- 소설로 읽는 한국문학사(서연비람, 유시연 외)
- 중고생이 꼭 알아야 할 한국고전문학이야기
  (리베르, 안주영)
- 이것이 한국어다
  (한양대학교 출판부 한양대학교 교양국어교육위원회)
- 나의 문학답사 일기(문학동네, 정병설)
- 하늘과바람과별과시(더클래식, 윤동주)
- 시철학산책(이숲, 김겸)
- 다시 문학을 사랑한다면(다산북스 이선재)
- 조선시대 한시읽기(이담북스, 원주용)
- 국어과 선생님이 뽑은 한국고전소설
  (북앤북, 박지원)
- 감옥으로부터의 사색(돌베게. 신영복)
- 고향(글무림. 이기영)
- 금오신화(민음사, 김시습)
- 백석 전 시집(스타북스, 백석)
- 변신(민음사, 프란츠 카프카)
- 죽은 시인의 사회(서교출판사, N.H 클라인바움)
- 바리데기(창비, 황석영)
- 광장(문학과지성사. 최인훈)

학과 주요 교과목은?

기초 과목	한국어연구입문, 한국문학연구입문, 한국어문법론, 한국문학과 한국사회, 한국현대시론, 한국현대소설론, 한국현대희곡론, 한국영상문학론, 한국고전시가강독, 한국고전산문강독 등
심화 과목	한국어의 역사, 한국어어휘론, 한국어음운론, 한국한문학론, 한국고전문학사, 한국고전시가론, 한국현대작가론, 한국현대문학사, 한국현대시인론, 한국어방언학, 한국어정보의 전산처리, 한국어학사, 한국구비문학론, 한국현대문학비평, 한국고전소설론, 한국어의 미론, 세계속의 한국문학, 한국비교문학론 등

졸업 후 진출 분야는?

기업체	출판사, 신문사, 잡지사, 방송국, 광고 기획사, 광고 대행사, 기업의 일반 사무직 등
연구소	국립국어원, 국립중앙박물관, 국립민속박물관, 한국언어연구학회, 한국방언학회, 한국어교육학회, 한국문화예술위원회, 언어·민족 문화 관련 국가연구소 및 민간연구소, 중앙 정부 및 지방 자치 단체 공무원, 대학교, 중고등학교, 교육직 공무원 등
정부 및 공공기관	출판사 경영, 사설 학원, 다문화 교육 업계 종사, 대학원 진학, 개인 사업

전공 관련 선택 과목은?

▶ 국어, 영어 교과는 모든 학문의 기초적인 성격을 가진 도구교과로 모든 학과에 이수가 필요하여 생략함.

수능 필수	화법과 언어, 독서와 작문, 문학, 대수, 미적분 I, 확률과 통계, 영어 I, 영어 II, 한국사, 통합사회, 통합과학, 성공적인 직업생활(직업)		
교과군	선택 과목		
	일반 선택	진로 선택	융합 선택
수학, 사회, 과학	세계사, 사회와 문화, 현대사회와 윤리	한국지리 탐구, 윤리와 사상, 인문학과 윤리	사회문제 탐구, 윤리문제 탐구
체육·예술	음악, 미술, 연극	음악 감상과 비평, 미술 감상과 비평	
기술·가정/정보			
제2외국어/한문	한문	한문 고전 읽기	언어생활과 한자
교양		인간과 철학, 논리와 사고, 인간과 심리, 삶과 종교	논술

학교생활기록부 관리는?

출결 사항	• 출결은 학생으로서 당연히 해야 하는 의무를 책임감 있게 수행하고 있는가를 알아볼 수 있는 중요한 자료예요. 미인정(무단) 출결 사항이 있으면 인성 및 성실성 영역에서 부정적인 평가를 받을 수 있어요.
자율·자치활동	• 국어와 관련한 다양한 교내외 활동을 통해 주도적이고 창의적인 사고력이 드러나도록 하세요. • 국어 분야에 대한 관심과 흥미를 바탕으로 협업 능력, 나눔과 배려, 소통 능력, 창의력, 경험의 다양성, 리더십 등이 드러나도록 하세요.
동아리활동	• 교내 문예부, 도서반, 독서 토론반 등 국어 관련 동아리 활동에 참여하여 자신이 가지고 있는 전공 적합성이 입증될 수 있도록 하세요. • 동아리 활동을 하면서 의미 있는 역할을 수행한 경험과 구성원의 화합을 이끈 구체적인 경험을 제시하면 좋은 평가를 받을 수 있어요. • 교내외에서 나눔과 배려가 드러날 수 있는 봉사 활동(한글지킴이 활동 등)에 꾸준하게 참여하세요.
진로 활동	• 카피라이터, 시인, 작가 등의 직업 정보 탐색 활동을 권장해요. • 출판사, 광고 회사나 국어 관련 학과 체험 활동이 무척 중요해요. • 각종 글쓰기 대회, 토론 대회, 표어 공모전 등에 참여하여 자신의 진로 역량이 나타날 수 있도록 하세요.
교과학습발달 상황	• 학교 수업과 과제 수행 과정에서 학업에 대한 열의와 관심, 스스로 탐구하고 노력하려는 열정, 높은 성취 수준, 문제 해결을 위한 다양한 방법이 드러날 수 있도록 하세요. • 수업 과정에서 토론과 탐구, 과제 연구 활동 등에 적극적으로 참여하여 관심 분야에 대한 지적 호기심이 나타나는 것이 중요해요.
독서 활동	• 문학, 철학, 심리학 등의 책을 다양하게 읽되, 의미 없는 피상적인 다독은 피하세요. • 전공과 관련된 책을 정독하여 자신의 진로 계획에 대해 성찰하는 시간을 가져 보세요.
행동 발달 특성 및 종합 의견	• 학업 역량, 발전 가능성, 협업 능력, 전공 적합성, 자기 주도성, 경험의 다양성 등이 잘 드러날 수 있도록 해요. • 학교생활에서 타인에 대한 배려, 도덕성, 창의력, 학업 태도와 학업 의지에 대한 장점이 기록되도록 관리해야 해요.

외교관과는 어떤 차이가 있을까요?

국제공무원과 외교관은 둘 다 국제 무대에서 일한다는 공통점이 있습니다. 그러나 외교관은 자신이 속한 국가를 위해서 일하는 공무원이지만 국제공무원은 세계를 위해 일하는 세계의 공무원이라는 차이점이 있습니다. 외교관은 외국에 파견되는 특정한 나라의 대표로서 나라와 나라 사이의 좋은 관계를 유지하기 위해 일해야 합니다. 또한 두 나라의 관계를 돈독하게 유지하여, 주재국에서 자기 나라에 이익이 될 만한 성과를 만들어야 합니다. 하지만 국제기구공무원은 임무를 수행할 때까지 자기가 근무하는 국제 기구에 대해서만 충성할 임무가 있으며, 어떤 특정 국가를 위해 일하거나 그 국가의 명령을 받지 않습니다.

국제기구공무원이란?

현대는 지구촌이 하나로 연결되어 있는 글로벌 사회입니다. 따라서 미래의 직업을 굳이 자신의 나라 안에서만 찾을 필요는 없습니다. 전 세계로 눈을 돌려 자신의 미래를 탐색하고, 좀 더 넓은 세계에서 자신의 능력을 펼치고 싶다면 국제기구 공무원에 대해 관심을 가져 볼 만합니다.

국제기구공무원이란 국제연합 사무총장 및 직원, 그리고 이외의 다양한 국제기구에 소속된 공식적인 임원 및 직원으로, 세계 평화와 발전을 위해 일하는 세계의 공무원입니다. 이들은 국제 조직에서 근무하는 직원으로서 자신의 국가에 대한 이해관계를 떠나 국제 조직에 봉사해야 하는 의무를 지니고 있습니다. 또한 국제기구공무원은 소속 기관 외의 다른 당국으로부터 어떤 지시도 구하거나 받지 않으며, 국제법상 그 직무를 수행하는 데 필요한 국제공무원으로서의 특권 및 면제를 향유합니다.

국제기구의 직원은 전문직 및 고위직, 일반직 및 연관직, 국내채용직, 현장직, 정무직 등 서로 다른 범주의 직원으로 이루어지며, 직급이 존재합니다.

국제기구 공무원
불어불문학과

전문직 및 고위직은 유엔 직원의 대부분을 차지하는 주력 직원으로 사무총장, 사무부총장, 사무차장, 사무차장보, 국장급, 부국장급, 선임과장급, 과장급, 실무직원 등으로 구성됩니다. 일반직 및 연관직은 일반 기능직과 보통 기능직으로 나뉩니다. 일반 기능직 직원은 비서, 타이피스트, 운전기사 등으로 근무하는 현지 직원을 의미하며, 국제 공모가 아닌 현지 채용으로 고용됩니다. 보통기능직은 방호직(Security), 공보 지원직(Public Information Assistants) 및 언어강사 등이 포함됩니다.

국내채용직은 일반적으로 국제채용 직원과 유사한 역량이 요구되나, 국내 채용 직원의 경우 뉴욕, 제네바와 같은 국제기구 본부가 아닌 현장 사무소 소재 국적의 국민을 채용하며, 근무지 이동 없이 채용된 지역에서만 근무합니다. 현장직은 현장 임무단 근무를 위해 국내 채용된 직원으로 일반적으로 임무단 내 행정, 기술, 수송 지원 서비스 등을 담당합니다.

국제기구공무원이 하는 일은?

　국제공무원은 유엔교육과학문화기구, 국제연합사무국, 국제행정, 국제행정연합, 스톡홀름평화문제연구소, 국제연합행정재판소, 유엔훈련조사연구소 등에서 일합니다. 전 세계 사람들을 위해 자신이 속한 각 기구의 설립 목적에 맞게 경제, 환경, 식량 등 지구가 당면한 문제들을 해결하기 위한 업무를 합니다. 세계가 힘을 모아서 다양한 문제를 해결하기 위해 설립한 국제기구는 여러 가지가 있습니다. 따라서 국제공무원은 자신이 속해 있는 국제 기구의 목적과 특성에 따라 해야 하는 구체적인 업무는 다르지만, 일반적으로는 다음과 같은 일을 합니다.

» 세계 평화와 발전에 기여하는 일을 합니다.
» 각 국제 기구의 목표 수행에 필요한 일을 합니다.
» 국가 간의 분쟁과 갈등을 조정하고 해결합니다.
» 세계 평화를 위해 국제 협력의 원칙과 국제법을 만듭니다.
» 세계 곳곳에서 일어나는 심각한 갈등이나 문제를 조정합니다.
» 세계 경제의 발전을 위해 다양한 정책을 만들고 협력합니다.
» 지구의 환경 보호와 지속적인 문화 발전을 위한 일을 합니다.
» 모든 국가의, 모든 국민들의 인권을 보호하기 위해 노력합니다.
» 전 인류의 건강을 증진하고, 스포츠를 통한 교류를 위한 협의를 합니다.

Jump Up

국제기구에는 어떤 것들이 있을까요?

경제 발전을 위한 기구로는 국제통화기금(IMF), 경제협력개발기구(OECD), 세계무역기구(WTO), 세계은행(WB)등이 있습니다. 또한 스포츠 관련으로는 국제올림픽위원회(IOC), 국제축구연맹(FIFA), 세계보건기구(WHO) 등이 인권 보호를 위한 기구로, 국경없는 의사회(MSF), 유엔아동기금(UNICEF), 국제노동기구(ILO) 등이 있습니다. 그리고 환경과 문화를 위한 그린피스(Greenpeace), 녹색기후기금(GCF), 국제커피기구(ICO) 등이 있습니다.

국제기구 공무원

커리어맵

국제기구 공무원

관련기관
- 외교부 www.mofa.go.kr
- 국립외교원 www.knda.go.kr
- 한국국제협력단 www.koica.go.kr

준비방법
- 외국어 능력 키우기
- 국제교류 활동 참여
- 관련 직업 체험 활동
- 꾸준한 봉사활동
- 관련 학과 탐방
- 다양한 독서 활동

관련학과
- 정치외교학과
- 국제경영학과
- 국제관계학과
- 국제통상학과
- 국제학부
- 글로벌경영학과
- 법학과
- 영어노문학과
- 중어중문학과
- 불어불문학과
- 스페인어학과
- 아랍어학과
- 노어노문학과

능력 및 흥미
- 어학능력
- 의사소통 능력
- 수용능력
- 봉사정신
- 타인에 대한 배려심
- 책임감
- 도전 의식
- 상황대처 능력

관련교과
- 국어
- 영어
- 사회
- 정보
- 제2외국어

흥미유형
- 사회형
- 관습형

관련자격
- 영어능력검정시험
- 제2외국어 능력시험
- 국제환경전문가
- 정책분석평가사
- 국제무역사

관련직업
- 외교관
- 국제 개발 전문가
- 국제 보건 전문가
- 국제 법률 전문가
- 국제 경제 전문가
- 국제 인권 전문가

적성과 흥미는?

국제기구공무원은 세계를 무대로 일을 하기 때문에 우수한 어학 능력이 필요합니다. 어학 능력은 국제 기구 진출을 위한 가장 기본적인 능력입니다. 대부분의 국제 기구는 두 가지 이상의 공용어를 사용하지만 실제로는 주로 영어를 사용합니다. 따라서 국제기구에서 맡은 업무를 수행하기 위해서는 자신의 의사를 정확하게 표현할 수 있는 영어 능력을 비롯한 다양한 언어에 대한 이해와 관심이 필요합니다. 또한 국제적인 전문가가 되기 위한 학위 준비와 전문 지식을 갖추기 위해 노력해야 합니다. 국제기구공무원은 세계 각국의 다양한 문화와 사고방식을 받아들일 수 있는 수용 능력이 있어야 합니다. 다문화 환경 등 어려운 환경에 적응할 수 있고, 다른 사람을 무시하거나 차별하지 않고, 돕고 이해할 수 있는 태도를 갖추는 것이 아주 중요합니다. 또한 세계 여러 나라의 사람들과 팀을 이루어 일하는 경우가 많으므로 이를 조정하거나 관리할 수 있는 능력과 원만한 의사소통 능력을 갖추어야 합니다. 타인에 대한 배려, 자신이 맡은 일에 대한 책임감과 진취적인 도전의식이 있다면 더욱 좋습니다. 이뿐만 아니라 전 세계의 평화와 풍요로운 사회를 위해 자기 자신을 희생할 줄 아는 태도와 봉사 정신도 필요합니다. 국제공무원은 관습형, 사회형의 흥미를 가진 사람에게 적합합니다. 국제기구공무원 직업을 꿈꾼다면 학창 시절부터 국내외 봉사 활동 및 국제교류 캠프 참여, 다양한 시민 단체 활동, 신문을 읽고 주제별로 요약하며 꾸준히 국제적인 감각을 기르는 것이 좋습니다. 또한 평소에 평화 유지, 지구 환경 등 전 세계 공통된 문제에 관심을 가지고, 이러한 문제들을 해결할 수 있는 방안 등을 모색하면 도움이 됩니다. 또한 국제 사회에 이바지하고자 하는 강한 의지와 열정이 있어야 합니다. 국제공무원은 오지 근무 및 가족과 떨어져 지내는 어려운 상황들을 동시에 고려해야 하므로, 본인의 확고한 의지와 열정이 기본적으로 필요한 직업이라고 할 수 있습니다.

국제기구 공무원
커리어맵

Jump Up

국제기구공무원의 인사 제도에 대해 알아볼까요?

국제기구공무원의 채용은 직원의 퇴직, 임기 종료, 다른 국제기구로의 전출, 새로운 보직의 신설 등에 따른 공석이 발생했을 때마다 수시로 이루어져요. 현장직의 경우에는 원조 수혜국의 요청에 따라 전문가를 모집하는 경우도 있어요. 기존 15개의 고용계약을 3가지(한시직, 기간제, 영구직)로 단순화하여 2009년 7월 1일부터 시행 중이에요. 한시직은 계절적 요인 또는 많은 업무량, 특정 단기 요구 사항에 대처하기 위해 종료일을 명시하여 임용해요. 기간제는 정부 또는 기관에서 임시로 파견한 사람을 포함하여 지정된 기간동안 근무할 사람에게 종료일을 명시하되, 한 번에 1년에서 5년까지 임용할 수 있어요. 영구직은 정년이 보장되어 있어요. 유엔 시스템 내 국제기구 간 직원의 이동은 비교적 활발하게 이루어져요.

국제공무원 직업의 현실적인 이점에 대해 알아볼까요?

국제공무원은 업무 강도가 강한 대신 급여가 높은 편이에요. 전문직(P) 이상은 회원국 정부 중 가장 높은 보수를 받는 국가 공무원에 상당하는 보수를 받아요. 급여의 기본구조는 기본급여(Base salary), 지역조정급(Post adjustment), 각종수당 및 혜택 등 다양해요. 주거비 지원제도를 설명하자면, 새로운 근무지로 발령받게 되면 근무지 반경 50km 이내에 본인이나 법적 배우자 소유의 집이 없을 경우 주거비를 지원해 줘요. 주택을 구입할 경우에는 집값의 70%까지 무이자 대출 등의 보조금을 지급받을 수 있어요. 또한 자녀 교육비 지원과 더불어 매년 본국에서 유급으로 휴가를 보낼 수 있는 'home visit' 휴가 제도도 제공돼요. 본국에 있는 배우자와 직계가족들을 1년에 한 번씩 근무지로 초청할 수 있는 항공비가 지원되기도 해요.

미래 전망은?

　미래사회는 더욱 빠른 속도로 세계화(Globalization)가 진행될 것으로 예상됩니다. 현대 사회는 사람과 상품, 지식과 정보 등이 국가의 경계를 허물고 손쉽게 넘나들고 있습니다. 이와 같은 시대에 세계 평화를 유지하고, 인류의 당면 문제를 해결하기 위해서 국제기구의 역할은 더욱 중요해질 것으로 보입니다. 현재 존재하는 대부분의 국제 기구는 미국이 주도해서 설립된 단체들입니다. 따라서 미국의 영향력이 세계를 지배하는 현 상황에서는 국제기구공무원 직업은 앞으로 더욱 발전할 것으로 예상됩니다. 국제 기구는 국제 기구의 성격에 따라서 회원국별로 인원이 할당되어 있습니다. 우리나라는 급격한 경제 성장으로 인해 국제 사회에서 차지하는 위상이 점점 높아지고 있습니다. 따라서 국제 기구에 할당되어 있는 분담률도 조금씩 상승하고 있습니다. 이러한 현상에서 국제기구공무원을 희망하는 사람들은 더욱 많아질 것이고, 이와 비례하여 더욱 치열한 경쟁이 예상됩니다. 또한 국제기구공무원은 오랜 경력이 필요한 직업이기 때문에 일자리 자체는 지금과 비슷하거나 다소 증가할 것으로 예상됩니다.

관련 직업은?

　외교관, 국제 개발 전문가, 국제 보건 전문가, 국제 법률 전문가, 국제 경제 전문가, 국제 인권 전문가 등

관련 학과 및 자격증은?

➡ 관련 학과 : 정치외교학과, 국제경영학과, 국제관계학과, 국제통상학과, 국제학부, 글로벌경영학과,
　　　　　　 법학과, 언론정보학과, 노어노문학과, 독어독문학과, 불어불문학과, 스페인어학과,
　　　　　　 아랍어과, 영어영문학과, 인류학과, 중어중문학과 등

➡ 관련 자격증 : 관심 분야에 대한 석·박사 학위, 영어능력검정 시험(TOEFL, iBT, TEPS, IELTS, TOEIC등)
　　　　　　　 제2외국어(불어, 스페인어, 중국어, 러시아어, 아랍어) 능력시험, 국제환경전문가,
　　　　　　　 환경기능사, 정책분석평가사, 국제무역사, 정보처리기사 등

진출 방법은?

　국제기구공무원이 되기 위해서는 자신이 목표로 하는 국제 기구에 필요한 전공 과목 이수 및 학위 취득, 자격증 취득, 사회 활동, 외국어 공부 등 업무에 실질적인 도움이 되는 준비를 해야 합니다. 따라서 대학교 및 대학원에서 전문적인 지식과 소양을 쌓기 위해 공부해야 합니다. 특정한 전공이 꼭 필요한 것은 아니지만 정치외교학과, 국제경영학과, 국제관계학과, 국제학부, 노어노문학과, 불어불문학과, 스페인어학과, 영어영문학과, 중어중문학과, 아랍어과 등에서 학위를 취득하는 것이 유리합니다. 국제기구 공무원이 되려면 국제기구 진출 시 어학 능력은 기본이 되며, 6개 유엔 공용어(영어, 프랑스어, 스페인어, 중국어, 아랍어, 러시아어) 가운데 실무 언어(working language)인 영어 및 프랑스어 중 1개 언어에는 능통해야 합니다. 실무 언어(특히 영어)에 능통해야 하는 이유는 국제기구 직원 간 의사소통이 영어로 이루어지며, 문서 작업이 일상이기 때문입니다. 또한 제2외국어 선택 시에는 본인이 관심 있는 기구에서 중요도가 높은 언어를 선택하는 것도 유리합니다. 예를 들어, 유엔난민기구(UNHCR)의 경우, 유럽 내 '난민'이 주로 아랍권(북아프리카, 중동 등)에서 이주해 오는 사람들이기 때문에, 영어와 더불어 아랍어 구사가 가능하다면 현장 파견 시 큰 도움이 될 것입니다. 전문직급(P급) 이상의 자리에 진출하기 위해서는 석사 학위를 보유해야 하며, 학사 학위 보유 시에는 추가 경력도 필요합니다. 단, 국제기구마다 요구하는 경력이 다르기 때문에 직무기술서 상 명시된 자격 요건을 확인하면 도움이 됩니다. 대학원에 진학하고자 한다면 대학원의 지명도만 볼 것이 아니라, 학위 과정에서 해당 분야에 대한 전문가적 지식과 기술들을 제대로 함양할 수 있는 교육과정이 이루어져 있는가를 중요한 기준으로 두고 선택해야 합니다. 즉, '무엇을 공부할 것인가'에 집중하여 대학원을 선택하는 것이 중요합니다. 유엔을 포함한 국제기구는 일반적으로 바로 실전에 투입되어 업무가 가능한 경력직을 채용합니다. 국제기구 인사 담당자는 지원자가 단순히 '몇 년 동안', '어디에서' 근무했는지에 초점을 두고 평가하기보다는, '어떠한 경험'을 통해 '무엇을 배웠으며, 구체적으로 '어떠한 업무'를 담당하였고 '어떠한 성과'를 가져왔는지 등의 전문인으로서의 근본적인 자질 및 역량을 평가합니다. 따라서, 학창 시절부터 본인의 적성, 성향, 능력 등을 파악하여 진출 가능한 분야를 선정해보고, 해당 분야가 요구하는 학력 및 경력을 하나씩 쌓아간다는 전략이 필요합니다.

불어불문학과
국제기구 공무원 전공 분석

어떤 학과인가?

불어불문학은 프랑스와 프랑스 문화를 익히고, 프랑스 문학의 전통을 연구하며, 프랑스 언어학의 기본적인 이론과 개념을 해석하는 학문입니다. 프랑스어는 영어, 아랍어, 중국어, 스페인어, 러시아어와 함께 UN 공식 언어로 지정될 정도로 국제 기구에서 아주 중요한 역할을 차지하고 있습니다. 특히 아프리카에서는 자원 개발을 통한 경제 발전이 활발하게 이루어지고 있는데, 아프리카에 위치한 절반 가량의 국가들이 프랑스어를 사용하고 있기 때문에 경제적인 가치도 상당히 높은 언어입니다. 또한 프랑스는 고대 그리스와 로마의 찬란한 문화의 계승자였으며, 전통의 계승과 비판적 수용을 통해 역사적으로 빛나는 문화를 이룩한 나라이기도 합니다.

불어불문학과는 높은 수준의 프랑스어 구사 능력을 바탕으로 인문학적 교양을 쌓고 이를 토대로 프랑스 문학과 언어학, 프랑스권 문화에 대한 전문적인 소양을 지니도록 교육하고 있습니다. 실용적인 비즈니스 프랑스어로부터 심도 있는 고대, 중세 프랑스 언어학까지, 고대와 중세 불문학부터 근대, 현대의 불문학까지 통틀어서 공부하고 연구하는 학과입니다. 이를 통해 학생들은 과거에서 현재와 미래에 이어지는 진정한 의미의 국제화를 이해하고, 서구 문화에 대한 비판적인 수용 단계를 넘어, 비판적인 시각으로 세계를 이해하고 창의성을 발휘할 수 있도록 교육합니다.

교육 목표와 교육 내용은?

불어불문학과는 서구 인문학의 근간을 이루는 비판 정신을 바탕으로 프랑스의 언어와 문학을 심도 있게 연구하는 학과입니다. 이에 따라 현재와 미래의 다양한 문화적·사상적 현상에 대한 창조적 비전을 제시할 수 있는 어문학 분야 전문가, 문예 비평가, 전문번역가, 문화 산업의 실무자 등을 양성합니다. 궁극적으로는 문화의 국제 교류와 이를 통한 한국 문화의 발전에 기여할 인재 양성을 목적으로 삼고 있습니다.

중세부터 현대에 이르기까지 불문학의 주요 사조 및 장르를 망라하고, 불어학의 주요 분야 및 이론들을 포괄하는 교과목 등이 개설되어 있으며, 다른 한편으로는 한국-프랑스 간 문화 및 사상의 교류를 도모하고, 인문학 탐구의 다양성에 주안점을 둔 '번역'을 학과 특성화 키워드로 삼아 학문 간 소통과 사회와의 소통을 추구하는 학제적 교과 과정을 설치하여 운영하기도 합니다.

» 국제화 및 세계화 분야의 인재를 양성합니다.
» 고급 프랑스어 구사력을 갖춘 인재를 양성합니다.
» 불어불문학 연구를 통한 인문학의 최고급 인재를 양성합니다.
» 한국-프랑스 간 문화 및 사상의 교류를 위한 인재를 양성합니다.
» 문화의 국제교류와 한국 문화의 발전에 기여할 인재를 양성합니다.
» 문화적·사상적 현상에 대한 창조적 비전을 제시할 수 있는 어문학 분야 전문가를 양성합니다.
» 인문학 및 문학 전반에 적용할 수 있는 전문인을 양성합니다.

학과에 적합한 인재상은?

불어불문학과는 영미 문학, 유럽 문학 등 다양한 외국 문학에 대한 관심, 프랑스 영화와 예술에 관심을 지닌 학생에게 적합한 학과입니다.

즉 인문학에 대한 기초 지식을 바탕으로 높은 어학 수준, 문장력과 표현력과 같은 언어능력이 있어야 합니다. 이와 함께 외국 문학이나 외국 문화, 인문학 및 문학 전반에 대한 높은 이해도가 필요합니다. 어떤 문제가 생기면 자신만의 방식으로 문제를 해결할 수 있는 창의력도 필요합니다.

세계의 역사와 인류의 문화에 대한 관심, 다양한 언어에 대한 호기심과 풍부한 상상력은 외국어 능력을 향상시키는 데에 큰 도움이 됩니다. 언어 능력은 짧은 시간에 이루어지지 않기 때문에 오랜 시간 집중하여 공부할 수 있는 인내력과 성실한 자세를 갖추는 것이 좋습니다. 또한 자신이 잘 알지 못하는 것을 열심히 배우려고 하는 적극적인 자세를 지니면 도움이 됩니다.

관련 학과는?

유럽문화학부(프랑스어문학전공), 유럽중남미학부 프랑스학 전공, 프랑스어교육전공, 프랑스어문·문화학과, 프랑스어문학과, 프랑스어문화학과, 프랑스언어문화학과 등

주요 교육 목표

국제화 및 세계화를
선도하는 능력 함양

- - - - - - - - - - - - - - -

창조적 비전을 제시할 수 있는
어문학 분야 전문가

- - - - - - - - - - - - - - -

한국-프랑스 간 문화 및
사상의 교류를 위한 인재양성

- - - - - - - - - - - - - - -

고급 프랑스어 구사 능력 함양

- - - - - - - - - - - - - - -

창조적 인문학의
최고급 인재 양성

- - - - - - - - - - - - - - -

문화의 국제교류와
한국 문화의 발전에 기여할 인재 양성

취득 가능 자격증은?

- ☑ TEF
- ☑ TCF
- ☑ DELF(일반프랑스어능력시험)
- ☑ DALF(고급프랑스어능력시험)
- ☑ 관광통역안내사
- ☑ 외국어번역행정사
- ☑ 호텔경영사
- ☑ 호텔관리사
- ☑ 중등학교 2급 정교사(프랑스어)

진출 직업은?

통역사, 번역가, 작가, 문화예술평론가, 공연기획자, 연출가, 번역비평가, 출판물기획자, 국제회의기획자, 문화관광해설사, 여행상품개발자, 은행원, 신문기자, 방송PD, 방송작가, 중고등학교 교사, 한국어강사, 교수, 외교관, 호텔 지배인, 광고기획자, 디지털마케터, 항공기객실승무원, 국제구호개발활동가, 국제 NGO 활동가 등

추천 도서는?

- 이방인(민음사, 알베르 카뮈, 김화영 역)
- 고도를 기다리며(민음사, 사뮈엘 베케트, 오증자 역)
- 어린 왕자(열린책들, 앙투안 드 생택쥐페리, 황현산 역)
- 슬픔이여 안녕(아르테, 프랑수아즈 사강, 김남주 역)
- 구토(문예출판사, 장 폴 사르트르, 임호경 역)
- 두 도시 이야기(허밍 버드, 찰스 디킨스, 김소영 역)
- 악의 꽃(난다, 샤를르 보들레르, 황현산 역)
- 마담 보바리(민음사, 귀스타브 플로베르, 김화영 역)
- 인간의 대지(이음문고, 앙투안 생텍쥐페리, 이정은 역)
- 웃는 남자(열린책들, 빅토르 위고, 이형식 역)
- 레 미제라블(민음사, 빅토르 위고, 정기수 역)
- 잃어버린 시간을 찾아서
  (민음사, 마르셀 프루스트, 김희영 역)
- 프랑스를 만든 나날, 역사와 기억(푸른 역사, 권윤경 외)
- 에밀(돋을새김, 장 자크 루소, 이환 역)
- 시지프 신화(민음사, 알베르 카뮈, 김화영 역)
- 페스트(책세상, 알베르 카뮈, 김화영 역)
- 파리에서 만난 말들(생각정원, 목수정)
- 알베르 카뮈를 읽다(휴머니스트, 박윤선)
- 시지프 신화(열린책들, 알베르 카뮈)
- 파리, 프랑스 작가들의 숨결이 머무는 도시
  (지앤유, 송민숙 외)
- 법의 정신 세트(나남, 몽테스키외)
- 한권으로 읽는 잃어버린 시간을 찾아서
  (국일미디어, 마르셀 프루스트)

학과 주요 교과목은?

기초 과목	프랑스어문법, 프랑스문학사, 기초프랑스어, 프랑스발음연습, 프랑스단편, 프랑스문화, 프랑스어듣기, 프랑스문학의이해, 프랑스어텍스트강독, 프랑스역사와 문화의 이해, 유럽문화와 문화정책, 문학과 문화산업, 초급프랑스어회화, 프랑스관광개론, 미디어프랑스어 등
심화 과목	중급프랑스어, 중급프랑스어회화, 관광프랑스어, 프랑스희곡, 고급프랑스어, 고급프랑스어회화, 프랑스소설, 프랑스어번역연습, 프랑스시, 프랑스작품연구, 실용프랑스어, 프랑스권지역연구, 프랑스영화, 프랑스어권문학, 시사프랑스어, 프랑스작가연구. 프랑스문학과비교문학, 국제관계프랑스어, 프랑스사상과문화, 프랑스비평사, 프랑스문학과테크놀로지, 프랑스중세르네상스사 등

졸업 후 진출 분야는?

기업체	은행, 증권회사, 보험회사 등 금융기관 및 회계 관련 기관, 대기업 등 국내 일반 기업체, 호텔, 항공사, 광고대행사, 홍보대행사, 외국계 회사 등
연구소	프랑스어문학, 법학, 사회과학 등 학문연구소, 대학부설 연구소, 정부·민간 연구소 등
정부 및 공공기관	각종 고시 및 임용시험을 통한 정부 부처 관료, 법조인, 국가정보원 직원, 각종 교육기관 등

전공 관련 선택 과목은?

▶ 국어, 영어 교과는 모든 학문의 기초적인 성격을 가진 도구교과로 모든 학과에 이수가 필요하여 생략함.

수능 필수	화법과 언어, 독서와 작문, 문학, 대수, 미적분Ⅰ, 확률과 통계, 영어Ⅰ, 영어Ⅱ, 한국사, 통합사회, 통합과학, 성공적인 직업생활(직업)		
교과군	선택 과목		
	일반 선택	진로 선택	융합 선택
수학, 사회, 과학	세계시민과 지리, 세계사, 사회와 문화, 현대사회와 윤리	윤리와 사상, 인문학과 윤리, 국제관계의 이해	여행지리, 사회문제 탐구, 윤리문제 탐구
체육·예술		음악 감상과 비평, 미술 감상과 비평	
기술·가정/정보			
제2외국어/한문	프랑스어	프랑스어 회화, 심화 프랑스어	프랑스어권 문화
교양		인간과 철학, 인간과 심리, 삶과 종교	

학교생활기록부 관리는?

출결 사항	• 미인정 출결 내용이 없도록 관리하세요. 미인정 출결 내용이 있으면 인성, 성실성 영역 등에서 부정적 평가를 받을 가능성이 높아요.
자율·자치활동	• 다양한 교내외 활동에서 자기주도적 참여를 통해서 인문학과 불어불문학 분야에 대한 관심과 흥미, 창의적 문제 해결 능력, 의사소통 능력, 협업 능력, 발전 가능성 등이 드러나도록 하세요.

동아리활동	• 독서토론, 세계 문학 연구, 프랑스 문화, 프랑스어 회화 관련 동아리 활동 참여를 통해서 불어불문학과 전공에
	  대한 준비를 하세요.
	• 가입동기, 본인의 역할, 배우고 느낀 점, 불어불문학과 진학을 위해 기울인 활동과 노력이 나타날 수 있도
	  록 참여하세요.
	• 프랑스어 멘토-멘티 활동, 프랑스문화 알리미 활동, 돌봄 활동 등에 참여하여 나눔과 배려의 태도가 드러
	  나게 하세요.

진로 활동	• 불어불문학과와 관련된 직업 정보 탐색 활동을 권장해요. • 프랑스 관련 기관 및 관련 학과 체험 활동이 무척 중요해요. • 프랑스 언어와 문학에 대한 적극적 진로 탐색 활동을 통해서 자신의 진로 역량, 전공 적합성, 발전 가능성 등 이 나타날 수 있도록 하세요.

**교과학습발달
상황**
	• 국어, 영어, 사회, 프랑스어 등과 과련된 교과 성적은 상위권으로 유지시키고, 관련 교과 수업에서 학업
	  역량, 전공 적합성, 자기주도성, 문제 해결 능력, 창의력, 발전 가능성 등의 역량이 발휘될 수 있도록 수업에
	  적극 참여하세요.
	• 프랑스 문화와 역사, 언어 관련 분야의 교과 연계 독서 활동 내용이 기록되도록 하세요.

독서 활동	• 철학, 문학, 사회학, 언어학, 과학 등 다양한 분야의 책을 읽으세요. • 프랑스어와 문화, 프랑스 사회와 역사 분야의 독서 활동을 통해서 불어불문학 전공에 기본적인 지식을 쌓는 것이 중요해요.

**행동 발달
특성 및
종합 의견**
	• 창의력, 문제 해결 능력, 의사소통 능력, 협업 능력, 리더십, 발전 가능성, 전공 적합성 등이 드러날 수 있도록
	  하세요.
	• 자기주도성, 경험의 다양성, 성실성, 나눔과 배려, 학업 태도와 학업 의지에 대한 자신의 장점이 생활기록부에
	  기록되도록 관리하세요.

우리나라 최초의 목사에 대해 알아볼까요?

➡️ 우리나라 최초의 목사는 감리교의 경우 1901년 김창식, 김기범이 장립(목사가 장로로 선정된 신자에게 그 직책을 주는 일)되었고, 장로교의 경우 1907년 독로회가 조직 되어 길선주, 서경조, 이기풍 등 7명이 안수를 받았어요. 1910년까지는 대개 선교사와 협동 목사(2인 이상의 목사가 동등한 권리로 근무하는 목사)의 자격으로 일하다가 그 뒤 단독 목회 당회장으로 교회의 치리(교리에 불복하거나 불법한 자에 대해 당회에서 증거를 모아심사 책벌하는 일)와 예배를 담당하게 되었어요.

목사란?

사람들은 살아가면서 마음이 힘들 때나 어려운 일을 당했을 때 신이나 절대자를 찾게 됩니다. 목사나 신부, 승려 등은 성직자로서 신자들에게 정신적·도덕적 지도를 하며, 신자들의 마음에 안식을 주는 상담자로서의 역할을 하는 동시에 사회 지도자로서의 역할도 합니다.

목사는 본래 양을 치는 사람이라는 뜻의 '목자(牧者)'에서 비롯된 단어로, 개신교 신자들에게 교리를 설명하며, 종교 의식을 집행하는 일을 합니다. 목사는 예배를 준비하고 진행하는 사회자, 기독교 교리를 신자 또는 비신자에게 가르치는 교사, 또한 교회 운영의 감독관 등의 역할을 모두 해야 합니다. 규모가 작은 교회의 경우에는 신도 사이의 갈등을 중재하거나 개인적 고민을 나누는 상담사의 업무를 수행하기도 합니다.

목사는 사람을 직접 마주 대하면서 활동하는 일이 많으므로 인간 관계의 갈등이 필연적으로 따르고, 이에 대한 스트레스가 많을 수 있습니다. 그러나 목사는 하나님의 사랑을 사람들에게 전해 주는 일을 하기 때문에, 무엇보다도 사람을 사랑해야 하는 직업입니다. 목사들은 잘 변하지 않는 사람들이 설교를 통해서 조금씩 바뀌어 가고, 삶의 가치관이 달라지는 것을 보면 큰 보람과 기쁨을 느낀다고 합니다.

우리나라 목사들은 1945년까지는 대개 구약적 선민의식을 강조 하였고, 1960년대에는 신학의 토착화 문제, 그리고 1970년대는사회 복음에 대해 설교를 했습니다. 그러나 설교 내용은 대부분 복음주의적이고, 영적인 차원의 것이었다고 할 수 있습니다.

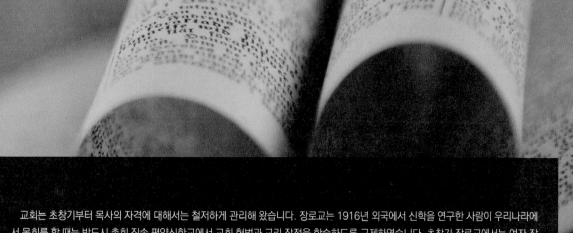

목사
신학과

교회는 초창기부터 목사의 자격에 대해서는 철저하게 관리해 왔습니다. 장로교는 1916년 외국에서 신학을 연구한 사람이 우리나라에서 목회를 할 때는 반드시 총회 직속 평양신학교에서 교회 헌법과 교리 장정을 학습하도록 규제하였습니다. 초창기 장로교에서는 여자 장로 및 목사 제도를 금했지만 광복 후 허용하였고, 감리교에서는 일찍부터 여자 목사 제도를 허용하고 있습니다.

한국 근대사에서 목사들이 강력한 지도력을 발휘하여 민족의 정신 교육을 담당하였고, 교회를 통해 근대화 추진에 끼친 공헌은 아주 크다고 할 수 있습니다. 목사는 서비스업의 일종이기 때문에 감정 노동이 심한 편입니다.

신도들의 신앙심을 이끄는 일에 소홀히 하는 순간 교인들은 교회를 떠나고 목사들은 설 자리를 잃게 됩니다. 또한 목사는 예배를 하는 것 이외에도, 교회에서 하는 각종 행사, 여름 성경 학교, 수련회, 해외 선교, 부흥회, 특별 기도회, 야외 예배, 추수 감사 예배 등을 주관해야 합니다.

목사는 일반 신도의 집에 심방을 자주 다니는 등 이동을 많이 하고, 교회 소속 봉고차나 승합차 등을 운전해야 할 일이 매우 많기 때문에 1종 보통 운전면허가 있으면 도움이 됩니다.

목사가 하는 일은?

종교 의례와 의식을 거행하거나 관리하며, 창조, 속죄 또는 구원 행사의 의식적 재연을 관장합니다. 기본적으로 예배와 세례, 성찬을 주관하고, 몇 십 분 분량의 설교를 하는 것이 가장 기본적인 업무입니다. 그 외에도 신앙 상담, 가정 심방, 예식 집전(혼인, 병자 방문, 장례 등) 등으로 교인들을 하나하나 챙기는 것도 업무입니다.

» 예배와 세례, 성찬을 주관하고 몇 십 분 분량의 설교를 합니다.
» 신자들의 요청에 의해 결혼식이나 장례식을 집행합니다.
» 교육 기관, 의료 기관, 교도소, 경찰서, 군대 등에서 교육적·종교적 활동을 수행하기도 합니다.
» 신도의 가정을 방문하여 신앙심을 고취시키거나 병든 사람을 위로하며 가난한 사람을 도와주고, 정신적인 결핍 또는 안식을 갈망하는 사람들을 도우며 신앙으로 인도합니다.
» 각종 모임이나 종교 교육 프로그램을 지도·감독합니다.
» 단체에 근무하는 경우 성직자 양성을 담당하거나 하위 성직자로 하여금 종단의 관리나 인사, 재무, 사무 등의 일을 제대로 수행하도록 지도·감독합니다.
» 교회에 임금 근로자나 자원 봉사자가 있을 경우에는 이에 대한 관리·감독의 업무를 수행하기도 합니다.

Jump Up

신부에 대해 알아볼까요?

신부는 천주교의 종교 예식이나 의식을 집행하고 관장해요. 신자들을 정신적·도덕적으로 지도하는 사람으로, 교리를 해설하며, 종교 의식을 집행해요. 신부가 되기 위해서는 세례를 받은 지 3년이 지난 다음, 본당 신부의 지도를 받고 교구장의 추천으로 가톨릭대학의 신학과(대신학교)에 입학하여 철학과 신학을 배우고, 기도와 영성 생활을 해요. 보통 각 교구에서는 대신학교 입학 전에 성직 지망 학생(예비 신학생)을 미리 모집하여 교육하고 있으며, 이러한 모임에 참석하여 자신의 성소(성직 또는 수도 생활의 뜻을 품는 것)를 확인해야 해요. 신학과는 본과 4년, 연구과 2년, 부제반 1년 등 총 7년의 과정으로 이루어져 있어요. 신학생도 군대에 가는데, 군 면제 대상자의 경우 교구에서 지정하는 사회 복지 시설에서 군 복무 기간만큼 봉사 활동을 해야 해요. 4학년이 되면 착복식을 하고 독서직을 받으며, 5학년이 되면 시종직, 6학년이 되면 부제품을 받게 되고, 7년의 총 과정을 마치면 주교로부터 서품을 받아 사제가 돼요.

목사

커리어맵

관련자격
- 종교교육지도사
- 중등학교 2급 정교사(종교)
- 사회복지사
- 상담사

관련기관
- 한국종교문화연구소 www.kirc.or.kr
- 한국기독교총연합회 www.cck.or.kr

적성과 흥미
- 언어 구사력
- 상담 능력
- 사명감
- 봉사 정신
- 자제력
- 도덕심
- 의사소통 능력
- 책임감
- 리더십

목사

관련학과
- 기독교교육과
- 기독교학과
- 기독교학부
- 대순종학과
- 문화선교학과
- 성서학과
- 신학과
- 종교문화학과
- 종교학과

흥미유형
- 사회형
- 탐구형

관련교과
- 국어
- 영어
- 사회
- 제2외국어

준비방법

관련직업

- 국어, 영어, 한국사 교과 역량 키우기
- 종교, 봉사 관련 동아리 활동
- 말하기, 토론과 논술분야 교내 활동 참여
- 교회나 학과 탐방 활동
- 종교인 직업 체험 활동

- 승려
- 신부
- 수녀

적성과 흥미는?

목사가 되려면 기독교의 교리와 종교의 기능, 철학 등에 대한 지식이 필요하고, 이를 여러 사람들에게 전달해야 하기 때문에 언어 구사력과 함께 상담 능력도 필요합니다. 목사는 자신의 이익을 앞세우는 직업이 아니라 사회를 위해 공헌한다는 사명감을 지녀야 하는 직업입니다. 그렇기 때문에 다른 사람을 위해 희생하고 봉사할 수 있는 마음을 지닌 사람에게 적합합니다. 또한 자신과 다른 의견이라도 열린 마음으로 존중할 줄 아는 사람에게 적합합니다.

목사는 다른 직업에 비해 높은 도덕심과 책임감이 필요합니다. 또 여러 사람에게 도덕적인 영감을 주어야 하기 때문에 리더십이 있어야 하며, 의사소통하는 능력도 아주 중요합니다.

목사
커리어맵

관련 직업은?

신부, 수녀, 승려 등 성직자

관련 학과 및 자격증은?

➡ 관련 학과 : 기독교학과, 신학과, 종교학과, 종교교육과 등

➡ 관련 자격증 : 종교교육지도사, 중등학교 2급 정교사(종교), 사회복지사, 상담사 등

진출 방법은?

목사가 되는 방법은 교파마다 다른데, 일반적으로는 소속하고자 하는 교단이 인정하는 대학교에서 신학을 전공하고, 신학대학원에서 목회학 석사 학위를 취득한 후 일정 기간 전도사로 사역한 다음, 목사 고시에 합격해야 합니다. 교파에 따라서 전도사나 강도사 시험에 응시해야 합니다. 대학교에서 신학을 전공하지 않았더라도 신학대학원(3년)을 졸업하면 목사 안수를 받을 수 있습니다. 이외에도 각 교파 및 교단에서 설치한 신학교나 신학원 등 신학 교육 기관에서 성직자를 양성하기도 합니다. 목사는 정규 신학 과정을 이수한 뒤, 일정 기간 동안 교회 치리 기관의 지도 아래 훈련을 마치고 정식 안수를 받은 다음, 기존 교회의 청빙을 받거나 교회를 설립하여야 목사로서의 기능을 발휘하게 됩니다.

현재 한국의 장로교에서는 4년간의 대학 교육과 3년간의 신학 교육을 마쳐야 목사 자격이 주어지지만, 그밖의 다른 교단에서는 4년간의 대학 과정을 이수하면 목사 안수를 받을 자격이 주어집니다.

미래 전망은?

이 세상에 종교가 없다면 인류의 정신문화는 더욱 황폐해질 것이며 세계의 각종 종교관련 문화유산도 없었을 것입니다. 종교는 우리의 일상뿐만 아니라 인류 문명에 큰 영향을 미치며, 인간과 삶의 참모습을 밝히는 데 중점을 둡니다. 이러한 점을 감안할 때, 성직자로서의 목사는 개인적인 믿음과 소명 의식으로 활동하는 사람들이기 때문에 일자리를 전망하는 것은 적절하지 않습니다. 우리 사회가 점차 물질적인 풍요를 누리면 누릴수록, 인간들의 정신적인 박탈감이나 소외감, 갈등은 더욱 심해질 것으로 예상됩니다. 그렇기 때문에 영혼의 문제, 마음의 문제를 다루는 성직자의 역할은 더욱 중요해질 것으로 보입니다.

문화체육관광부의 '한국의 종교 현황'에 따르면 교회(개신교), 사찰, 성당 중에서 교회의 수와 성직자 수가 가장 많으며, 다음이 불교, 천주교의 순이라고 합니다. 또한 전체적인 성직자 수는 감소하고 있지만, 개신교의 성직자 수는 지속적으로 증가하고 있다고 합니다.

목사는 종교 계통 전문가로서 인간의 삶에 대한 공감적 이해를 바탕으로 교회를 이끌어가면서, 사회의 전반적인 복지 분야에서도 활동할 수 있습니다. 인류의 정신세계와 사회의 보편적인 문제를 포괄적으로 다룰 수 있는 역량을 갖추어 종교 계통의 전문가뿐만 아니라 학술 및 저술 활동을 할 수도 있습니다. 인류 문화의 뿌리와 중요한 유산인 종교를 연구하는 목사는 다양한 문화 콘텐츠에 대한 식견을 겸비하므로 영화, 애니메이션, IT 등 문화 산업과 뉴미디어 분야에서도 특출한 능력을 발휘할 수 있을 것으로 예상됩니다.

신학과
목사 전공 분석

어떤 학과인가?

신학(神學)은 전통적으로 하나님(신, The Divine, The God)을 연구하거나 신과 관련된 교리와 방법에 대해 연구하는 학문입니다. 서양의 기독교에서 쓰이는 신학이라는 낱말은 고대 그리스어의 '신'을 뜻하는 '테오스' 와 '학문'을 뜻하는 '로고스'가 결합된 단어입니다. '신학'이라는 단어는 종교적 초월자로서 신이 존재하는 모든 종교의 신에 관한 학문이지만, 우리나라에서는 '일반적으로 기독교 신학을 의미합니다. 신학은 교파에 따라 개신교 신학, 로마 가톨릭 신학, 정교회 신학, 성공회 신학 등으로 나뉘며, 좀더 세밀하게 분류하면 구약신학, 신약신학, 조직신학, 역사신학, 실천신학, 선교신학, 기독교 상담학 등으로 나눌 수 있습니다.

신학과는 기독교의 신학을 가르치는 학과로 목자이신 예수 그리스도를 본받아 교화와 국가, 인류사회에 봉사할 수 있는 성직자 양성을 위해 교육합니다. 또한 성경을 가르치는 것이 아니라 성경을 해석하는 방법을 공부합니다. 신학과의 교육목표는 전통적 개혁주의에 입각한 경건한 신앙 인격과 신학의 기초를 형성하는 데 있습니다. 이를 위해 신학과는 일반 교양과목과 현대 외국어와 고전어, 기초신학, 철학, 역사, 사회봉사 등의 교육과정을 운영합니다. 신학과 학생들은 학과뿐 아니라 교회 봉사를 비롯해 다양한 교내외 프로그램들을 통해 목회자, 신학자, 선교사 및 사회지도자가 되는데 필요한 이론과 실천 훈련을 쌓게 됩니다.

확고한 개혁주의 신학과 세계관에 입각한, 국제적 감각과 실력을 갖춘 교회, 국가 및 세계를 위해 봉사하고 헌신할 목회자, 선교사 및 학자 양성을 교육의 목적으로 합니다.신학과에서 배출한 졸업생들은 일반 목회, 군목, 교목, 원목, 선교사, 교수, 연구원, 강사, NGO 및 국제기구 종사자, 경영인, 언론인, 법조인, 의료인 등의 다양한 분야에 진출하여 활동할 수 있습니다.

교육 목표와 교육 내용은?

신학과는 역사적 개혁주의에 입각하여 경건한 신앙 인격과 신학의 기초를 형성하는 학과입니다. 기독교 복음을 자신의 삶에서 체험하고 하나님 중심의 경건 훈련을 합니다. 성경적 세계관에 기초한 인문학적 교양 교육을 폭 넓게 실시하며 신학의 근본적 토대가 되는 성경을 가르치고 깊이 연구할 수 있도록 합니다. 이를 위해 신학과는 교양과목과 외국어, 고전어, 신학, 역사, 철학, 사회봉사 등의 다양한 교육과정을 운영합니다. 신학과는 성경에 기초한 경건, 개혁주의 세계관과 신학적 기초, 세계교회와 국제사회에 봉사하는 지도자 양성 등 영성과 지성, 인성을 갖춘 인재 양성을 교육의 목표로 합니다.

> » 건강한 교회사역을 할 수 있는 지도자로서의 능력을 함양합니다.
> » 국내외 선교 현장에서 사역하는 선교사로서의 역량을 함양합니다.
> » 개혁주의 신학에 입각한 학문적 소양을 가진 신학자를 양성합니다.
> » 여러 기관 및 단체, 조직에서 사역할 수 있는 지도자를 양성합니다.
> » 소외 계층, 지역사회, 국가와 국제사회가 필요로 하는 실천가를 양성합니다.
> » 기독교 세계관에 근거하여 문화를 개혁해 나가는 문화사역자를 양성합니다.
> » 이웃사랑, 헌신, 섬김의 정신을 가지고 책임감과 융합적 사고를 갖춘 전문인을 양성합니다.

학과에 적합한 인재상은?

신학과는 종교, 문화, 예술, 역사, 철학, 언어 등과 관련이 높은 학과입니다. 따라서 기본적으로 다양한 인문사회학적 학문에 대한 높은 이해도가 필요합니다. 또한 기독교적 세계관을 바탕으로 한 교육과정을 수강하게 되므로 이에 관심과 흥미가 있는 학생이 유리합니다. 개신교에서 목회자로 일하려면 성경의 각 구절과 그와 관련된 배경 지식에 대해서도 완벽하게 알고 있어야 하며, 목회 현장에서의 경험을 설교해야 합니다. 따라서 인간과 신의 세계, 역사 등에 대한 깊이 있는 탐구능력과 자신의 생각을 많은 사람 앞에서 표현할 줄 아는 리더십 있는 학생에게 적합합니다.

종교지도자는 스트레스를 많이 받는 직업입니다. 신도들의 다양한 감정을 받아들여야 하며, 사회와 교회 등 공동체의 평화를 위해 개인적인 생활을 희생해야 합니다. 평소 자신의 감정을 그대로 노출하기보다는 절제할 줄 알고, 다른 사람의 말에 귀를 기울일 줄 아는 태도가 필요합니다. 또한 사람을 대하는 전공이므로 인간에 대한 이해와 심리, 상담에 관심을 갖는 것도 도움이 됩니다.

신학과에 관심이 있다면 성서탐구반, 심리학, 논술반, 사회문제탐구반, 역사연구반 등의 동아리에서 활동하면 도움이 됩니다. 또한 교과 시간에 '국제 분쟁, 난민 문제, 종교갈등, 환경 문제' 등 세계적으로 쟁점이 되는 현상에 대해 탐색하거나, 종교와 인간의 관계를 탐구하는 활동 등으로 자신의 진로 역량을 키울 것을 권장합니다. 또한 신학의 개념을 철학적 관점에서 분석하는 등의 탐구보고서를 작성하면 도움이 됩니다.

관련 학과는?

기독교학과, 기독교교육과, 기독교신학전공, 기독교학부, 성서학과, 신학, 신학과 경배찬양학과, 신학부, 종교문화학과, 종교학과 등

주요 교육 목표

교회 사역을 할 수 있는
지도자로서의 능력 함양

- - - - - - - - - - - - - - - -

국내외 선교 현장에서
사역하는 선교사 양성

- - - - - - - - - - - - - - - -

소외 계층, 지역사회, 국가와
국제사회가 필요로 하는
실천가 양성

- - - - - - - - - - - - - - - -

학문적 소양을 가진
신학자로서의 역량 함양

- - - - - - - - - - - - - - - -

기관, 단체 등에서
사역할 수 있는 지도자 양성

- - - - - - - - - - - - - - - -

기독교 세계관에 근거하여
문화를 개혁해 나가는
문화사역자 양성

진출 직업은?

성직자, 선교사, 전도사, 대학교수, 중등교사, 기독교 언론계의 기자, PD, 아나운서, 기독교 출판계의 편집 및 취재기자, 신학연구원, 작가, 광고홍보전문가, 사회복지사 등

 취득 가능 자격증은?

☑ 관심 분야에 대한 석·박사 학위
☑ 중등학교 2급 정교사(종교)
☑ 군종장교 응시자격, 교역자
　(전도사) 자격
☑ 사회복지사 등

추천 도서는?

- ● 과학과 신학의 대화 Q&A
  (IVP, 바이오로고스, 김영웅 역)
- ● 종교개혁 신학
  (생명의 말씀사, 칼 트루먼 외, 스데반 황 역)
- ● 사추덕과 신학적 덕(동연, 김홍규)
- ● 현대의 철학적 신학(동연, 이관표)
- ● 신학의 영토들(비아, 김진혁)
- ● 신학이 무슨 소용이냐고 묻는이들에게
  (포이에마, 알리스터 맥그라스, 이은진 역)
- ● 신학은 학문이 아닙니다.(UCN, 장종현)
- ● 예수와 땅의 신학(새물결플러스, 개리버지, 이선숙 역)
- ● 신학, 과학을 만나다(서강대학교 출판부,김도현)
- ● 질문하며 읽는 바울 신학(신앙과 지성사,윤석길)
- ● 성경신학개론(부흥과 개혁사, 제이슨 드루치, 박문재 역)
- ● 불트만의 신학(CLC, 박정호)
- ● 현대신학이란 무엇인가
  (IVP, 알리스터맥그래스, 안종희 역)
- ● 예리미야서의 역사와 신학(성약, 엘릭 페일스)
- ● 보스와 함께 신학여행
  (합신대학원출판부, 박형용)
- ● 포스트모던 시대의 철학과신학
  (대학기독교서회, 한국조직신학회)
- ● 교양으로 읽는 세계 7대 종교(시그마북스, 질 캐럴)
- ● 종교개혁지 탐방 가이드(세움북스, 황희상 외)
- ● 발로 쓴 프랑스, 칼뱅 개혁주의종교개혁
  (에디아, 조재석)
- ● 종교의 흑역사(유노책주, 오무라 오지로)

학과 주요 교과목은?

기초 과목	기독교와현대사상, 교회사개론, 청교도사상, 기독교세계관과철학, 신약영문강독, 신학과예술, 선교학입문, 철학의이해, 히브리어, 구약원어강독, 개혁신학입문, 종교개혁사상과유럽역사, 교회사역과퍼블릭스피치, 고중세철학과기독교, 헬라어, 신약서신연구, 모세오경, 구원론, 교회사영문강독, 근대철학과기독교 등
심화 과목	신약배경문헌연구, 사복음서연구, 이스라엘역사와신학, 인간론기독론, 성령론, 포스트모더니즘철학과, 기독교, 라틴어문법, 사도행전, 바울서신주해, 신약원어강독, 언약과그리스도, 교회와세계, 근현대개혁주의역사, 청교도세미나, 신앙과기도, 철학과신학, 라틴어강독, 중급헬라어, 신약성경사본학, 공관복음주해, 고전헬라어강독, 히브리시와지혜, 복음과변증, 한국역사와기독교, 인간과마음, 기독교철학사, 구약의예언과묵시, 현대신학, 현대종말사상, 개혁주의의역사, 기독교와문화의이해 등

졸업 후 진출 분야는?

기업체	교회, 국제기구, 국내외 NGO, 유네스코, 인권단체, 방송국, 신문사, 출판사, 사회복지기관, 기독교 기업 유관단체
연구소	교육기관, 신학 관련 국가·민간 연구소, 한국종교문화연구소 등
정부 및 공공기관	중앙 정부 및 지방자치단체 종교 관련 공공기관 등

전공 관련 선택 과목은?

▶ 국어, 영어 교과는 모든 학문의 기초적인 성격을 가진 도구교과로 모든 학과에 이수가 필요하여 생략함.

수능 필수	화법과 언어, 독서와 작문, 문학, 대수, 미적분 I, 확률과 통계, 영어 I, 영어 II, 한국사, 통합사회, 통합과학, 성공적인 직업생활(직업)		
교과군	선택 과목		
	일반 선택	진로 선택	융합 선택
수학, 사회, 과학	세계시민과 지리, 세계사, 사회와 문화, 현대사회와 윤리	한국지리 탐구, 동아시아 역사 기행, 윤리와 사상, 인문학과 윤리	여행지리, 역사로 탐구하는 현대 세계, 사회문제 탐구, 윤리문제 탐구
체육·예술			
기술·가정/정보			
제2외국어/한문			
교양		인간과 철학, 논리와 사고, 인간과 심리, 교육의 이해, 삶과 종교	논술

학교생활기록부 관리는?

출결 사항	• 미인정 출결 내용이 없도록 관리하세요. 미인정 출결 내용이 있으면 인성, 성실성 영역 등에서 부정적 평가를 받을 가능성이 높아요.
자율·자치활동	• 다양한 교내외 활동에서 자기주도적 참여를 통해서 신학 분야에 대한 관심과 흥미, 창의적 문제 해결 능력, 의사소통 능력, 협업 능력, 발전 가능성 등이 드러나도록 하세요.
동아리활동	• 종교연구반, 신학과 역사, 철학윤리탐구반, 성서탐구반 등의 동아리 활동 참여를 통해서 신학 전공에 대한 준비를 하세요. • 가입동기, 본인의 역할, 배우고 느낀 점, 신학과 진학을 위해 기울인 활동과 노력이 나타날 수 있도록 참여하세요. • 평소 꾸준한 봉사활동으로 나눔과 배려 정신이 드러나도록 하세요.
진로 활동	• 신학과 관련된 직업 정보 탐색 활동을 권장해요. • 교회, 성당 등 종교 시설 탐방 및 관련 학과 체험 활동을 권장해요 • 신학에 대한 적극적 진로 탐색 활동을 통해서 자신의 진로 역량, 전공 적합성, 발전 가능성 등이 나타날 수 있도록 하세요.
교과학습발달상황	• 국어, 영어, 사회 등과 관련된 교과 성적은 상위권으로 유지시키고, 관련 교과 수업에서 학업 역량, 전공 적합성, 자기주도성, 문제 해결 능력, 창의력, 발전 가능성 등의 역량이 발휘될 수 있도록 수업에 적극 참여하세요. • 신학과 관련된 교과 연계 독서 활동 내용이 기록되도록 하세요.
독서 활동	• 철학, 문학, 사회학, 역사학, 과학 등 다양한 분야의 책을 읽으세요. • 종교 분야의 독서 활동을 통해서 신학 전공에 기본적인 지식을 쌓는 것이 중요해요.
행동 발달 특성 및 종합 의견	• 창의력, 문제 해결 능력, 의사소통 능력, 협업 능력, 리더십, 발전 가능성, 전공 적합성 등이 드러날 수 있도록 하세요. • 자기주도성, 경험의 다양성, 성실성, 나눔과 배려, 학업 태도와 학업 의지에 대한 자신의 장점이 생활기록부에 기록되도록 관리하세요.

문화재연구원이란?

'역사를 잊은 민족에게 미래는 없다.'는 말을 들어 보았을 것입니다. 우리가 살아가는 사회와 문화는 역사 속 사람들의 끊임없는 노력을 토대로 발전해 왔습니다. 그러나 현재의 우리들은 우리의 역사와 문화를 점차 잊고 있는 것은 아닐까요? 우리나라의 자연과 환경은 많은 개발로 인해 훼손되었으며, 지금도 전국적으로 각종 개발 사업이 다양하게 진행되고 있어 어딘가에 묻혀 있을 우리나라의 문화유산들이 소실되고 있습니다. 문화유산은 우리 겨레의 삶의 지혜와 숨결이 깃들어 있는 소중한 보배이자 인류 문화의 자산입니다. 모든 유·무형의 문화재는 민족 문화의 정수이며 기반이 됩니다. 더욱이 우리의 문화유산은 오랜 역사 속에서 많은 재난을 견디어 오늘에 이르고 있습니다. 그러므로 문화유산을 찾고 가꾸는 일은 곧 나라 사랑의 바탕이 됩니다. 문화유산은 한번 손상되면 다시는 원 상태로 돌이킬 수 없으므로 유적과 그 주변 환경이 훼손되지 않도록 노력해야 합니다.

문화재연구원은 선사 시대부터 현대에 이르기까지 우리나라 각 지역에 분포하고 있는 문화재를 조사하고 발굴하며 복원하는 것을 전문적으로 연구하는 사람입니다. 우리나라의 문화유산(유·무형 문화재)을 온전하게 보존하거나 기록으로 남겨서 다음 세대에 물려 주기 위해 이를 널리 조사, 발굴, 연구, 보존, 복원하는 일을 합니다. 이는 문화유산의 역사성을 회복하여 언제든지 우리의 전통 문화를 누릴 수 있게 하고, 나아가 우리 문화유산의 우수성을 세계에 널리 알리는 데 크게 기여하고 있습니다.

문화재연구원

문화유산학과

    문화재연구원은 일반적으로 정부나 민간의 관련 문화재 연구 기관이나 대학 부설 연구소에 소속되어 근무하지만 일부 연구원은 파트타임으로 근무하기도 합니다. 업무는 단독으로 진행하는 경우도 있고, 연구원들이 팀을 이루어 공동으로 진행하기도 합니다. 정부 연구 기관의 경우에는 공동 연구를 하는 것이 대부분인데, 연구원들이 함께 모여서 고민하고 토론하며 문제 해결 방법을 찾습니다. 또한 행정 기관과 박물관의 의뢰를 받아 국가 문화유산에 관한 데이터베이스 구축 작업을 하기도 합니다.

    문화재연구원은 다른 직업에 비해, 근무 환경이 쾌적하고 정신적·육체적 스트레스가 적은 편입니다. 또한 높은 수준의 전문 지식이 필요하기 때문에 직업 전문성이 높아 개인 연구에서의 자율성이 보장되며, 사회 기여나 소명에 대한 의식도 높은 편입니다.

문화재연구원이 하는 일은?

문화재연구원은 대한민국 문화유산(유·무형 문화재) 및 매장 문화재의 조사, 연구, 보호, 보존 관리 및 그 활용을 통해 민족 문화를 전승·보급하고, 문화재의 총체적인 보존 관리 체제를 확립하는 일을 합니다.

» 문화유산에 대한 지표 조사, 발굴 조사, 고건축 조사, 문화재 GIS 조사 등을 합니다.
» 문화유산의 수리 체계 개선 및 전통 재료를 활성화합니다.
» 보존 관리, 보수, 복원에 관한 일을 합니다.
» 문화유산 관련 조사 및 연구를 하고, 학술 보고서와 연구서를 발간합니다.
» 전통문화와 문화유산에 대한 전문 인력을 양성하기 위해 교육합니다.
» 문화유산과 관련한 문화 콘텐츠를 연구하고 개발합니다.
» 문화유산 관련 각종 학술 행사에 참여합니다.
» 지역 문화유산의 관광 자원화 및 콘텐츠의 활용을 확대합니다.
» 생활 문화유산에 대한 교육을 합니다.
» 세계 유산 등재 체계화와 관리를 강화합니다.
» 국외 문화유산를 보호·활용합니다.
» 문화유산의 국제 교류를 확대합니다.

Jump Up

큐레이터에 대해 알아볼까요?

큐레이터는 박물관, 미술관 등에서 관람객들을 위해 전시를 기획하고, 소장품의 수집과 관리, 조사와 연구, 교육 프로그램을 개발하는 일을 해요. 구체적인 업무 내용은 근무하는 장소나 전시품에 따라 차이가 있어요.

큐레이터는 일반적으로 새로운 전시 주제를 선정하여 작품을 섭외하고, 전시장 진열과 관리, 관람객을 대상으로 한 교육 프로그램 준비 업무를 비롯해 전시 개막식 및 리셉션 준비 등 행정적인 업무까지 모든 업무를 총괄해요.

큐레이터가 되기 위해서는 대학에서 고고학, 사학, 미술사학, 예술학, 민속학, 인류학 등을 전공하면 도움이 돼요. 큐레이터 채용 시 관련 전공자로 제한하는 경우도 있으며, 석사 이상의 학력을 요구하기도 해요. 미술관 큐레이터 중에는 동양화, 서양화, 조각, 도예 등 미술 실기를 전공한 사람도 있어요. 요즘에는 각 대학에 큐레이터학과가 생기고, 대학원에 예술기획전공, 예술경영학과, 박물관학과, 미술관학과, 문화관리학과 등이 개설되어 전문적인 교육을 받을 수 있는 곳이 많아졌어요.

문화재연구원
커리어맵

준비방법

- 국어 및 한국사 교과 역량 키우기
- 역사 및 문화재 관련 동아리 활동
- 박물관, 역사 탐방 등 체험 활동
- 국가유산 관련 연구소나 학과 탐방 활동
- 문화재연구원 직업 체험 활동

관련기관

- 국가유산청 www.cha.go.kr
- 국립중앙박물관 www.museum.go.kr
- 국립문화재연구소 www.nrich.go.kr
- 한국문화재재단 chf.or.kr

적성과 흥미

- 탐구심
- 논리적 사고력
- 판단력
- 통찰력
- 계획성
- 외국어 능력
- 성실성
- 대인관계 능력
- 집중력

문화재연구원

관련학과

- 문화유산학과
- 문화재보존과학과
- 문화재보존학과
- 고고미술사학과
- 문화유산학과
- 역사문화학부 고고미술사학과
- 한국문화콘텐츠학과
- 국사학과
- 사학과
- 역사학과

흥미유형

- 관습형
- 탐구형

관련교과

- 국어
- 사회
- 과학
- 정보
- 한문

관련자격

- 문화재수리기능사
- 감정평가사
- 한국사능력검정시험
- 문화재수리기술사
- 박물관 및 미술관 준학예사
- 문화예술교육사

관련직업

- 사회이론연구원
- 사상사연구원
- 역사교육연구원
- 감정평가사
- 서양사연구원
- 고고학연구원
- 미술사연구원
- 학예사

적성과 흥미는?

문화재연구원이 되려면 사람과 사회에 대한 폭넓은 이해와 관심을 가지고 있어야 하며, 역사, 사회, 철학 등 인문학과 사회과학 전반에 대한 지식이 필요합니다. 역사적 사실에 대한 호기심과 탐구 정신, 역사적 사실을 객관적으로 기술하고 평가할 수 있는 객관성, 논리적 사고력, 판단력, 통찰력이 필요합니다. 각종 해외 문헌 자료를 보며 연구해야 하는 경우가 많기 때문에 한문과 영어, 중국어 등 일정 수준의 외국어 능력이 필요합니다.

문화재연구원은 장기적으로 연구하는 경우가 많기 때문에 자신이 맡은 과제를 끝까지 연구할 수 있는 계획성과 인내심, 성실한 마음가짐도 필요합니다. 팀을 이루어 연구하는 경우도 많으므로 다른 연구원들의 의견을 존중하고 받아들이는 원만한 대인관계 능력도 필요합니다. 또한 무엇보다 탐구하는 것에 대한 지적 호기심을 가지고, 연구에 몰두할 수 있는 집중력이 있어야 합니다. 탐구형과 관습형의 흥미를 가진 사람에게 적합하며 꼼꼼함, 인내심, 정직성, 사명감 등의 성격을 가진 사람에게 적합합니다.

문화재연구원
커리어맵

Jump Up

문화재보존원에 대해 알아볼까요?

문화재보존원은 궁궐, 사찰, 미술관, 박물관이 소장하고 있는 미술품, 공예품, 서적 등 유형 문화 유산에 관련하여, 소장품의 파손된 부위를 복원·관리하는 기술적인 업무를 수행해요. 문화 유산이 서울, 경주, 부여 등의 옛 도읍지를 중심으로 전국에 산재해 있고, 절이나 사당등 전통 건축물의 신축 공사도 담당하기 때문에 문화재보존원은 대도시에서부터 산간 오지까지 다니며 작업을 해야 해요. 문화재보존원이 되기 위해서는 다양한 분야의 전문 지식이 필요해요. 대학이나 대학원에서 문화재보존학 관련 학문을 전공한 후 학교의 부설 연구소 또는 관련 업체에서 근무하며 경험을 쌓는 것이 일반적이에요. 국가 지정 문화 유산의 보수 업무를 하기 위해서는 국가유산청에서 시행하는 문화재수리기술자 및 기능자 자격시험에 합격해야 해요. 문화재보존원은 유적, 유물에 대한 역사적 지식이 필요하고, 약물 처리 등을 하기 때문에 화학적 지식도 필요하며, 석조물, 미술품 등을 세심하고 정확하게 보존하고 복원하는 기술이 필요해요.

진출 방법은?

문화재연구원은 주로 국가유산청, 국립중앙박물관, 국립문화재연구소, 문화재조사연구단과 같은 정부 출연 연구 기관, 민간 연구 기관, 대학 부설 연구소 등으로 진출합니다. 문화재연구원이 되기 위해서는 대학교에서 고고학, 미술학, 고고미술사학, 문화재보존학 등을 전공해야 합니다. 최근 문화 유산 연구와 보존 업무가 전문화되고 있기 때문에 대학원에 진학하여 석사 또는 박사 학위를 취득하는 것이 도움이 됩니다. 대학원에 진학하여 관련 지식을 깊이 쌓고, 세부 전공을 선택한 후 자신의 전공 분야를 집중적으로 공부해야 합니다.

또한 문화 유산 보전을 위해 화학이나 생물학, 물리학 등의 지식이 필요하므로 다양한 지식을 습득하는 것이 좋습니다. 학교의 부설 연구소나 각 지역 문화재 연구소 또는 관련 업체에서 근무하며 경험을 쌓고, 국공립 박물관이나 연구소 등에서 자신의 전공 분야를 좀 더 심층적으로 연구할 수 있습니다. 문화재연구원은 전문직이므로 자신의 전문성을 높이기 위해 끊임없이 새로운 이론을 배우고, 새로운 연구 방법을 익힐 수 있도록 노력해야 합니다.

관련 직업은?

문화사연구원, 역사교육연구원,
한국사연구원, 고고학연구원,
미술사연구원, 학예사, 감정평가사,
사학이론연구원, 사상사연구원,
대학교수, 서양사연구원 등

미래 전망은?

문화적 소양이 뒷받침되지 않은 외국어 구사나 파편적 지식만으로는 진정한 세계인이 될 수 없는 세계화 시대에, 우리나라는 물론 세계의 문화에 대해 폭넓은 소양을 지닌 문화재연구원의 역할은 정말 중요합니다. 그러나 최근까지 문화유산에 대한 대중의 관심은 낮은 편이었고, 문화재연구원이 진출할 수 있는 정부 출연 연구소는 소수였으며, 단기간에 눈에 띄는 성과물이 드러나지 않기 때문에 기업체 부설 연구소에서도 선호하지 않았습니다. 또한 기업체들의 이공계 선호 현상은 문화재연구원의 일자리 형성에 부정적인 영향을 미쳤습니다.

그러나 요즘은 선조들이 물려준 문화 유산을 우리도 후손들에게 그대로 물려주어야 한다는 국민적인 인식이 점점 커지고 있습니다. 이런 이유로 정부는 문화유산의 관리를 체계화 하여 국민이 언제, 어디서나 향유할 수 있는 문화유산을 확대하고, 각 지역 문화유산의 관광 자원화 및 콘텐츠 활용을 확대하는 등 문화유산 관련 일자리를 창출하기 위해 노력하고 있습니다. 그러나 이러한 중요성과 노력에도 불구하고, 전공학과나 관련 연구소의 설립이 크게 늘지는 알고 있습니다. 따라서 당분간 문화재연구원의 일자리는 현 상태를 유지할 것으로 보입니다.

관련 학과 및 자격증은?

➡ 관련 학과 : 사학과, 역사학과, 한국역사학과, 한국사학과, 고고미술사학과, 역사문화학부 고고미술사학전공,
　　　　　　인문콘텐츠학부 역사콘텐츠전공, 고미술사학과, 문화유산학과, 한국문화콘텐츠학과 등

➡ 관련 자격증 : 문화재수리기능사, 감정평가사, 한국사능력검정시험, 문화재수리기술사, 박물관 및 미술관 준학예사, 문화예술교육사

문화유산학과
문화재연구원과 전공 분석

어떤 학과인가?

문화재(文化財, cultural properties)란 고고학, 역사학, 예술, 과학, 종교, 민속, 생활양식 등에서 문화적 가치가 있다고 인정되는 인류 문화 활동의 소산으로 유산 혹은 문화유산이라고도 합니다. 문화유산학과는 국가 유산에 대한 전문적인 연구와 실제 유물을 접하는 등 체계적인 실무 중심의 교육을 통해 민족 고유 문화를 전승·발전시킬 전문 인재를 양성하는 학과입니다. 국가 유산은 우리 조상들의 얼과 혼이 담긴 귀중한 자원일 뿐만 아니라 인류의 보편적 진리를 증명하는 구체적인 자료의 원천입니다. 국가 유산은 한번 파괴되면 다시는 그 원형을 알 수 없으므로 그에 관한 조사·연구·보존·활용은 우리 민족, 나아가 인류 공동의 의무이자 과제입니다. 사람이 나이가 들수록 병들어 가듯이 시간이 지날수록 점차 노화되는 문화 유산을 보존하고 수명을 연장시키는 일련의 활동이 문화유산학과의 역할입니다.

문화유산학과의 교육내용은 크게 이론과 실습으로 구분됩니다. 이론 교육의 경우 고고학, 미술사, 보존과학, 박물관학 등 여러 학문 분야가 문헌학적 연구 경향을 탈피하여 점차 주변 학문과의 연계나 융합하는 방향으로 전환되고 있습니다. 이를 반영하여 문화유산학과는 기초적인 개념과 이론을 교육한 뒤 반드시 발굴 현장이나 유적 현장, 박물관 현장, 보존과학 현장과 연계한 교육을 실시하여 현장 실무능력을 갖춘 실천적 지식을 습득해야 합니다.

문화유산학과는 한국을 비롯한 인도, 중국, 일본 등의 미술과 고고 자료 전반을 분야별, 시대별로 폭넓게 연구, 보존, 활용할 수 있는 기초적인 소양을 배양함으로써 졸업 후 미술사학자, 고고학자, 보존과학자, 박물관학자, 문화행정가 등 사회 여러 분야의 전문 직종에 종사할 수 있습니다.

교육 목표와 교육 내용은?

문화유산학과는 전통 문화재의 조사, 연구, 보존에 대한 체계적인 교과 체계와 고고학, 미술사, 보존과학, 박물관학 등 학제 간 융·복합 교육을 통해 국가유산 전문 글로벌 인재 육성을 교육의 목표로 합니다.

» 전인적인 전통 국가 유산 전문가를 양성합니다.
» 현장 실무능력을 갖춘 실천적 전문가를 양성합니다.
» 민족 고유문화를 전승·발전시킬 전문 인재를 양성합니다.
» 전통 국가유산에 대한 조사·연구·보존을 위한 융복합 인재를 양성합니다.
» 전통 국가유산의 창조적 계승과 발전을 통한 글로벌 인재를 양성합니다.
» 국가유산 보존 진단을 위한 인문학적, 과학적 기초 지식을 함양합니다.
» 각종 동산·부동산·무형의 자원을 조사·연구, 전시, 교육, 보존, 관리할 수 있는 전문가를 양성합니다.
» 미술과 고고 자료 전반을 분야별, 시대별로 폭넓게 연구, 보존, 활용할 수 있는 역량을 함양합니다.

어떤 흥미와 적성이 필요한가?

문화유산학과는 역사를 비롯하여 다양한 문화권의 생활 양식, 종교, 문화, 예술, 언어 등과 관련된 관련이 높은 학과입니다. 따라서 문화 전반에 대한 관심이 필요하며, 고고학이나 미술사학과 등 인문학에 대한 이해도가 필요합니다. 또한 국가 유산 보존과 관련된 화학, 생물학, 물리학 등 과학 분야의 지식도 함께 요구됩니다. 국가 유산 관련 전문가가 되기 위해서는 사소한 부분도 놓치지 않고 주의 깊게 관찰하고 탐구하는 자세가 필요합니다.

따라서 역사적 사실과 유물에 대한 호기심과 탐구 정신, 논리적인 사고력과 판단력, 인내심 등이 있는 책임감 있는 학생에게 적합합니다. 역사, 유적, 유물에 대한 지식을 갖추고 있다면 더욱 좋습니다. 문화유산학과에 관심이 있다면 국가유산 연구반, 역사탐구반, 박물관 탐구반, 유적 답사반 등의 동아리에서 활동하면 도움이 됩니다. 또한 교과 시간에 문화 유산의 조사, 연구, 보호와 관련하여 민족 전통 문화를 계승하는 방안을 탐구하는 활동 등으로 자신의 진로 역량을 키울 것을 권장합니다.

관련 학과는?

문화재보존과학과, 문화재보존학과, 고고미술사학과, 역사문화학부 고고미술사학전공, 인문 콘텐츠 학부 역사콘텐츠 전공, 미술사학과, 사학과, 역사학과, 역사·문화학과 등

주요 교육 목표

전인적인 전통 국가 유산
전문가 양성

- -

국가 유산 보존 진단을 위한
인문학적·과학적 기초 지식 함양

- -

전통 국가 유산의 창조적 계승과
발전을 통한 글로벌 인재 양성

- -

민족 고유문화를 전승·발전시킬
전문 인재 양성

- -

현장 실무능력을 갖춘 실천적
전문가 양성

- -

국가 유산에 대한
조사·연구·보존을 위한
융복합 인재 양성

 ### 취득 가능 자격증은?

- ☑ 문화재수리기능자
- ☑ 문화재수리기술자
- ☑ 문화재보수기술자
- ☑ 박물관 및 미술관 준학예사

진출 직업은?

기록물관리사, 문화관광해설사, 문화재감정평가사, 문화재보존원, 학예사(큐레이터), 미술사학자, 고고학자, 보존과학자, 박물관학자, 문화행정가 등

추천 도서는?

- 우리 품에 돌아 온 문화재(눌와, 국외소재문화재재단)
- 문화재에 숨은 신비한 동물 사전(담앤북스, 김용덕)
- 문화재공부법(해조음, 조훈철)
- 수학언어로 문화재를 읽다(지브레인. 오혜정)
- 문화재를 위한 보존 방법론(경인문화사, 서정호)
- 문화재다루기(열화당, 이내옥)
- 유물과 마주하다
  (눌와, 국립문화재연구원 미술문화재연구실)
- 무관의 국보(매일경제신문사, 배한철)
- 조선왕조, 궁중 음식
  (궁중음식문화재단 선일당, 한복려)
- 조선총독부 박물관과 식민주의
  (사회평론아카데미, 오영찬)
- 아는 만큼 보인다(창비, 유홍준)
- 국토박물관 순례(창비, 유홍준)
- 고려왕릉 기행(굿플러스북, 정창현)
- 보성 오봉산 구들장이야기(어문학사, 김준봉)
- 박물관에서 신라사를 생각하다(푸른 역사, 옥재원)
- 다시 보는 우리 것의 아름다움(삼인, 박삼철)
- 고려왕릉 기행(굿플러스북, 정창현)
- 보성 오봉산 구들장이야기(어문학사, 김준봉)
- 청소년을 위한 박물관 에세이(해냄출판사, 강선주)
- 미술관 옆 박물관(행복에너지, 황경식)
- 90일 밤의 미술관: 루브르 박물관
  (동양북스, 이혜준)
- 나의 문화유산답사기(창비, 유홍준)

학과 주요 교과목은?

기초 과목	문화재개론, 문화재보존과학개론, 한국고대미술사, 유적유물의기초이해, 문화재보존학습, 문화재학, 고고학개론, 유기문화재재료연구, 야외고고학, 무기물보존기초실습, 문화재화학실습, 도토기보존, 유기물보존기초이해, 동양미술사 등
심화 과목	한국조각사, 한국역사고고학 연구, 전적문화재보존실습, 금속문화재보존실습, 기록물보존연구, 문화재분석연습, 한국선·원사고고학, 문화재강독, 고고학연구법, 회화문화재보존실습, 출토유물보존연습, 한국중세미술사, 무기문화재재료연구, 동양미술사, 한국역사고고학, 문화재관리프로젝트, 박물관전시방법, 유물실측실습, 문화재관리실무 등

졸업 후 진출 분야는?

기업체	박물관, 미술관, 방송국, 신문사, 출판사, 박물관전시업체, 국가 유산모형제작업체 등
연구소	대학 부설 연구소, 국가 유산 관련 국가·민간 연구소,국공립 국가 유산연구소 등
정부 및 공공기관	국가 유산 관련 국가·민간 기관, 공무원(문화직), 국립중앙박물관, 국립민속박물관, 지역문화원, 국가기록원, 한국문화재재단, 매장 문화재 발굴기관 등 국가 유산 관련 공공기관 등

🔍 전공 관련 선택 과목은?

▶ 국어, 영어 교과는 모든 학문의 기초적인 성격을 가진 도구교과로 모든 학과에 이수가 필요하여 생략함.

수능 필수	화법과 언어, 독서와 작문, 문학, 대수, 미적분 I, 확률과 통계, 영어 I, 영어 II, 한국사, 통합사회, 통합과학, 성공적인 직업생활(직업)		
교과군	선택 과목		
	일반 선택	진로 선택	융합 선택
수학, 사회, 과학	세계시민과 지리, 세계사, 사회와 문화, 물리학, 화학	한국지리 탐구, 동아시아 역사 기행, 윤리와 사상, 인문학과 윤리	여행지리, 역사로 탐구하는 현대세계, 사회문제 탐구
체육·예술			
기술·가정/정보			
제2외국어/한문	제2외국어, 한문	한문 고전 읽기	언어생활과 한자
교양		인간과 철학, 논리와 사고, 삶과 종교	

학교생활기록부 관리는?

출결 사항	• 미인정 출결 내용이 없도록 관리하세요. 미인정 출결 내용이 있으면 인성, 성실성 영역 등에서 부정적 평가를 받을 가능성이 높아요.
자율·자치활동	• 다양한 교내외 활동에서 자기주도적 참여를 통해서 역사와 국가 유산 분야에 대한 관심과 흥미, 창의적 문제 해결 능력, 의사소통 능력, 협업 능력, 발전 가능성 등이 드러나도록 하세요.
동아리활동	• 국가 유산 탐구, 역사 연구, 유적 답사 등의 동아리 활동 참여를 통해서 문화재학 전공에 대한 준비를 하세요. • 가입동기, 본인의 역할, 배우고 느낀 점, 문화유산학과 진학을 위해 기울인 활동과 노력이 나타날 수 있도록 참여하세요. • 꾸준하고 일관성 있는 봉사로 봉사의 진정성이 드러나게 하세요.
진로 활동	• 문화유산학과와 관련된 직업 정보 탐색 활동을 권장해요. • 박물관, 미술관 탐방 및 관련 학과 체험 활동을 권장해요 • 문화유산학에 대한 적극적 진로 탐색 활동을 통해서 자신의 진로 역량, 전공 적합성, 발전 가능성 등이 나타날 수 있도록 하세요.
교과학습발달 상황	• 국어, 사회, 과학 등과 관련된 교과 성적은 상위권으로 유지시키고, 관련 교과 수업에서 학업 역량, 전공 적합성, 자기주도성, 문제 해결 능력, 창의력, 발전 가능성 등의 역량이 발휘될 수 있도록 수업에 적극 참여하세요. • 국가 유산, 역사와 관련된 교과 연계 독서 활동 내용이 기록되도록 하세요.
독서 활동	• 철학, 문학, 사회학, 역사학, 과학 등 다양한 분야의 책을 읽으세요. • 국가 유산과 관련된 독서 활동을 통해서 문화유산학 전공에 기본적인 지식을 쌓는 것이 중요해요.
행동 발달 특성 및 종합 의견	• 창의력, 문제 해결 능력, 의사소통 능력, 협업 능력, 리더십, 발전 가능성, 전공 적합성 등이 드러날 수 있도록 하세요. • 자기주도성, 경험의 다양성, 성실성, 나눔과 배려, 학업 태도와 학업 의지에 대한 자신의 장점이 생활기록부에 기록되도록 관리하세요.

문화관광해설사란?

　고궁이나 유적지, 박물관, 미술관 등을 방문하면, 사람들에게 무엇인가를 열심히 설명하고 있는 사람을 흔히 볼 수 있습니다. 그들은 흥미진진한 이야기를 전하는 '이야기꾼'이며, 역사를 설명하는 '역사 선생님'이자, 우리와 유적과 유물을 소개하는 '안내자'의 역할을 하는 문화관광해설사입니다. 문화관광해설사는 역사와 문화에 대한 전문적인 지식을 가지고, 특정 지역의 역사와 가치, 문화를 소개하는 사람이다. 문화관광해설사라는 명칭은 대상이나 주관 기관에 따라 문화재안내해설사, 문화해설사, 역사문화해설사, 문화교류해설사 등으로 불립니다. 명칭은 조금씩 다르지만 그 역할은 거의 비슷합니다.

　문화관광해설사는 2001년 한국방문의 해, 2002년 월드컵 등 세계적인 행사가 우리나라에서 열리면서 우리의 문화와 전통, 관광 자원 등을 외국인들에게 올바르게 이해시키기 위해 만들어졌습니다. 처음에는 '문화유산해설사'라고 불리며, 문화유산 위주로 설명을 했지만, 이후 '문화관광해설사'로 바뀌면서 관광지, 관광단지, 농어촌 체험관광 등 다양한 분야의 관광 자원 전체를 설명하게 되었습니다. 문화관광해설사는 자격 시험만 통과하면 누구나 자격증을 취득할 수 있는 것이 아니라, 관광진흥법에 따라 문화체육관광부가 인증한 위탁 교육기관을 수료한 사람만이 지원할 수 있습니다.

문화관광해설사
고고미술사학과

문화관광해설사는 교육 시설을 갖춘 위탁 교육기관에서 100시간 교육을 받은 후, 지자체의 평가와 3개월 이상 실무 수습을 마쳐야 자격을 얻을 수 있습니다. 이후 각 운영 기관에 배치되어 문화관광해설사로 활동하게 됩니다. 운영기관은 한국관광공사, 지자체, 문화재청, 국립공원공단 등이 있습니다.

문화관광해설사의 수요는 각 광역 자치 단체마다 다릅니다. 따라서, 정기적으로 선발하는 것이 아니라, 각 지자체에서 필요로 할 때 선발 공고를 내므로 그 시기에 교육을 신청해야 합니다. 문화관광해설사는 전체 인원의 절반 이상이 노년층으로 따로 정년이 없다는 특징도 있습니다. 광역자치단체의 문화관광해설사를 포함해 소규모 지자체의 문화해설사 역시 대부분 급여의 개념이 아니라 교통비와 활동비 정도만 지원받습니다. 따라서 문화관광해설사는 무엇보다도 자신이 하는 일에 대한 자긍심과 보람, 열정이 꼭 필요한 직업이라고 할 수 있습니다.

문화관광해설사가 하는 일은?

문화관광해설사는 단순히 관광 안내만을 담당하는 여행가이드가 아닙니다. 관광객들에게 우리의 문화와 역사적 유산을 올바르고, 이해하기 쉽게 설명하는 전문가입니다.

우리 나라를 방문하는 외국 관광객이 우리 고유의 문화 유산이나 관광 자원, 풍습, 생태 환경, 해당 지역의 역사나 문화를 쉽게 이해할 수 있도록 할 뿐만 아니라, 생활 문화를 생생하게 체험할 수 있게 도와 줍니다.

실제적으로 문화관광해설사의 역할은 다양합니다. 지역의 홍보대사, 문화관광전문가, 문화유산 및 관광 자원에 관한 지식과 정보의 정확한 설명, 재미와 감동을 주는 에듀케이터, 커뮤니케이터, 엔터테이너 등이 그것입니다.

» 관광객들에게 각 지역의 문화유적을 안내합니다
» 유적지를 방문한 관람객에게 역사 및 전통 문화 등을 설명합니다.
» 가벼운 해설로부터 역사, 문화, 자연에 대한 전문적인 해설을 합니다.
» 관광객들의 바람직한 관람 예절과 건전한 관광 문화를 유도합니다.
» 숨겨진 지역의 산림 자원과 문화 관광 자원을 접목하여 상품화합니다.
» 국가 유산을 비롯한 관광 자원 및 주변 환경 보호를 위한 활동을 합니다.
» 외국인 관광객에게 우리 문화와 역사를 정확하게 설명하고 전달합니다.
» 지구의 환경 보호와 지속적인 문화 발전을 위한 일을 합니다.
» 건전한 관광 문화를 유도하고, 새로운 관광수요를 창출합니다.
» 관광 정보를 확산시키며, 해당 지역을 방문한 관광객들의 재방문을 유도합니다.

Jump Up

문화관광해설사의 자원봉사활동 서약서

① 나는 문화 관광해설을 받고자 하는 국내외 관광객에게 친절하도록 하겠습니다.
② 나는 문화관광해설사로서 필요한 지식과 태도를 갖추도록 노력하겠습니다.
③ 나는 문화관광해설사로서 자질양성을 위한 소정의 교육을 성실히 이수하겠습니다.
④ 나는 활동 시간을 엄수하며 성실히 활동에 임하겠습니다.
⑤ 나는 문화관광해설사로서의 품위와 명예를 지키겠습니다.

문화관광해설사
커리어맵

- 역사 지식 키우기 · 관련 직업 체험 활동
- 유적지 탐방 활동 · 다양한 독서 활동
- 박물관 체험 참여 · 외국어능력 키우기
- 관련 학과 탐방

- 한국관광협회중앙회 www.ekta.kr
- 한국여행업협회 www.kata.or.kr
- 한국관광공사 kto.visitkorea.or.kr

준비방법

관련기관

- 국가유산에 대한 애정
- 리더십
- 의사소통 능력
- 언어능력
- 타인에 대한 배려심
- 책임감
- 표현능력
- 역사와 유물에 대한 관심

적성과 흥미

관련자격
- 관광통역안내사
- 국내여행안내서
- 국외여행인솔자
- 문화해설사
- 문화예술교육사

문화관광해설사

흥미유형

- 탐구형
- 사회형

관련교과
- 국어
- 영어
- 사회
- 미술
- 제2외국어

관련학과

관련직업

- 고고미술사학과 · 고고학과
- 고고인류학과 · 관광학과
- 문화유산학과 · 문화인류학과
- 사학과 · 역사교육과
- 문화콘텐츠학과 · 스페인어학과
- 영어영문학과 · 중어중문학과
- 일어일문학과

- 박물관해설사
- 문화유산해설사
- 문화재해설사
- 큐레이터
- 문화예술기획자

55

적성과 흥미는?

문화관광해설사가 되기 위해서는 활동에 꼭 필요한 자격증을 취득하고, 역사나 미술, 건축, 외국어 공부를 하면 업무에 실질적인 도움이 됩니다. 우리나라는 문화관광해설사 양성교육과정의 질을 높이고 문화관광해설 교육서비스의 표준화 및 전문화를 만들기 위해 문화관광해설사 양성 기관이 있습니다. 문화관광해설사 직업에 관심이 있다면, 이 곳에서 이론과 실무교육을 받아야 합니다. 이 교육은 나이와 학력에 상관없이 누구나 받을 수 있습니다. 문화재나 고고미술, 관광학, 건축학 관련학과를 졸업하거나 2년 이상 수료한 사람, 그리고 문화 및 관광과 관련된 자격증이 있다면 가산점을 받을 수 있습니다. 자격증을 취득한 이후에는 지방자치단체 소속의 문화관광해설사, 문화유산시민단체 소송의 자원봉사자, 여행사나 체험학습 관련 기업에서 강사로 활동할 수도 있습니다. 최근에는 우리나라를 찾는 외국인 관광객이 늘어나면서, 외국인 관광객만을 대상으로 우리의 역사와 문화를 해설하는 외국어 문화관광해설사도 있습니다. 이 경우에는 영어나 일본어, 중국어 등 외국어 능력이 뛰어나다면 더욱 유리합니다. 문화관광해설사는 특정한 소속 기관 없이 프리랜서로 일할 수도 있습니다. 지역문화나 문화유산, 역사에 대해 관심과 흥미가 있다면 해당 지역의 도청 또는 시청 문화관광과의 모집 공고를 통해 문화관광해설사 채용에 응시할 수 있습니다. 일반적으로 서류전형과 면접을 통해 선발된 후 3개월 정도의 실무 수습을 받아야 활동할 수 있습니다.

문화관광해설사 커리어맵

진출 방법은?

문화관광해설사는 관광객들을 대상으로 문화재를 알기 쉽게 설명하는 업무의 특성상, 국가유산에 대한 애정과 역사 지식, 리더십 등을 기르는 것이 중요합니다. 관광객에게 문화 유적에 대해 미처 알지 못했던 사실을 알려주고, 이를 통해 관광객이 새로운 시선으로 문화 유적을 감상할 수 있게 하려면 무엇보다도 자신이 많은 지식을 갖추고 있어야 합니다. 또 이를 쉽게 잘 설명할 수 있는 전달력과 표현력도 필요합니다. 문화관광해설사는 기본적으로 외국인 관광객과 의사소통을 할 수 있는 언어능력을 키우는 것도 중요합니다. 영어 및 중국어, 일본어 등 다양한 언어에 관심을 두고, 공부한다면 도움이 됩니다. 또한 세계 각국의 다양한 문화와 사고방식을 받아들일 수 있는 수용 능력과 여러 문화와 인종에 대해 존중하는 태도를 갖추는 것이 좋습니다. 탐구형, 사회형의 흥미를 가진 사람에게 적합합니다. 문화관광해설사는 고액의 연봉을 받는 직업이 아닙니다. 정규직으로 근무를 하는 것이 아니라 주로 자원봉사 형태로 일을 하기 때문에, 금전적인 이익보다는 자신이 맡은 일에 대한 확고한 의지와 열정이 필요한 직업입니다. 문화관광해설사는 탐구형, 사회형의 흥미를 가진 사람에게 적합합니다. 문화관광해설사 직업을 꿈꾼다면 학창 시절부터 국내외 역사와 유물에 대한 관심을 지니고 다양한 활동을 하면 도움이 됩니다. 우리의 문화와 역사, 건축, 미술 등에 관련된 영상을 보거나 책, 잡지, 신문 기사 등을 읽고 관련 내용을 정리하는 습관을 지니는 것이 좋습니다. 또한 평소 고궁이나 박물관, 역사적 유적지 등을 방문하여 이들의 특징을 살피고 이를 친구들 앞에서 정확하게 설명하는 시간을 가진다면, 자신도 몰랐던 문화관광해설가의 재능을 발견될 수 있습니다.

Jump Up

문화관광해설사 교육 기관과 선발 과정에 대해 알아볼까요?

문화관광해설사 교육은 한국관광공사의 위탁을 받은 교육기관에서 실시합니다. 한국관광공사는 3년에 한 번씩 교육기관의 인증을 갱신합니다. 현재 인증된 교육기관은 총 25개로, 교육시설을 갖춘 대학이 대부분입니다. 다음은 선발 과정입니다.

① 평소 지자체의 선발 계획에 관심을 가지고 수시로 살펴봅니다.

② 선발 공고가 뜨면, 문화관광해설서로 지원합니다. 선발 인원, 평가 일시와 장소, 응시 원서 접수 기간, 그 외 선발에 필요한 사항 등에 유의합니다.

③ 교육 후, 이론 및 실습 평가를 합니다. 각 항목에서 70점 이상을 받은 사람 중에서 평가 항목 비중을 곱한 점수가 고득점자인 순서대로 선발합니다.

④ 3개월 이상의 실무 수습을 합니다. 이 기간에는 문화관광해설사로서의 태도, 실적 점검 및 관광객 만족도 결과, 교육과정 이수 여부 등을 평가합니다.

관련 학과 및 자격증은?

➡ 관련 학과 : 고고미술사학과, 고고학과, 고고인류학과, 관광학과, 문화유산학과, 문화인류학과, 사학과, 역사·문화콘텐츠학과, 역사교육과, 노어노문학과, 스페인어학과, 아랍어과, 영어영문학과, 일어일문학과, 중어중문학과 등

➡ 관련 자격증 : 관광통역안내사(말레이/인도네시아어, 베트남어), 관광통역안내사(러시아어, 독어, 불어, 스페인어, 아랍어, 영어, 이탈리아어), 관광통역안내사(일본어, 중국어, 태국어), 국내여행안내사, 국외여행인솔자 등

미래 전망은?

최근 우리의 문화와 역사, 관광 자원에 대한 중요성은 더욱 강조되고 있습니다. 또한 세계적인 한류 열풍은 우리나라에 대한 세계인의 관심을 더욱 높이고 있습니다. 우리 정부 역시 세계적 관광객 유치를 위한 다각적인 노력을 펼치고 있습니다. 이러한 흐름에 발맞추어 외국인 관광객의 눈높이에 맞춘 친근한 문화 관광 해설을 위한 수요도 점점 늘어나고 있습니다. 또 각 학교에서는 학생들의 체험학습을 더욱 중시하는 분위기입니다. 정보 기술의 발전과 함께 데이터를 활용한 맞춤형 관광콘텐츠의 개발과 비대면 관광의 증가 추세도 문화관광해설사의 직무가 더욱 확대될 것으로 예상됩니다. 또한 문화관광해설사는 그 직무가 더욱 다양하고 세분화될 수 있습니다. 궁궐이나 왕릉만을 전문으로 해설하는 '궁궐지킴이'나 '왕릉지킴이', 궁 자체 내에서 선발하는 '고궁문화재안내원', 국가유산청에서 채용하는 '궁능관람안내지도위원' 등이 그것입니다. 앞으로 긍정적인 변화가 계속 예상되는 관광 산업에서 문화관광해설사는 더욱 중요한 역할을 수행할 것이므로, 일자리 자체는 다소 증가할 것으로 예상됩니다.

관련 직업은?

박물관해설사, 문화유산해설사, 문화재해설사 등

Jump Up

문화관광해설사의 교육과목 및 교육시간에 대해 알아볼까요?

문화관광해설사가 되기 위해서는 기본 소양 20시간, 전문 지식 40시간, 현장 실무 40시간을 이수해야 합니다. 기본 소양 과목으로는 문화관광해설사의 역할과 자세, 문화관광자원의 가치 인식 및 보호, 관광객의 특성 이해 및 관광 약자 배려 등이 있으며, 전문 과목으로는 관광 정책 및 관광산업의 이해, 한국 주요 문화관광자원의 이해, 지역 특화 문화관광자원의 이해 등이 있습니다. 현장 실무 과목으로는 해설 시나리오 작성 및 해설 기법, 해설 현장 실습, 관광 안전 관리 및 응급 처치 등이 개설되어 있습니다.

고고미술사학과
문화관광해설사 전공 분석

어떤 학과인가?

고고미술사학은 인류가 추구해 온 문화유산에 대한 역사와 가치를 논하고 미적 가치의 중요성을 연구하는 학문입니다. 고고미술사학과는 고고학과 미술사학의 두 학문을 연구하고 교육합니다. 이 두 학문은 공통적으로 인류가 남긴 유형적 유산을 일차적인 연구 대상으로 하며, 근대학문으로 발돋움하는 과정에서 서로 연관을 가지고 발달해 왔습니다. 고고학은 인류가 남겨 놓은 유적과 유물을 발굴하고 분석하여 과거의 문화를 복원하고 문화변동의 과정을 규명하는 것을 목적으로 합니다.

이러한 점에서 문화 일반을 연구하는 문화인류학이나 문헌 사료에 의존하여 과거의 역사를 밝히려는 역사학과 상호 보완 관계에 있을 뿐만 아니라, 구체적 방법론에 있어서는 통계학, 지질학, 동·식물학 등 자연과학과도 많은 관련성이 있으며 최근 들어서는 더욱 그 비중이 증대하고 있습니다.

우리나라의 경우, 고고학은 역사학의 연장선상에서 이해되고 있어서 선사시대를 연구하는 선사고고학과 삼국시대 이후, 즉 역사시대를 연구하는 역사고고학으로 분류되기도 합니다. 미술사학은 과거의 미술품을 연구하여 시대와 지역에 따라 다양한 양상으로 전개된 인간미술 활동의 변천상과 역사적 의의를 밝히는 것을 목적으로 합니다. 연구 대상은 회화, 조각, 공예, 건축 등으로 나뉘며 지역적으로도 연구 범위가 나누어 집니다. 과거로부터 남겨진 미술품이 일단 유형적 유물이라는 점에서 고고학과 상당한 관련을 가지고 있으며 특히 고대로 올라갈수록 그러한 연관은 더욱 커집니다.

또한 아름다움과 예술에 대해 이론적으로 탐구하는 미학과의 관계도 중요합니다. 이를 통해 학생들은 과거에서 현재와 미래에 이어지는 진정한 의미의 국제화를 이해하고, 서구 문화에 대한 비판적인 수용 단계를 넘어, 비판적인 시각으로 세계를 이해하고 창의성을 발휘할 수 있도록 교육합니다.

교육 목표와 교육 내용은?

고고미술사학과는 고고학과 미술사학이 결합 된 학문으로 인류가 남긴 유형적 유산을 연구하는 학과입니다. 인류가 남겨 놓은 유적과 유물을 분석하여 과거의 문화를 복원하고 문화변동의 과정을 규명하는 것과 과거 미술품을 연구하여 시대와 지역에 따라 다양한 양상으로 전개된 인간미술 활동의 변천상과 역사적 의의를 밝히는 것을 목적으로 합니다. 고고미술사학과는 학생들이 고고학과 미술사학의 기초적인 연구 방법과 광범한 기본 지식을 습득할 수 있도록 하는 데에 교육의 목표를 두고 있습니다. 학부 졸업 후에는 주로 대학원에 진학하여 보다 전문적인 수업과 연구를 통해 학계에 진출하거나 각종 박물관이나 미술관

> 고미술과 문화 유산을 깊이있게 이해하는 인재를 양성합니다.
> 인류의 유적과 유물을 분석하여 과거의 문화를 복원하는 전문가를 양성합니다.
> 시대와 지역에 따라 전개된 미술 활동의 양상을 분석하는 인재를 양성합니다.
> 과거 미술품을 통해 인간 미술활동의 변천상을 탐색하는 인재를 양성합니다.
> 유물의 역사적 의의를 탐색하고 이를 창조적으로 해석하는 인재를 양성합니다.
> 문화유산 계승에 대한 창조적 비전을 제시할 수 있는 전문가를 양성합니다.

의 학예직으로 일합니다. 또한 고고학과 미술사학에 대한 학습을 통해 익힌 광범한 문화적 지식을 토대로 언론계 및 사회의 각종 문화 산업 분야에서 활발하게 활동할 수 있습니다.

학과에 적합한 인재상은?

고고미술사학과는 인간과 역사에 대한 포괄적이고 종합적인 사고를 바탕으로 유물과 유적에 대한 직접적이고 적극적인 행동과 사고를 요구하는 학과입니다. 따라서 인류가 남겨 놓은 미술품, 유적과 유물에 대한 탐색, 과거의 문화와 문화변동의 과정 등에 관심을 지닌 학생에게 적합합니다. 또한 유물과 유적을 이해하고 분석할 수 있는 논리적인 사고력과 치밀함, 자신만의 방식으로 새롭게 현상을 바라볼 수 있는 창의력도 필요합니다.

세계의 역사와 인류의 문화에 대한 관심, 다양한 언어에 대한 호기심과 풍부한 상상력은 고고미술사학을 공부하는데 큰 도움이 됩니다. 고고미술사학과에서는 유적을 발굴하는 곳에 파견되어 유물 처리를 돕기도 합니다. 따라서 알 수 없는 현장 유물 발굴 과정에 성실하게 참여할 수 있는 인내력과 끈기, 적극적인 태도를 갖추는 것이 좋습니다.

관련 학과는?

고고문화인류학과, 고고인류학과, 고고학과, 국사학과, 문화유산융합학부, 문화유산학과, 문화인류고고학과, 문화인류학과, 사학과, 역사문화학과, 역사문화학부 역사학과, 인문콘텐츠학부 역사콘텐츠전공, 한국사학과 등

주요 교육 목표

고미술과 문화유산의
이해력 함양

- - - - - - - - - - - - - - - - - - - -

시대·지역에 따른
미술활동 양상 분석능력 함양

- - - - - - - - - - - - - - - - - - - -

유물의 역사적 의의를 탐색하여
창조적으로 해석하는 인재 양성

- - - - - - - - - - - - - - - - - - - -

유적과 유물의 분석 능력 함양

- - - - - - - - - - - - - - - - - - - -

인간 미술 활동의 변천상을
탐색하는 인재 양성

- - - - - - - - - - - - - - - - - - - -

문화유산 계승에 대한
창조적 비전을 제시할 수 있는
전문가 양성

 ### 취득 가능 자격증은?

- ☑ 문학재수리기능사
- ☑ 문화예술교육사
- ☑ 문화재수리기술자
- ☑ 아동미술지도사
- ☑ 박물관 및 미술사 준 학예사
- ☑ 전통놀이지도사
- ☑ 문화관광해설사
- ☑ 문화해설사 등

진출 직업은?

큐레이터, 미술 사학자, 문화예술기획자. 문화예술평론가, 전시 디자이너, 홍보관리연구원, 출판물기획자, 문화관광해설사, 신문기자, 방송PD, 방송작가, 중고등학교 교사, 교수, 학예사, 미술평론가. 국가 유산 담당 공무원, 기록과학연구원 등

추천 도서는?

- 일상이 고고학, 나혼자국립중앙박물관
  (책읽는 고양이, 황윤)
- 한국고고학 이해(한국고고학회, 장용준 외)
- 추사 김정희 평전(돌베개, 최열)
- 카파도키아 미술(아카넷, 조수정)
- 미술의 역사(시그마프레스, 마르샤 포인트, 장승원 역)
- 어느 인류학자의 박물관 이야기(민속원, 최협)
- 미술사학자와 읽는 삼국유사(역사산책, 주수완)
- 반고흐의 태양, 해바라기
  (아트북스, 마틴 베일리, 박찬원 역)
- 한국 근·현대 미술사론(솔과학, 홍선표)
- 문화인류학으로 보는 동아시아
  (눌민, 가미즈루 히사히코, 박지환 역)
- 청소년을 위한 친절한 서양미술사
  (문예춘추사, 이다 프렌티스 위트콤, 박일귀 역)
- 처음 읽는 서양 미술사
  (탐나는 책, 이케가미 히데히로, 박현지 역)
- 미술관 옆 박물관(행복에너지, 황경식)
- 유홍준의 한국미술사 강의(놀와, 유홍준)
- 한국의 미술들;개항에서 해방까지
  (위크룸프레스, 김영나)
- 사랑방 고동 이야기(상고재, 정의찬)
- 지리학자, 미술사학자와 함께 육백 리 퇴계길을
  걷다(덕주, 이기봉)
- 나는 메트로폴리탄 미술관의 경비원입니다
  (웅진지식하우스, 패트릭 브링리, 김희정 역)
- 미술관 일기(환기미술관, 김향안)
- 나는 미술관에 간다(마로니에북스, 김영애)

학과 주요 교과목은?

기초 과목	고고학개론, 문명의 기원, 인류문화의 기원, 고고학, 연구의 기초, 한국미술사입문, 동양미술사입문, 박물관학입문, 서양미술사입문, 동양의 미술과 문명, 한국의 미술문화, 미술사와 시각문화 등
심화 과목	고고학사, 인골고고학, 문화유산관리와 박물관, 고고학실습, 인류문화와 환경, 현대고고학특강, 고고학과 자료분석, 동아시아의 선사시대, 고고학방법론, 생계경제 고고학, 고고학과 사회복합화, 한국고고학, 지역고고학특강, 고고학 조사방법론, 중국의 미술, 일본미술사, 인도의 미술, 서양고대 및 중세미술, 르네상스 미술, 동양의 도자, 미술사실습, 유럽의 17, 18세기 미술, 한국의 회화, 한국의 불교미술, 미술사연구이론, 한국의 근현대미술, 19세기 서양미술, 현대미술과 시각문화 등

졸업 후 진출 분야는?

기업체	대기업 등 국내 일반 기업체의 문화재 관리 부서, 마케팅 회사, 리서치 회사, 언론사, 출판사, 잡지사, 광고대행사, 홍보대행사 등
연구소	전통문화연구소, 국가 유산 관련 연구소, 민족문제연구소 등
정부 및 공공기관	국가유산청, 한국문화재재단, 지방자치단체 국가 유산 담당과, 국립중앙박물관, 국립민속박물관, 시·도립 박물관, 대학 박물관, 미술관 등

전공 관련 선택 과목은?

▶ 국어, 영어 교과는 모든 학문의 기초적인 성격을 가진 도구교과로 모든 학과에 이수가 필요하여 생략함.

수능 필수	화법과 언어, 독서와 작문, 문학, 대수, 미적분 I, 확률과 통계, 영어 I, 영어 II, 한국사, 통합사회, 통합과학, 성공적인 직업생활(직업)		
교과군	선택 과목		
	일반 선택	진로 선택	융합 선택
수학, 사회, 과학	세계시민과 지리, 세계사, 사회와 문화	한국지리 탐구, 동아시아 역사 기행, 윤리와 사상, 인문학과 윤리	여행지리, 사회문제 탐구, 윤리문제 탐구
체육·예술	미술	미술 감상과 비평	미술과 매체
기술·가정/정보			
제2외국어/한문	중국어, 일본어, 한문	한문 고전 읽기	중국 문화, 일본 문화, 언어생활과 한자
교양		인간과 철학, 삶과 종교	

학교생활기록부 관리는?

출결 사항	• 미인정 출결 내용이 없도록 관리하세요. 미인정 출결 내용이 있으면 인성, 성실성 영역 등에서 부정적 평가를 받을 가능성이 높아요.
자율·자치활동	• 다양한 교내외 활동에서 자기주도적 참여를 통해서 역사와 미술학 분야에 대한 관심과 흥미, 창의적 문제 해결 능력, 의사소통 능력, 협업 능력, 발전 가능성 등이 드러나도록 하세요.
동아리활동	• 미술사 연구, 국가 유산 탐색, 문화 탐구, 역사 연구 관련 동아리 활동 참여를 통해서 고고미술사학과 전공에 대한 준비를 하세요. • 가입동기, 본인의 역할, 배우고 느낀 점, 고고미술사학과 진학을 위해 기울인 활동과 노력이 나타날 수 있도록 참여하세요. • 나눔과 배려의 태도가 일관성 있게 드러날 수 있는 봉사활동에 참여하는 것이 중요해요.
진로 활동	• 고고미술사학과와 관련된 직업 정보 탐색 활동을 권장해요. • 박물관 및 미술관 체험, 관련 학과 체험 활동이 무척 중요해요. • 미술과 역사에 대한 적극적 진로 탐색 활동을 통해서 자신의 진로 역량, 전공 적합성, 발전 가능성 등이 나타날 수 있도록 하세요.
교과학습발달 상황	• 국어, 역사, 미술 등과 관련된 교과 성적은 상위권으로 유지시키고, 관련 교과 수업에서 학업 역량, 전공 적합성, 자기주도성, 문제 해결 능력, 창의력, 발전 가능성 등의 역량이 발휘될 수 있도록 수업에 적극 참여하세요. • 미술학, 역사학, 고고학, 인류학 분야의 교과 연계 독서 활동 내용이 기록되도록 하세요.
독서 활동	• 철학, 사회학, 역사학, 예술학 등 다양한 분야의 책을 읽으세요. • 역사와 문화, 미술과 고고학 분야의 독서 활동을 통해서 고고미술사학과 전공에 기본적인 지식을 쌓는 것이 중요해요.
행동 발달 특성 및 종합 의견	• 창의력, 문제 해결 능력, 의사소통 능력, 협업 능력, 리더십, 발전 가능성, 전공 적합성 등이 드러날 수 있도록 하세요. • 자기주도성, 경험의 다양성, 성실성, 나눔과 배려, 학업 태도와 학업 의지에 대한 자신의 장점이 생활기록부에 기록되도록 관리하세요.

방송작가란?

　　우리는 일상에서 수많은 작가들과 만나고 있습니다. 소설작가, 드라마작가, 코미디작가, 시나리오작가 등 여러 가지 이야기를 만드는 작가들이 없다면 우리가 사는 세상은 무미건조할 수도 있습니다. 작가들은 우리가 직접 경험하지 않은 세상을 우리에게 알려주고, 보여주면서 간접 체험을 하게 하는 언어의 마술사라고 할 수 있습니다. 일반적으로 방송작가는 방송 프로그램의 대본을 쓰는 사람을 말합니다. 방송작가는 주말극이나 일일극, 미니시리즈 등의 극본을 쓰는 드라마작가, 쇼·코미디·연예 프로그램 등의 원고를 작성하는 예능작가, 교양·시사·다큐멘터리 프로그램의 제작을 담당하는 구성작가, 외화 번역을 전문으로 하는 번역작가 등으로 구분됩니다. 경력이 없는 드라마작가의 경우에는 공모전을 통해 작가로 데뷔하고, 작품 활동을 한 경험이 있다면 기획안을 작성한 후 프로듀서와 협의하여 스토리와 편성을 확정한 뒤 대본 작업에 들어갑니다.

　　예능작가는 예능 프로그램을 진행하기 위해 아이템을 분석하고 시대적인 요구와 자신의 취향을 조합하여 포맷을 구성하고, 출연진및 제작진과 협의하여 대본을 작성합니다. 또한 아이디어를 내 재미를 주는 상황을 만들기도 하고, 새로운 꼭지를 만들기도 합니다.

　　시사나 다큐 혹은 스튜디오에서 촬영하는 교양 프로그램의 작가에게는 대본을 쓰는 일 외에 '구성'이라는 일이 추가되어 구성작가 라고 부릅니다. 여기서 구성이란 취재된 영상물을 어떤 순서로, 어떤 내용을 강조하면서 배열할 것인지를 결정하는 일로, 스튜디오에서 촬영하는 경우에는 출연자를 어떤 순서로 배열하고, 취재물과 어떻게 연결할지를 결정합니다. 구성은 연출의 중요한 부분이기 때문에 프로그램에 따라 혹은 연출자에 따라 구성작가의 역할이 다양해질 수 있습니다. 다큐 프로그램의 작가는 기획안 작성과 자료 조사, 프리뷰 노트

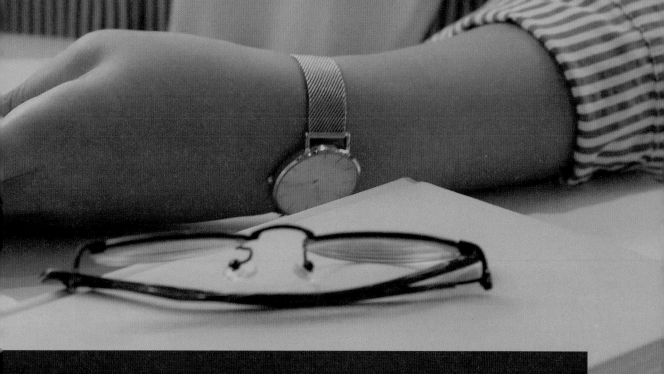

(촬영된 영상, 현장음, 멘트를 모두 적어 놓은 것) 작성, 촬영 내용구성 후 프로듀서 편집 및 성우 내레이션 순서로 작업을 합니다. 번역작가는 국내 다큐멘터리나 시사 프로그램의 내용과 관련된 해외의 취재 내용이 있을 때, 이를 번역하는 일을 합니다. 또는 새로운 해외 프로그램이 출시되었거나 해외 작품이 국내에 수입된 경우에도 자막이나 더빙 대본을 번역하는 작업을 합니다. 번역작가가 어떻게 번역하느냐에 따라 아주 작은 어감의 차이라고 하더라도 전체적인 흐름이나 느낌을 한 순간에 바꿀 수 있습니다. 그렇기 때문에 번역작가는 단순히 언어의 뜻만이 아니라 본질적인 의미를 살리면서 글을 재창조하는 작업을 한다고 할 수 있습니다. 일반적으로 드라마작가는 드라마의 대본만을 집필하면 되지만, 구성작가들은 주제를 선정하여 내용을 구성하고, 그에 맞는 취재원을 찾고, 촬영의 틀을 짜고, 편집 구성을 하며, 대본을 쓰는 일을 모두 해야 합니다. 때로는 PD와 함께 밤을 새면서 며칠씩 편집을 하기도 합니다. 편집기를 잡고 있는 것이 PD라면, 작가는 그 옆에 서 필요한 영상 테이프를 찾아주고, 다음에 붙일 컷에 대해 의견을 조내거나 때로는 구성을 바꾸기도 합니다. 드라마작가를 제외한 방송작가는 방송 스케줄에 따라 제작진과의 회의를 위해 방송사 내부의 작가실에서 작업을 하는 경우가 많습니다. 또한 작품에 필요한 자료 수집을 위해 도서관이나 다양한 곳을 다니며 많은 사람을 만납니다.

한국방송작가협회 등에 따르면 현업에 종사하는 작가 중에서 90%가 여성이라고 합니다. 방송작가는 대부분 프리랜서로 일하기 때문에 고정적인 수입은 없지만 인지도가 올라가면 높은 원고료를 받을 수 있습니다. 작가는 언제나 새로운 작품을 발표해야 한다는 부담감으로 스트레스가 많은 편인데, 특히 방송작가들은 시청률이나 청취율을 높여야 한다는 정신적 압박을 받는 경우도 많습니다.

방송작가가 하는 일은?

방송작가는 주로 프로그램의 대본이나 원고를 작성하고, 프로듀서와 합의하여 방송 주제를 선정하며, 방송 출연진을 섭외하는 일을 합니다.

[드라마작가]

» 작품을 통해 전달하고자 하는 주제 및 소재를 설정합니다.
» 문헌 조사나 인터뷰 등의 자료 조사를 통해 주제 및 극의 초점을 구체적으로 다듬습니다.
» 인물, 사건, 환경을 구성하여 스토리를 창작하고, 플롯을 구성하며, 시퀀스로 나눠서 장면으로 세분화하여 대본을 완성합니다.
» 시놉시스(드라마의 제목, 주제, 기획 및 집필 의도, 등장인물, 줄거리를 요약한 드라마의 설계도)를 작성합니다.
» 미리 작성된 시놉시스를 드라마PD에게 제출하거나, 드라마PD로 부터 집필 의뢰를 받기도 합니다.
» 드라마 촬영을 시작하면서 다음 회 대본을 작성하거나 여러 상황에 따라 대본을 수정하기도 합니다.

[예능작가]

» 텔레비전과 라디오의 쇼·코미디·연예 프로그램의 방송 내용 기획과 방향을 방송 PD(프로듀서)와 협의합니다.
» 원고 작성을 위해 자료를 수집하고 정리하여, 방송 주제를 제안·선정합니다.
» 수집한 자료를 기초로 프로그램의 성격에 맞춰 원고를 작성하고, 출연자를 섭외합니다.
» 방송 중에는 순조로운 진행을 위해 진행자를 돕고, 원고를 수정합니다.
» 담당하는 프로그램에 따라 코미디, 시트콤, 토크쇼, 퀴즈쇼, 가요쇼 등의 대본을 전문으로 작성합니다.

[구성작가]

» 교양·시사·다큐멘터리 프로그램의 기획 회의에 참여하여 프로그램 기획안(타이틀, 방송 시간, 형식, 방송 채널, 희망 방송 일시, 기획 의도, 제작 방향, 구성 내용, 예상 아이템)을 작성합니다.
» 취재 및 섭외를 통해 사실 관계를 확인하며, 어떤 영상을 찍을 수 있고 어떤 상황이 연출될 것인지 구상·확인합니다.
» 촬영 구성안을 토대로 촬영이 진행되면, 촬영된 내용을 프리뷰하고, 프리뷰 노트(촬영된 화면에서 영상과 현장음을 적은 노트)를 작성하여 내용을 검토하며, PD와 카메라 감독에게 제작 방향을 조언합니다.
» 완성된 영상을 보면서 내레이션 원고를 작성합니다.

[번역작가]

» 해외 드라마나 쇼 프로그램을 한국어로 번역합니다.
» 외국으로 수출되는 우리나라의 드라마나 쇼, 다큐멘터리 등의 프로그램을 영어로 번역합니다.
» 문장의 정확도는 물론, 앞뒤의 문맥, 캐릭터의 특성, 원본의 의미를 유지하면서 원고를 작성합니다.
» 자막이나 더빙의 경우, 글자 수나 시간의 제약이 생기면 최대한 원래의 의미를 잃지 않으면서 집약적으로 번역합니다.

방송작가
커리어맵

방송작가

관련자격
- 국어능력인증시험
- 한국어교육능력검정시험
- 웹디자인개발기능사

관련기관
- 한국문화콘텐츠진흥원 www.kocca.kr
- 한국문화예술위원회 www.arko.or.kr

적성과 흥미
- 언어 능력
- 외국어 능력
- 컴퓨터 활용 능력
- 의사소통 능력
- 배려심
- 서비스 정신
- 인내심
- 사회성

관련학과
- 국어국문학과
- 문예창작과
- 언어학과
- 연극영화학과
- 역사학과
- 철학과
- 디지털콘텐츠창작학과
- 문화콘텐츠학과
- 미디어커뮤니케이션학과
- 미디어문예창작학과
- 실용콘텐츠창작학과

방송작가

흥미유형
- 사회형
- 예술형

관련교과

관련직업

준비방법

- 국어
- 영어
- 사회
- 한문

준비방법
- 국어 및 외국어 교과 역량키우기
- 방송 및 문예 관련 동아리 활동
- 문예, 글쓰기 분야 교내외 대회 참가
- 방송국이나 학과 탐방 활동
- 방송작가 직업 체험 활동

관련직업
- 문학작가
- 드라마, 시나리오작가
- 다큐작가
- 예능작가
- 방송연출가

적성과 흥미는?

방송작가는 인간과 사물에 대한 호기심과 세밀한 관찰력, 관찰한 것을 글로써 잘 표현할 수 있는 문장력과 언어 감각이 필요합니다. 한 글을 정확히 알고 표현할 수 있는 국어 문법 능력과 논리적 사고력도 필요합니다. 특히 어휘력이 풍부해야 하므로 평소에 독서를 습관화하는 것이 중요합니다.

또한 기획력과 영상 감각도 필요합니다. 평소에 방송 소재 개발을 위해 역사적인 사건과 사회 현상, 유행에도 관심을 두는 것이 좋고, 다양한 문화와 장르에 흥미를 지니면 도움이 됩니다. 항상 새로운 아이디어를 생산해야 한다는 정신적 압박감을 견뎌 낼 수 있는 스트레스 감내력과 상황대처 능력이 요구되며, 아이디어를 명확한 논리와 풍부한 감성으로 문장화할 수 있는 언어 능력이 필요합니다. 출연자, 방송 연출가 등 많은 사람들과 접촉하면서 일을 하기 때문에 원만한 대인관계 능력이 요구됩니다.

예술형, 사회형의 흥미를 가진 사람에게 적합합니다.

방송작가 커리어맵

Jump Up

출판물전문가에 대해 알아볼까요?

출판물전문가는 한 권의 책이 출판되기까지의 기획과 편집, 제작, 홍보와 마케팅 업무를 해요. 기획 면에서는 최근의 출판 경향 및 독자들이 원하는 내용과 시장의 상황을 조사하고 분석해요. 이후 출판사의 특징과 시장성, 차별성 등을 고려하여 세부 기획안을 작성해요. 기획이 끝나면 필자를 선정하거나 원고를 검토하면서 수정·보완하는 일을 해요. 편집과 제작 면에서는 책의 편집과 디자인의 방향, 편집과 제본, 인쇄 과정까지 모두를 책임지고 관리해요. 홍보와 마케팅 면에서는 마케팅 방향을 결정하고, 언론에 배포할 보도 자료와 광고 문 안도 작성해요. 이처럼 출판물전문가는 책의 제작분 아니라 마케팅 영역에서도 전문가가 되어야 해요.

진출 방법은?

방송작가가 되기 위해서는 대학에서 국어국문학, 문예창작학, 연극영화학, 디지털콘텐츠창작학, 문예콘텐츠학 등을 전공하는 것이 도움이 됩니다. 관련 학과에 진학하면 다양한 작품과 작가를 분석하게 되고, 습작 훈련을 통해 문장력, 표현력 등을 기를 수 있습니다.

이외에도 방송 아카데미, 관련 협회 등 사설 학원에서 방송 대본 작성법을 교육받을 수 있고, 각종 문화 센터나 대학교 내의 평생 교육원 등에서 개설하는 작가 양성 과정을 통해 방송작가로서의 훈련을 받을 수도 있습니다. 방송작가는 방송사의 작가 공개 채용, 극본 공모전, 인맥, 혹은 방송작가 양성 교육 기관의 추천 등을 통해 일을 시작할 수 있고, 처음에는 보조 작가로 출발해 자료 수집, 섭외 등을 맡다가 경력이 쌓이면 메인 작가가 될 수 있습니다.

다만, 방송작가는 개인의 창의력이 바탕이 되어야 하는 직업이기 때문에 작가적 자질을 키워 나가고자 하는 노력이 중요합니다. 이를 위해 평소 독서와 사색, 글쓰기 연습을 하고, 다양한 경험을 쌓는 것이 필요합니다.

관련 직업은?

문학작가, 드라마작가,
시나리오작가, 구성작가,
다큐작가, 예능작가,
방송연출가 등

미래 전망은?

방송과 통신이 융합되면서 케이블 방송, 인터넷 방송, IPTV 등 다매체·다채널화로 방송 환경이 재편되면서 방송 시장이 확대되었습니다. 또한 지상파와 종합 편성 채널이 경쟁적 구조를 갖추면서 제작하는 방송 프로그램 수가 늘어나고 있고, 드라마와 예능 프로그램이 꾸준히 해외로 수출되는 점은 방송작가의 고용에 긍정적인 영향을 미치고 있습니다. 한국콘텐츠진흥원의 '2016 콘텐츠산업통계'에 따르면, 방송 산업의 매출액과 사업체 수, 종사자 수는 증감을 반복하다가 2015년에는 정체기를 벗어나 증가한 것으로 나타났습니다.

다만, 세계 경기 침체의 장기화에 따라 광고 매출에 영향을 많이 받는 방송 시장이 타격을 입고, 지상파 방송과 유선 방송의 매출이 다소 감소하는 점은 방송작가의 고용에 부정적인 영향을 미칠 것으로 보입니다. 또한 방송·영화·애니메이션 산업과 연계된 분야는 경기 변동에 따라 투자액 규모가 크게 달라지기 때문에 경기 불황이 지속되면 대중에 잘 알려진 작가들에게 방송 기회가 더 많이 주어지게 되는 실정입니다. 방송작가의 경우, 프로그램의 외주 제작이 늘어나면서 지상파 방송국과 같은 안정적인 직장에서 일할 기회는 줄어들고, 제작 기간에만 일하는 프리랜서 방송작가는 계속 늘어날 전망입니다. 따라서 신입 작가의 진입은 좀 더 어려워질 수 있고, 안정적인 일자리를 찾기 위해서는 더 치열한 경쟁을 치를 가능성이 높다고 할 수 있습니다. 이런 모든 것을 감안하더라도 당분간 방송작가의 일자리는 다소 늘어날 것으로 전망됩니다.

관련 학과 및 자격증은?

➡ 관련 학과 : 디지털콘텐츠창작학과, 문화콘텐츠학과, 미디어커뮤니케이션학과, 미디어문예창작학과, 실용콘텐츠창작학과
➡ 관련 자격증 : 국어능력인증시험, 한국어교육능력검정시험, 웹디자인개발기능사 등

문예창작학과
방송작가 전공 분석

어떤 학과인가?

문학을 흔히 '언어로 이루어진 예술'이라고 표현합니다. 실제로 시와 소설은 언어를 통해 형식과 표현의 아름다움을 나타내는 예술입니다. 문예창작학과에서는 이와 같은 시와 소설을 창작하는 데 필요한 능력을 키워 한국 문단의 스타들을 배출하는 데 교육 목표를 두고 있습니다.

한국적 정체성에 기반하고, 문학을 다룬다는 점에서 국어국문학과와 비슷한 점도 있지만, 창의적인 문화 예술 활동에 집중한다는 점에서 다릅니다. 최근에는 시, 소설, 희곡과 같은 전통 순수 문학뿐만 아니라, TV 드라마, 사이버 문학, 만화 및 게임 스토리, 방송 구성등 응용 문학에 대한 관심이 높아지고 있습니다. 그러나 창의적 사고, 스토리텔링, 글쓰기 등에 대한 사회의 관심이 높은 데 반해, 기본 개념이나 방법론, 그리고 사회의 요구를 충족시킬 만한 인재의 양성과 공급은 그다지 원활하지 못한 편입니다.

이를 위해 문예 창작 관련 전공들은 전적으로 창의성을 함양시키는 교육을 합니다. 창의성을 바탕으로 한 문예 창작은 전통적인시, 소설 장르의 작품은 물론, 연극, 영화, 뮤지컬, 게임, 만화 등의 원천 텍스트를 생산할 뿐만 아니라, 광고 홍보 및 경영 분야에서 스토리텔링 기법을 활용하는 등 인접 분야로의 응용이 가능하기 때문입니다.

미래 사회는 개인의 창의적 사고와 개성이 존중받는 사회가 될 것입니다. 영상 문화는 기술 발전에 따라 미래 사회에서 변화를 창출하고 압도적인 영향력을 행사할 것으로 예상되는데, 이러한 영상 문화를 가능케 하는 원천은 텍스트입니다. 영상 문화가 강조될수록 텍스트 문화를 생산하고 깊이 있게 해독하는 능력을 갖춘 사람들은 더욱 중요한 역할을 할 것입니다.

교육 목표와 교육 내용은?

미래 사회에는 문화가 경쟁력이 되고, 창의력이 사회 발전의 원동력이 될 것입니다. 이를 위해서는 우선 문학 작품에 대한 깊은 이해와 창작 실습을 통해 인간과 세계에 대한 풍부한 관찰과 해석을 할수 있어야 하며, 개성과 상상력을 갖춘 창의력을 개발해야 합니다. 이러한 능력은 작가에만 요구되는 것이 아니라, 언론, 출판, 방송 등의 문화 산업과 교육, 광고 등의 실용적인 분야에서도 필요합니다. 문예창작학과는 작가가 되고자 하는 사람을 위해 전문적인 교육을 제공할 뿐만 아니라, 나아가 지식 문화 사회가 요구하는 창의적인 인재를 양성하는 것을 교육 목표로 합니다.

» 삶과 세계를 깊고 섬세하게 대하는 심성과 안목을 키워 타인을 배려하는 태도를 갖춘 인재를 양성합니다.
» 지식 문화 사회가 요구하는 개성과 상상력을 개발하는 인재를 양성합니다.
» 문학 작품의 감상을 통해 심미적 능력과 창조적인 감수성을 갖춘 인재를 양성합니다.
» 실제 창작 훈련을 통해 언어적 능력을 높이고, 숨어 있는 창의력을 개발하여 다양한 분야에서 활동하는 융복합형 인재를 양성합니다.
» 문학을 통해 세계인과 소통할 수 있는 작가 정신을 갖춘 인재를 양성합니다.

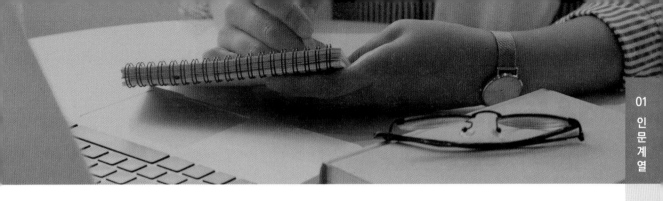

학과에 적합한 인재상은?

평소 소설책 읽기를 좋아하고, 글짓기를 좋아하는 사람, 드라마나 다큐멘터리, 예능 프로그램을 즐겨 보는 사람들은 문예창작학과에 관심을 가져 볼 만합니다.

감수성이 예민하고 상상력이 풍부하여 소설이나 드라마의 줄거리를 유추하거나 이야기를 흥미 있게 만들어 내는 것을 좋아하거나 다양한 글짓기 대회에서 능력을 발휘하여 입상한 경험이 있다면 문예창작학과에서 자신의 잠재력을 충분히 발휘할 수 있습니다.

학교 문예반이나 독서반, UCC 제작반 등의 동아리 활동을 통해 여러 가지 경험을 하고, 자신의 생각이나 느낌을 기록하는 습관을 들인다면 도움이 됩니다.

관련 학과는?

공연영상창작학부(문예창작전공), 국어국문문예창작학부, 국어국문학과, 디지털콘텐츠창작학과, 문화콘텐츠학과, 미디어커뮤니케이션학과, 미디어문예창작학과, 실용콘텐츠창작학과 등

주요 교육 목표

창작을 통해 언어적
능력을 높이는 인재 양성

개성과 상상력으로 사회에
참여하는 인재 양성

심미적인 능력을 지닌 인재 양성

삶에 대한 성찰로 타인을
배려하는 인재 양성

다양한 분야에서 활동하는
융복합적 인재 양성

글로벌 감각과 소통 능력을 지닌
인재 양성

진출 직업은?

구성작가, 극작가, 기자, 방송작가, 번역가, 사서, 방송연출가, 독서지도사, 시인, 소설가, 광고·홍보전문가, 인문과학연구원, 출판기획자, 출판마케팅, 광고기획자, 광고마케팅, 카피라이터, 네이미스트, 국어·논술강사, 스크립터 등

 ### 취득 가능 자격증은?

☑ 국어능력인증시험
☑ 한국어교육능력검정시험 등

추천 도서는?

- 고전이 알려주는 생각의 기원(렉스, 정소영)
- 진화하는 언어
  (웨일북, 닉 채터 외, 이혜경 역)
- 문예비창작:디지털 환경에서 언어다루기
  (워크룸프레스, 케네스골드스미스, 길예경 역)
- 문예창작의 이론과 실제
  (방구석의 기적, 미래국어연구소)
- 문예창작의 강을 건너다
  (국제문화사, 전국대학문예창작학회)
- 문예창작의 정석(한국문예창작진흥원, 한만수)
- 퇴고의 힘(윌북, Matt Bell, 김민수 역)
- 현대시 창작방법과 실제(이바구, 김관식)
- 창작형 인간의 하루(빅피시, 임수연)
- 아트프레너 창작을 파는 힘(반니, 미리엄 슐먼)
- 스탠바이 방송작가(크루, 강이슬)
- 초단편 소설쓰기(요다, 김동식)
- 매일 웹소설쓰기(더디퍼런스, 김남영)
- 언어의 지혜(갈라북스, 배기홍)
- 이렇게 작가가 되었습니다(마름보, 정아은)
- 작가의 계절
  (정은문고, 다자이 오사무 외, 안은미 역)

학과 주요 교과목은?

기초 과목	시창작기초, 시창작과 퇴고, 소설창작기초, 소설창작과 퇴고, 국어문법과 문장론, 표현과 어휘, 한국 문학사, 현대서양문학, 문학과 철학, 문학과 역사, 현대시강독, 현대소설강독, 문예사조, 희곡과 드라마, 현대비평사, 문학과 문학에세이창작, 문학과 신화 등
심화 과목	시창작연습, 소설창작연습, 현대시의 이론, 현대소설의 이론, 현대시인론, 현대작가론, 현대동양문학, 창작심리학, 현대비평의 쟁점, 동화와 창작, 문학과콘텐츠, 문학비평의 실제, 출판편집 및 창업, 비교문학, 문학과 영상, 장르문학강독, 지역문화강독 등

졸업 후 진출 분야는?

기업체	출판사, 광고 기획사, 광고 대행사, 기업 일반 사무직, 신문사, 잡지사, 방송국 등
공공 기관	국립국어원, 한국언어연구학회, 한국어교육학회, 한국문화예술위원회 등 언어·문화 관련 국가 연구소 및 민간 연구소, 한국콘텐츠진흥원, 문화 콘텐츠 관련 민간 연구소, 중앙 정부 및 지방 자치 단체 공무원, 대학교, 중고등학교, 교육직 공무원 등
기타	사설 학원 운영, 대학원 진학 등

전공 관련 선택 과목은?

▶ 국어, 영어 교과는 모든 학문의 기초적인 성격을 가진 도구교과로 모든 학과에 이수가 필요하여 생략함.

수능 필수	화법과 언어, 독서와 작문, 문학, 대수, 미적분Ⅰ, 확률과 통계, 영어Ⅰ, 영어Ⅱ, 한국사, 통합사회, 통합과학, 성공적인 직업생활(직업)		
교과군	선택 과목		
	일반 선택	진로 선택	융합 선택
수학, 사회, 과학	세계시민과 지리, 세계사, 사회와 문화, 현대사회와 윤리	한국지리 탐구, 동아시아 역사 기행, 윤리와 사상, 인문학과 윤리	여행지리, 사회문제 탐구, 윤리문제 탐구
체육·예술	음악, 미술, 연극	음악 감상과 비평, 미술 감상과 비평	음악과 미디어, 미술과 매체
기술·가정/정보			
제2외국어/한문	한문	한문 고전 읽기	
교양		인간과 철학, 논리와 사고, 인간과 심리, 교육의 이해	논술

학교생활기록부 관리는?

출결 사항	• 출결 사항에 미인정(무단) 출결 사항이 없도록 잘 관리해야 해요. 　출결 상황은 학교생활에서 성실성을 확인할 수 있는 기본 사항이기 때문이에요
자율·자치활동	• 국어, 영어, 사회, 예술 등과 관련한 다양한 교내외 활동을 통해 창의적이고 개성적인 사고력이 나타나도록 하세요. • 문학, 언어, 사회 분야에 대한 관심과 흥미를 바탕으로 인성, 나눔과 배려, 협동심, 창의력, 의사결정 능력, 리더십 등이 드러나도록 하세요
동아리활동	• 교내 문예부, 방송반, 도서반, 시 창작반 등 관련 동아리 활동에 참여하여 전공 적합성이 입증될 수 있도록 하세요. • 동아리 활동을 하면서 의미 있는 역할을 수행한 경험과 구성원의 화합을 이끈 구체적인 행동 경험을 제시하면 좋은 평가를 받을 수 있어요. • 봉사활동을 통해 자신이 배우고 느낀 점이나 문예 창작학과 진학을 위해 기울인 활동이 나타날 수 있도록 하세요.
진로 활동	• 방송작가, 소설가 등 관련 직업에 대한 정보 탐색 활동을 권장해요. • 방송국, 출판사 등 관련 기업에 대한 탐방 활동을 권장해요. • 교내 방송제, 시나리오 쓰기, 교지 만들기, 시화전 등에 참여하여 자신의 진로 역량이 나타날 수 있도록 하세요.
교과학습발달 상황	• 국어, 사회, 영어 등의 교과에서 우수한 학업 성취를 올릴 수 있도록 관리하고, 관련 교과 수업에서 자기 주도성, 문제 해결 능력, 창의력, 발전 가능성 등의 역량이 발휘될 수 있도록 수업에 적극 참여하세요. • 국어 수업 및 문학 과제 수행(모방시 쓰기, 소설 결말 바꾸기, 우리말 사전 만들기, 우리말 바로 알기 등)과 같은 활동에서 의미 있는 지적 성취를 할 수 있도록 하세요.
독서 활동	• 철학, 문학, 사회학, 언어학, 과학, 역사학 등 다양한 분야의 책을 읽으세요. • 시, 소설, 수필, 동화, 방송 대본, 시나리오 등 다양한 장르의 글을 읽고, 자신의 작가적 탐구 의지가 드러날 수 있도록 하세요.
행동 발달 특성 및 종합 의견	• 자신의 장점을 총체적으로 이해할 수 있도록 발전 가능성, 전공 적합성, 인성, 학업 능력, 창의력, 자기 주도적 학습 능력, 문제 해결 능력, 변화 모습 등이 드러나도록 하세요. • 학교생활에서 자기 주도성, 경험의 다양성, 성실성, 나눔과 배려, 학업 태도와 학업 의지에 대한 장점이 기록되도록 관리해야 해요.

Jump Up

영상 번역에 대해 알아볼까요?

영화나 드라마 번역보다는 케이블 방송이나 OTT의 자막 번역가가 더 많아요. 경력자일수록 다큐멘터리 쪽의 번역보다는 영화나 드라마 번역을 선호하는 편이에요. 왜냐 하면 다큐멘터리는 쉬지 않고 해설이 나오기 때문에 번역해야 할 양이 굉장히 많을 뿐만 아니라, '사실'을 다루고 있어서 아주 정확하게 번역해야 하기 때문이에요. 다큐멘터리 번역은 영상에서 다루는 용어 하나하나를 사전에서 찾아 정확한 우리말로 옮겨야 하기 때문에, 같은 분량의 영화나 드라마에 비해 번역을 위한 시간이 비교적 오래 걸려요.

번역가란?

번역가는 특정 언어로 작성된 문서, 보고서, 또는 전문 서적이나 영상물 등을 다른 언어로 옮기는 일을 하는 전문가입니다. 번역가는 자연스러운 의사소통이 이루어지도록 하기 위해 하루 종일 컴퓨터 앞에서 키보드를 두드리며 고심해야 하는 직업입니다.

번역가에는 고급번역가가 있는데, 고급 번역가의 경우는 단순히 글에 대한 의미 전달만이 아니라 해당 언어를 사용하는 국가의 사회, 문화, 경제 및 주요 트랜드 등에 대한 해박한 지식을 지녀야 사소한 느낌까지 번역할 수 있습니다. 그러다 보니 해당 국가에 거주를 하거나 그 언어에 대해 오랫동안 공부해야 합니다.

번역가는 문학작품(문학번역), 영상물(영상번역), 전문서류(전문서류번역) 등 자신만의 전문 분야가 있습니다. 문학번역은 외국어로 된 소설, 시, 희곡, 수필뿐만 아니라 인문사회, 자연과학 분야의 글을 모두 포함합니다. 영상번역은 영화나 방송 프로그램, 다큐멘터리, 만화, 뉴스 등 모든 장르의 영상예술에 쓰인 외국어를 해당 언어로 바꾸어 다시 녹음(더빙)하거나 자막용으로 번역하는 것을 말합니다. 전문서류번역은 정치, 경제, 사회, 문화, 기술 등 다양한 분야의 논문, 학술 서적, 비즈니스 서류, 기획, 수출입 관련 무역서신, 제품설명서 등 각종 계약서 및 서류 등의 번역입니다.

번역가

응용영어통번역학과

번역가는 번역 의뢰가 들어오면 의뢰자와의 협의를 거친 후 작업을 시작합니다. 번역이 완료되면 해당 분야 전문가나 번역의뢰 업체를 통해 전문 용어에 대한 감수를 받고, 내용의 수정과 보완, 교정 작업을 합니다. 한국어를 외국어로 번역하는 번역가는 상대 국가의 다양한 문화적 배경을 알고 있어야 하며, 외국어를 한국어로 번역하는 번역가는 우리말의 다양한 표현, 비유법과 구어체 등의 표현능력을 갖추어야 합니다.

좋은 번역이란 번역문을 읽었을 때 번역한 느낌이 들지 않고 마치 처음부터 우리나라 사람이 쓴 것 같이 자연스러워야 합니다. 뛰어난 외국어 실력을 지니긴 했지만 이를 우리말로 적절하게 표현하지 못한다면 의미가 없습니다. 따라서 번역가가 되려면 외국어 공부 못지 않게 우리말 공부도 중요합니다.

번역가는 번역전문회사에 소속되어 일하기도 하지만, 대부분은 프리랜서로 일을 합니다. 따라서 특별한 승진 체계나 출퇴근 시간이 없고, 업무도 본인이 자율적으로 조절해야 합니다. 그러나 마감 기한은 정해져 있으므로 자신만의 일정 계획을 구체적으로 세우고, 이에 따라 일하는 자기 조절 능력이 필요합니다. 번역가로 활동하며 실력을 인정받으면 더 높은 번역료를 받게 되고 많은 일을 의뢰 받을 수 있습니다. 또한 번역가로서 경력을 쌓은 후에는 독자적으로 번역 회사를 창업할 수도 있습니다.

번역가가 하는 일은?

외국어를 국문으로, 국문을 외국어로 번역하고 글로 작성합니다. 번역가는 철저히 능력 위주로 평가받는 업무의 특성상 전문적인 번역 능력과 지식을 고루 갖추는 것이 중요하고, 과학, 문화, 예술, 문학 등 자신만의 전문 분야를 개척해 특정 분야의 경력을 지속적으로 키워나가는 경력개발 태도가 더욱 요구됩니다.

» 외국어로 쓰인 문서, 보고서 또는 전문 서적 등을 우리말로 옮기거나 우리말을 외국어로 옮기는 작업을 전문적으로 합니다.

» 번역을 의뢰받은 원문의 정확한 이해를 위해 사전 및 기타 참고 자료를 수집합니다.

» 원문을 연구하여 본래의 사상과 감정을 그대로 살려서 씁니다.

» 원문과의 대조를 통해 누락되거나 잘못 번역된 부분이 없는지 확인합니다

» 전문 서적의 경우 해당 분야 전문가나 번역 업체를 통해 전문 용어를 감수받아 잘 못 번역된 부분이 없는지 확인합니다.

» 번역된 내용에 대한 수정, 보완, 교정 작업을 거쳐 완성본을 만듭니다.

» 서적, 그리고 비즈니스 서류, 기획, 수출입 관련 무역 서신, 제품 매뉴얼 등 각종 계약서 및 서류 등을 번역합니다.

Jump Up

통역사 직업에 대해 알아볼까요?

통역사는 우리나라 말을 모르는 외국인의 말이나 발표를 우리말로 전달하거나 우리말을 외국어로 전달하는 일을 해요. 통역사는 해당 업무에 따라 국제회의 통역사, 수행통역사, 관광통역사, 법정통역사 등으로 구분할 수 있어요. 또한 통역 방식에 따라서는 동시통역사, 순차통역사, 위스퍼링 통역사, 원격통역사 등으로 구분할 수 있어요. 최근 인공지능의 발달로 통역사 직업이 사라지지 않을까라는 우려를 하기도 해요. 하지만 단순한 정보 전달이 아닌, 언어 이면에 깔린 인간의 감정과 느낌을 전달하고 표현하는 것은 인간만이 지닌 고유한 영역이기 때문에 인간 통역사는 인공지능으로 완전히 대체될 수는 없다는 의견이 더욱 우세해요.

번역가
커리어맵

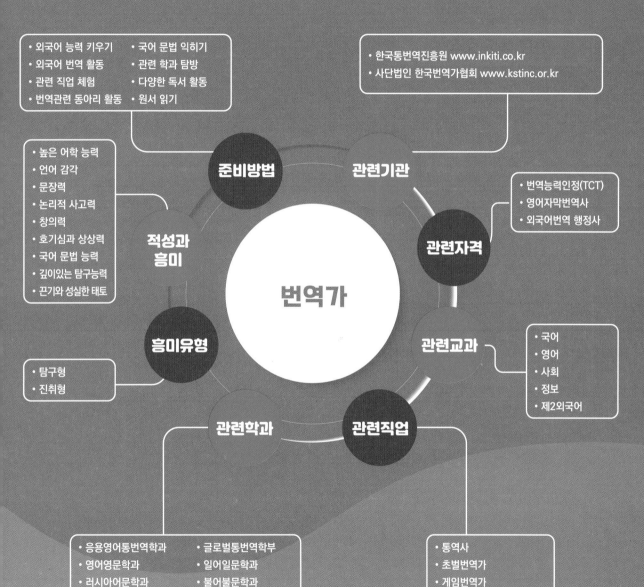

• 외국어 능력 키우기
• 외국어 번역 활동
• 관련 직업 체험
• 번역관련 동아리 활동

• 국어 문법 익히기
• 관련 학과 탐방
• 다양한 독서 활동
• 원서 읽기

• 한국통번역진흥원 www.inkiti.co.kr
• 사단법인 한국번역가협회 www.kstinc.or.kr

• 높은 어학 능력
• 언어 감각
• 문장력
• 논리적 사고력
• 창의력
• 호기심과 상상력
• 국어 문법 능력
• 깊이있는 탐구능력
• 끈기와 성실한 태도

준비방법

관련기관

• 번역능력인정(TCT)
• 영어자막번역사
• 외국어번역 행정사

**적성과
흥미**

관련자격

번역가

흥미유형

관련교과

• 국어
• 영어
• 사회
• 정보
• 제2외국어

• 탐구형
• 진취형

관련학과

관련직업

• 응용영어통번역학과
• 영어영문학과
• 러시아어문학과
• 스페인어학과
• 중어중문학과
• 관광&영어통역융복합학과
• 글로벌커뮤니케이션학부

• 글로벌통번역학부
• 일어일문학과
• 불어불문학과
• 독어독문학과

• 통역사
• 초벌번역가
• 게임번역가
• 지식재산번역가
• 출판물기획자
• 출판물편집자
• 과학기술번역가

번역가는 높은 어학 수준과 언어에 대한 감각, 글로 잘 표현할 줄 아는 문장력을 갖추어야 합니다. 또한 특정 분야를 번역할 때는 전문 용어에 대한 이해도 필요합니다. 따라서 외국어 지식뿐만 아니라 우리말을 정확히 알고 풍부하게 표현할 수 있는 국어문법 능력과 논리적 사고력이 필요합니다.

또한 어떤 문제가 생기면 자신만의 방식으로 문제를 해결할 수 있는 창의력, 깊이 있게 고민하여 자신만의 해결책을 찾는 데 흥미를 느끼는 사람에게 적합합니다. 탐구형, 진취형의 흥미를 가진 사람에게 적합합니다.

번역가 직업을 꿈꾼다면 어려서부터 외국어능력과 국어능력, 글쓰기 능력 등과 같은 언어 능력을 키울 수 있도록 노력해야 합니다. 또한 철학과 역사, 사회 등과 같은 다방면의 지식은 갖추면 도움이 됩니다. 이를 위해 평소 폭넓은 독서 활동으로 자신의 배경 지식을 키우고, 영자신문반 및 외국어 관련 동아리 활동, 사고력과 창의력을 키워줄 수 있는 다양한 체험활동을 추천합니다. 평소 강의, 신문, 영상 들을 번역해보거나, 우리말로 번역된 글과 원서를 찾아 그 차이를 확인해 보는 활동 등을 하면 도움이 됩니다.

번역가
커리어맵

Jump Up

번역가의 업무 환경에 대해 알아볼까요?

번역가는 대부분 프리랜서로 일을 해요. 그렇게 때문에 주로 자신의 집이나 번역전문회사의 사무실에서 일하기 때문에 일정한 근무 시간이나 출퇴근 시간이 정해져 있지 않아요. 번역전문회사에 소속되어 일하거나, 별도 과업을 계약하고 번역을 수행하는 경우도 많아요. 비즈니스 문서의 경우에는 번역하기까지 하루 혹은 이틀 정도가 걸리며, 출판물이나 영상물의 경우에는 몇 개월 동안 작업해야 하는 경우도 많아요.

국제관계 특허 사무소의 명세사와 변리사 직업에 대해 알아볼까요?

외국의 특허 관련 서류를 한국어로 번역하여 대한민국 특허청에 제출하거나, 외국 특허 부처에 한국의 특허를 번역해서 제출하는 일을 해요. 정식으로 근무하기 위해서는 해당 분야의 학사 학위가 필요해요. 즉 자동차 분야 특허면 화공계 / 엔지니어링 관련 학사 학위가 필요하며, 학위는 번역 기술보다 중요해요. 명세사의 경우에는 자격증이 필요한 것은 아니지만 외국어 지식과 함께 이공계 전공이 필수적이에요. 변리사가 국제 관계 업무를 맡기 웨해서는 원활한 영어 번역 능력이 필수적이에요.

진출 방법은?

번역가가 되기 위해 반드시 거쳐야 하는 별도의 교육이나 훈련은 없습니다. 하지만 외국어 실력이 기본이기 때문에 통역번역전문대학원이나 번역전문 교육기관에서 번역가로서 필요한 실무교육을 체계적으로 받고 진출하는 경우가 대부분입니다. 번역을 하기 위해서는 외국어뿐만 아니라 한국어의 이해력과 구사력도 뛰어나야 합니다. 문학작품 번역의 경우에는 외국 문학 전공자가 많으며, 오랜 해외 체류 경험으로 해당 국가의 사회와 문화를 잘 이해할 수 있는 사람이 유리합니다. 또한 정보통신, 경제·경영 등의 특정 산업 분야에 대한 번역은 전문 용어를 잘 이해할 수 있는 관련 학과 전공자가 유리할 수 있습니다.

번역가가 되기 위해서 사설 교육기관에서 공부하는 사람들도 있습니다. 이 경우에는 대개 3~6개월의 양성과정을 개설해 자체적으로 주관하는 자격 시험에 합격한 사람에 한해 회원으로 가입시킨 후 번역 업무를 의뢰합니다. 채용 과정에서는 해외체류 경험이 있는 자를 우대하고 공인 외국어 성적표 제출을 요구하기도 합니다. 또한 번역 작업을 알선하는 에이전시에 회원으로 가입하여 업무를 맡거나 교육기관의 추천을 받아 번역을 의뢰받기도 합니다. 번역가는 경력이 중요하기 때문에 번역 봉사자로 일하면서 경력을 쌓으면 도움이 됩니다. 번역가는 대부분 프리랜서로 일을 하지만, 대기업, 공공기관 등에서 서류 전형, 면접, 필기시험 등을 통해 번역 업무 담당자를 채용하기도 합니다.

관련 직업은?

번역사, 통역사, 출판물기획자, 출판물편집자, 인문번역가, 경영·경제번역가, 과학기술번역가, 영어번역가, 일어번역가, 중국어번역가, 러시아번역가, 독일어번역가, 스페인어번역가, 불어번역가, 초벌번역가, 전문번역가, 게임번역가, 지식재산번역가(IP번역가)

미래 전망은?

당분간 번역가의 일자리는 현 상태를 유지할 것으로 전망됩니다. 전 세계적으로 문화 교류가 증가하고, 각국의 문학작품이나 영상물 등 다양한 자료들에 대한 번역 업무는 늘어나고 있습니다. 또한 방송 환경의 다매체 및 다채널화로 외국 프로그램을 송출하기 위한 수입물이 늘고, 영화, 드라마, 다큐멘터리, 만화, 교육 등 영상물이 꾸준히 제작되고 있습니다. 또한 외국계 기업의 국내 진출 및 국내 기업의 해외 진출 등 활발한 국제교류로 인해 전문 번역 업무가 증가하고 있습니다.

하지만 각 기업에서 글로벌 인재의 채용을 선호하면서, 번역 능력을 갖춘 실무자들이 늘어나고 있으며, '구글'과 같은 번역 서비스의 사용은 번역가의 일자리 감소에 영향을 미칠 것으로 보입니다. 인공지능이 더욱 발달할 미래사회에서는 과학기술의 발전으로 자동 번역 서비스가 확대되면서 장기적으로 번역가의 일자리를 위협할 것으로 보입니다. 또한 전문성을 갖춘 경력 번역가를 중심으로 일거리가 제공되면서, 신입 번역가의 진입은 점차 어려워지고 있습니다.

그러나 인공지능 번역의 수준이 아직은 완벽하지 않기 때문에 기계번역 등으로 해결할 수 없는 문학작품 및 전문 서적 등 고도의 번역 기술이 요구되는 분야에 대한 인력 수요는 꾸준할 것으로 보입니다. 실제 문학계에서는 한국문학 및 고전을 비롯해 각 분야 전문 서적 수입이 증가하면서 전문 번역가의 수요가 이어지고 있습니다.

관련 학과 및 자격증은?

➡ 관련 학과 : 응용영어통번역학과, 관광&영어통역융복합학과, 글로벌통번역학부, 글로벌커뮤니케이션학부, 독어독문학과, 러시아어문학과 및 러시아학과, 불어불문학과, 스페인어학과, 영어과, 영어영문학과, 일본어과, 일어일문학과, 중어중문학과 등

➡ 관련 자격증 : 외국어 번역능력인정(번역능력인정시험/TCT, 통번역시험/ITT) 1급/2급/3급, 영어자막번역사(STI), 외국어 번역행정사

응용영어통번역학과
번역가 전공 분석

어떤 학과인가?

응용영어통번역학과는 글로벌 시대를 맞이하여 시대가 요구하는 고급 영어 전문가를 양성하는 학과입니다. 이를 위하여 언어, 문화 및 사회 맥락을 유기적으로 연계하여 교육하고, 영어학 및 응용영어학적 소양을 함양시키는 한편, 통번역 전문 능력을 배양시켜 학생들로 하여금 전 세계를 무대로 활동할 수 있는 역량을 갖추게 합니다. 또한 인문학 및 사회과학 분야의 다양한 분석적 시각과 콘텐츠들로 구성되는 내용 중심 학습을 통하여 높은 수준의 인문사회학적 소양도 함께 기를 수 있도록 교육합니다.

응용영어통번역학과는 세계 각 지역의 언어 관련 기본 지식과 언어에 내재해 있는 문화적 특징에 대한 이해를 바탕으로 해외지역 연구에 필요한 언어능력을 갖춘 인재 양성에 중점을 주고 있는 학과입니다. 통역과 번역에 대한 이해와 탐구에서부터 본격적인 통역에 필요한 소양 등과 관련한 교과목들을 중심으로 배웁니다. 응용영어통번역학과는 영어 및 영어문화권에 대한 광범위하고 실제적이며 융합적인 탐구를 수행합니다.

이를 위해 교육학, 문학, 인류학, 사회학, 언론학 및 심리학을 아우르는 내용 중심의 통합적 교육과정을 운영합니다. 학생들은 모든 강의에서 학문의 이론과 실제가 상호보완하는 과정에 참여할 수 있습니다. 인문학 및 사회과학의 지식 탐구 외에도, 언어 간 담화 운영 활동(interdiscursivity)을 통해 다양한 영역에서 영어를 능숙하게 구사하는 영어 전문가로서의 역량을 함양하는 학과입니다.

교육 목표와 교육 내용은?

응용영어통번역학과는 급변하는 세계화의 흐름 속에서 시대의 요구에 부응하는 영어 전문가를 양성하는데 그 목표를 둡니다. 언어, 문화 및 역사적, 사회정치적, 물질적 맥락을 유기적으로 연계하여 비판적이고 융합적인 분석적 시각을 키우고 높은 수준의 인문사회적 소양을 기를 수 있는 학문의 장을 마련합니다.

또한 다양한 제도 영어, 학술 영어, 일상 영어를 상황에 따라 적절히 이해하고 전문적으로 구사할 수 있는 능력을 교육하는데 중점을 둡니다.

> » 높은 수준의 인문사회적 소양을 지닌 전문가를 양성합니다.
> » 비판적이고 융합적인 분석적 시각을 지닌 인재를 양성합니다.
> » 다양한 언어를 상황에 따라 적절히 구사할 수 있는 전문가를 양성합니다.
> » 글로벌 사회에 기여할 수 있는 소양과 책임 의식을 갖춘 인재를 양성합니다.
> » 급변하는 세계화의 흐름 속에서 시대의 요구에 부응하는 영어전문가를 양성합니다.
> » 문화적 관습의 역사적, 정치적, 사회경제적 조건에 대해 숙고할 수 있는 탁월한 영어 전문가를 양성합니다.

학과에 적합한 인재상은?

응용영어통번역학과는 세계 각 지역의 언어 관련 기본 지식과 언어에 내재해 있는 문화적 특징에 대한 이해를 바탕으로 하는 학과이기 때문에 영어를 비롯한 외국어에 남다른 열정을 지닌 학생에게 적합합니다. 언어 능력은 단시간에 완성되는 것이 아니기 때문에 높은 언어능력을 기르기 위해서는 남다른 집중력과 끈기, 그리고 성실한 태도를 갖추어야 합니다.

교육학, 문학, 인류학, 사회학, 언론학 및 심리학을 아우르는 분야에 대한 관심과 흥미가 있다면 언어를 익히는데 도움이 됩니다. 또한 새로운 분야에 대한 호기심과 상상력도 풍부해야 합니다.

국제적인 문화 산업과 문화교류, 정치와 경제에 대해 탐구하는 자세, 자신이 생각하는 바를 잘 표현할 줄 아는 언어능력을 지니고, 세계 발전을 선도하는 글로벌 인재를 희망하는 학생에게 적합한 학과입니다.

관련 학과는?

영어통번역전공, EICC학과, 관광&영어통역융복합학과, 글로벌통번역학부, 글로벌커뮤니케이션학부, 비즈니스영어학과, 영미언어문화학과, 영어영문학과, 응용영어콘텐츠학과, 해양영어영문학과, 응용중국어통번역전공 등

주요 교육 목표

인문학적 소양을 지닌 전문가

- - - - - - - - - - - - - - - - - - - -

다양한 언어를 적절하게 구사할 수 있는 전문가

- - - - - - - - - - - - - - - - - - - -

전문소양과 책임의식을 갖춘 인재양성

- - - - - - - - - - - - - - - - - - - -

비판·융합적인 분석적 시각을 지닌 인재

- - - - - - - - - - - - - - - - - - - -

시대의 요구에 부응하는 영어전문가

- - - - - - - - - - - - - - - - - - - -

역사, 정치, 사회경제적 조건을 숙고할 수 있는 탁월한 전문가

취득 가능 자격증은?

- ☑ 외국어 번역능력인정
  (번역능력인정시험/TCT) 1급/2급/3급
  ((사)한국번역가협회)
- ☑ 외국어 번역행정사(행정자치부)
- ☑ 관광통역안내사
- ☑ 무역영어
- ☑ 호텔경영사
- ☑ 호텔관리사 등

진출 직업은?

번역가, 통역사, 신문기자. 방송기자. PD, 아나운서, 방송작가, 출판물 기획/편집자, 출판 경영, 평론가, 광고기획자, 대학 교수, 중등 영어교사, 전문기관 연구원, 다문화교육종사자, 정부부처 및 공공기관 공무원, 외교관, 판·검사, 변호사 등

추천 도서는?

- 오이디푸스왕(민음사, 소포클레스)
- 통역의 바이블(길벗이지톡, 임종령)
- 한영번역, 이럴 땐 이렇게(이다세, 조원미)
- 바로 도움이 되는 동시통역 영어회화
  (제이플러스, 제이플러스기획편집부)
- 한 권으로 읽는 셰익스피어: 4대 비극·5대
  희극(아름다운 날, 윌리엄 셰익스피어)
- 노인과 바다(초판본)
  (더스토리, 어니스트 헤밍웨이, 이수정 역)
- 반 고흐의 마지막 70일
  (아트북스, 마틴 베일리, 박찬원 역)
- 코스모스(사이언스 북스, 칼 세이건, 홍승수 역)
- 초판본 위대한 개츠비 미니북
  (더스토리, 프랜시스 스콧 피츠제럴드, 이기선 역)
- 동물 농장(북플라자, 조지 오웰, 박지현 역)
- 원서 발췌 허클베리핀의 모험
  (지식을 만드는 지식, 마크 트웨인, 김봉은 역)
- 영어 원서, 어디까지 읽어 봤니?(넥서스, 류영숙)
- 원서, 읽(힌)다(길벗이지톡, 강주헌)
- 30개 도시로 읽는 미국사(다산초당, 김봉중)
- 제인 에어(브라운힐, 샬럿 브론테, 박정숙 역)
- 한국어 통번역사를 위한 AI번역의 이해
  (소통, 리번캘빈 외)
- 외국어로서의 한국어통번역학의 이해
  (하우, 임형재 외)
- 문학의 탄생(김영사, 조의연 외)
- 전문번역, 나도 할 수 있다(한국학술정보, 윤후남)
- 방송동시통역사 기자처럼 뛰고 아나운서처럼
  말한다(이담북스, 이지연)
- 올 어바웃 통번역사(하니, 김하니)

학과 주요 교과목은?

기초 과목	통번역개론, 영어작문, 영어독해, 영어학개론, 영문학개론, 번역기반영어독해, 응용영어학개론, 영어문법, 경제통상번역, 영문학과 사회, 영미문화, 영어음성음운론, 영한순차통역, 영한번역, 국제어로서의 영어
심화 과목	한영순차통역, 한영번역 영미문학과문화, 영어통사론, 영어교육의이론과 실제, 시사번역, 비교문화분석, 고급영문법, 영어대화분석, 과학기술번역, 영문학과영어교육, 사회언어학, 독립심화학습, 문학번역, 담화분석, 주제별심화통역, 고급퍼블릭스피킹, 심리언어학, 한국어문법과문화영어원강, 독립심화학습, 특화목적영어 등

졸업 후 진출 분야는?

기업체	대기업, 무역회사, 항공사, 여행사, 호텔, 외국계 기업체, 일반 기업의 국제관련 부서, 일반 기업의 해외 업무 부서, 언론사, 출판사, 국제 통상, 국제 금융 등
공공 기관	국제 경제·무역 관련 민간·국가연구소, 인문 과학 관련 민간·국가연구소 등
기타	국제기구, 주한대사관 및 문화원, 한국공항공사, 무역·수출입 관련 공공기관, 관세청, 한국무역보험공사, 학교, 대학교 등

🔍 전공 관련 선택 과목은?

▶ 국어, 영어 교과는 모든 학문의 기초적인 성격을 가진 도구교과로 모든 학과에 이수가 필요하여 생략함.

수능 필수	화법과 언어, 독서와 작문, 문학, 대수, 미적분Ⅰ, 확률과 통계, 영어Ⅰ, 영어Ⅱ, 한국사, 통합사회, 통합과학, 성공적인 직업생활(직업)		
교과군	선택 과목		
	일반 선택	진로 선택	융합 선택
수학, 사회, 과학	세계시민과 지리, 세계사, 사회와 문화, 현대사회와 윤리	윤리와 사상, 인문학과 윤리, 국제 관계의 이해	여행지리, 사회문제 탐구, 윤리문제 탐구
체육·예술		음악 감상과 비평, 미술 감상과 비평	
기술·가정/정보			
제2외국어/한문			
교양		인간과 철학, 인간과 심리	

학교생활기록부 관리는?

출결 사항	• 미인정 출결 내용이 없도록 관리하세요. 　미인정 출결 내용이 있으면 인성, 성실성 영역 등에서 부정적 평가를 받을 가능성이 높아요.
자율·자치활동	• 다양한 교내외 활동에서 자기주도적 참여를 통해서 영어통번역학 분야에 대한 관심과 흥미, 창의적 문제 해결 능력, 의사소통 능력, 협업 능력, 발전 가능성 등이 드러나도록 하세요.
동아리활동	• 독서토론, 영어회화, 영문학 연구, 영자 신문 관련 동아리 활동 참여를 통해서 영어통번역 전공에 대한 준비를 하세요. • 가입동기, 본인의 역할, 배우고 느낀 점, 영어통번역학과 진학을 위해 기울인 활동과 노력이 나타날 수 있도록 참여하세요 • 영어멘토링, 영어 도우미 활동 등 꾸준한 봉사 활동에 참여하세요.
진로 활동	• 영어통번역학과분야의 직업 정보 탐색 활동을 권장해요. • 영어통번역학 관련 기관 및 관련 학과 체험 활동이 무척 중요해요. • 영어통번역학 분야에 대한 적극적 진로 탐색 활동을 통해서 자신의 진로 역량, 전공 적합성, 발전 가능성 등이 나타날 수 있도록 하세요.
교과학습발달 상황	• 국어, 영어, 사회, 제2외국어 등과 관련된 교과 성적은 상위권으로 유지시키고, 관련 교과 수업에서 학업 역량, 전공 적합성, 자기주도성, 문제 해결 능력, 창의력, 발전 가능성 등의 역량이 발휘될 수 있도록 수업에 적극 참여하세요. • 영어통번역학 관련 분야의 교과 연계 독서 활동 내용이 기록되도록 하세요.
독서 활동	• 인문학, 철학, 역사, 과학, 공학 등 다양한 분야의 책을 읽으세요. • 영문학, 국어 문법, 번역학 분야의 독서 활동을 통해서 영어통번역학 전공을 위한 기본적인 지식을 쌓는 것이 중요해요.
행동 발달 특성 및 종합 의견	• 창의력, 문제 해결 능력, 의사소통 능력, 협업 능력, 리더십, 발전 가능성, 전공 적합성 등이 드러날 수 있도록 하세요. • 자기주도성, 경험의 다양성, 성실성, 나눔과 배려, 학업 태도와 학업 의지에 대한 자신의 장점이 생활기록부에 기록되도록 관리하세요.

세계적인 언어학자에 대해 알아볼까요?

→ 페르디낭 드 소쉬르(Ferdinand de Saussure, 1857.11~1913. 2): 스위스의 언어학자로, 언어학에서 사용되는 중요 개념인 공시언어학과 통시언어학을 창시하면서 근대 구조주의 언어학의 시조라고 불려요. 언어 구조에 관한 소쉬르의 개념은 20세기 언어학의 진보와 언어학에 대한 접근 방식의 토대가 되었어요. 소쉬르는 언어의 심리적·물리적 의지와 지능에 의한 개인적인 행위를 뜻하는 '파롤'과 영어처럼 특정 사회 속의 특정 시대에 존재하는 체계적·독립적·구조적 언어인 '랑그'의 개념을 도입했어요. 파롤과 랑그의 구별은 생산언어학 연구의 원동력이 되었고, 구조주의 언어학의 출발점으로 간주해요. 소쉬르는 1901년부터 1913년까지 제네바 대학교에서 언어학 교수로 일하면서 큰 영향력을 발휘했어요.

→ 놈 촘스키(Noam Chomsky, 1928. 12~): 미국의 언어학자로, 언어학 분야의 혁명적인 이론인 변형생성문법의 창시자 중 한 사람이에요. 펜실베이니아 대학교에서 언어학을 전공하면서 언어학자가 되었고, 20대 젊은 나이에 '한 언어는 그 언어에 내재한 규칙에 의해 다양한 문장들을 생성해 낸다.'라는 변형생성문법을 주장해 언어학에서 혁명을 일으켰죠. 이로 인해 현대 언어학의 아버지라고 불리면서, 20세기를 대표하는 언어학자가 되었어요. 수학적 언어학이라고도 불리는 그의 변형생성문법 이론은 이후 수학과 심리정보학 등에도 영향을 미쳤어요.

언어학연구원이란?

'인간에게 언어가 없다면 이 세상은 어떻게 될까요?'

흔히 '인간은 사회적 동물이다.'라고 합니다. 사회는 사람들 사이의 관계로 이루어지고, 이를 유지하는 데 필수적인 것이 의사소통입니다. 만약 언어가 존재하지 않는다면 사람들은 저마다의 방식대로 표현하고 행동할 것이므로 일정한 약속이 있어야 하는 사회는 성립할 수 없을 것입니다. 언어는 인간만의 고유한 능력입니다. 언어는 시간과 공간, 시대와 사회를 막론하고 인간의 삶과 함께해 왔기에 인류의 문화와 문명이 오늘날처럼 발전할 수 있었습니다. 그러므로 '언어란 무엇인가?'에 답하고자 하는 언어학은 '인간이란 무엇인가?'에 과학적으로 답하고자 하는 인문학입니다. 단순히 언어와 글자의 연구만이 아라 다양한 언어들의 구조와 원리, 더불어 철학적·과학적·사회적 현상의 기원과 과정 등을 연구하는 학문입니다.

다른 인문학 분야와는 달리 언어학은 '언어의 과학적 연구'라는 정의에서 알 수 있듯이 자연 과학적 연구 방법을 적용하면서 과학성을 추구합니다. 음성학, 음운론, 형태론, 통사론, 의미론, 역사비교언어학과 같은 언어의 핵심 분야뿐만 아니라 컴퓨터언어학, 사회언어학, 심리언어학과 같은 분야도 포함합니다.

언어학연구원
언어인지과학과

언어학연구원은 과학적 연구 방법을 통해 특정 언어나 언어 집단의 구조, 변천 및 발달 과정을 객관적·체계적으로 연구합니다. 고어와 현대어의 비교 연구, 언어의 기원·구조·진화의 연구, 언어의 어족과 기원에 따라 고대 및 현대의 불명료한 언어를 분류하고 확인하는 일을 합니다. 또한 특정 언어나 언어 집단의 비교 연구를 통해 단어와 문장 구조의 기원과 변천을 조사하고, 형태론, 의미론, 음운론, 강세, 문법, 단어 및 언어 구조의 특성을 연구합니다. 고고학적 유물에서 발견되는 견본을 가지고 고어를 재구성하고 해독하는 작업을 하기도 합니다. 최근에는 휴대 전화의 음성 인식과 컴퓨터 자동 번역 및 통역 시스템, 정보 검색 시스템, 문서 낭독 시스템, 음성 타자 시스템 등에 이르기까지 연구 영역이 넓어지고 있습니다.

언어학연구원은 개인적으로 혹은 공동으로 연구 활동을 수행하는데, 업무로 인한 스트레스가 많은 편은 아닙니다. 그리고 실험 연구를 진행하지 않기 때문에 자연 과학 분야 연구원에 비해 위험 상황에 노출되는 경우도 거의 없습니다. 언어학연구원은 자신의 전문성을 키우기 위해 지속적으로 새로운 이론을 배우고, 연구 방법을 습득하여 미래 사회가 요구하는 역할을 수행할 수 있도록 노력해야 합니다.

세계적으로 보면, 언어학 이론은 페르디낭 드 소쉬르(Ferdinand de Saussure), 놈 촘스키(Noam Chomsky)와 같은 거장들이 이끌어 왔으며, 다른 많은 분야의 발전에도 큰 기여를 하였습니다.

언어학연구원이 하는 일은?

언어학연구원은 특정한 언어나 언어 집단의 구조, 변천, 발달에 관련된 연구 및 국민의 국어 생활 향상을 위한 연구를 합니다. 고대어와 현대어를 비교·분석하여 언어의 기원과 발전, 의미, 문법적 구조를 찾아내는 등 언어를 과학적으로 탐구합니다.

» 고대어와 현대어를 비교·분석하여 단어와 문장 구조의 기원과 변천을 조사합니다.
» 형태론, 의미론, 음운론, 강세, 문법, 단어 및 언어 구조의 특성을 연구합니다.
» 어족과 어원에 따라 고어와 현대어를 비교·분류합니다.
» 역사적·고고학적 유물에서 발견되는 견본으로부터 고어를 재구성하고 해독합니다.
» 언어의 발생과 기원, 의사소통 체계 등을 연구합니다.
» 그 외에 일반 연구원들이 수행하는 일반적인 업무를 수행합니다.

Jump Up

다문화언어발달지도사에 대해 알아볼까요?

다문화언어발달지도사는 의사소통에 문제를 가진 다문화 가족 자녀의 상태를 평가해 적절한 지원과 교육을 제공하고, 아이들이 학교생활에 원만하게 적응할 수 있도록 능력을 향상시키는 일을 해요. 아동의 부모에게 교육 방법을 제공해 일상생활에서도 언어 발달을 도우며, 다문화 가족 자녀에게 체계적이고 전문적인 언어 발달을 지원하여 이들이 건강한 사회 구성원 및 글로벌 인재로 성장할 수 있도록 도와요.

주요 업무는 지원 대상 발굴 및 홍보, 언어 발달 평가 및 상담, 언어 발달 교육 등이에요. 언어 발달 지체가 있을 경우, 환경적 원인(출생 배경, 동반 장애, 언어 환경) 및 기술적 원인(현재 언어 수행 수준이나 결함 분석) 등을 동시에 분석해요.

다문화언어발달지도사는 언어 교실에서 업무를 진행하기도 하지만 때로는 무거운 검사 도구와 교구를 들고 어린이집, 유치원, 학교 등 교육생이 있는 곳으로 찾아가기도 해요. 쉬운 업무는 아니지만 타인에게 도움을 주는 일이기 때문에 보람이 큰 직업이에요

언어학연구원
커리어맵

언어학연구원

관련기관
- 경제·인문사회연구회 www.nrc.re.kr
- 한국언어연구학회 www.jkals. or.kr
- 국립국어원 www.korean.go.kr
- 한국언어학회 www.linguistics.or.kr
- 국어문화원 jnu.ac.kr

준비방법
- 국어, 영어, 정보 등 교과 역량 키우기
- 언어 및 컴퓨터 동아리 활동
- 언어 연구소 및 학과 탐방 활동
- 언어학연구원 인터뷰 및 직업 체험 활동
- 토론, 논술과 관련된 교내 활동 참여

적성과 흥미
- 의사소통 능력
- 논리적 사고력
- 창의성
- 언어 능력
- 컴퓨터 활용 능력
- 대인관계 능력
- 성실성
- 외국어 능력

관련학과
- 언어학과
- 언어인지과학과
- 언어정보학과
- 국어국문학과
- 국어교육과
- 한국어교육과
- 어문학부 등

흥미유형
- 사회형
- 탐구형

관련교과
- 국어
- 영어
- 사회
- 기술·가정
- 정보
- 제2외국어

관련자격
- 논술지도사
- 언어재활사
- 언어상담심리지도사
- 독서지도사
- 언어발달지도사
- 언어상호작용지도사

관련직업
- 어원학연구원
- 음성학연구원
- 음운학연구원
- 국어학연구원
- 코퍼스연구원

언어학연구원은 언어에 대한 감각과 호기심을 가지고 있어야 하며, 언어에 대한 전공 지식 외에도 문학, 사학, 철학 등에 대한 폭넓은 지식이 필요합니다. 인접 학문과의 연계를 통해 연구가 이루어지기 때문에 예리한 관찰력으로 항상 새로운 연구 주제를 탐색하고, 연구 영역을 넓힐 수 있는 창의적이고 개방적이며 논리적인 사고 능력이 있어야 합니다. 언어 연구는 보수적이고 변화가 많은 영역이 아니기 때문에 연구 과정에서 상당한 인내심이 요구됩니다. 언어학 연구는 단기간에 끝나는 것이 아니기 때문에 자기가 맡은 과제를 끝까지 연구할 수 있는 계획성과 성실한 자세가 필요합니다. 팀을 구성하여 연구하는 경우도 있기 때문에 다른 사람들의 의견에 귀 기울이고 존중 할 줄 아는 원만한 의사소통 능력과 대인관계 능력이 필요합니다. 이외에도 언어학은 각종 외국의 해외 문헌 자료를 통해 연구해야 하므로 외국어 능력이 필요하며, 인공 지능 언어나 자동 번역 시스템 등과 같은 컴퓨터 프로그램에도 관심이 있다면 더욱 좋습니다. 탐구형과 사회형의 흥미를 가진 사람에게 적합하며, 분석적 사고, 독립성, 꼼꼼함, 집중력 등의 성격을 가진 사람들에게 유리합니다.

언어학연구원 커리어맵

코퍼스언어학에 대해 알아볼까요?

'코퍼스'란 '말모둠' 또는 '말뭉치'라는 뜻으로 텍스트, 즉 말과 글의 집합을 의미해요. 코퍼스(말뭉치)언어학은 언어 사용자들에 의해 생산된 언어 자료를 이용해 언어를 연구하는 응용 언어학의 한 분야예요.

현대의 코퍼스는 특정 목적을 가지고 균형성과 대표성을 고려해 텍스트들을 모아 컴퓨터에 전자 형태로 저장한 것을 말해요. 따라서 코퍼스언어학이란 코퍼스로 데이터베이스를 구축하고, 그것을 기반으로 언어에 관한 이론 연구와 응용 연구를 하는 분야, 즉 컴퓨터 코퍼스언어학이라고도 해요.

코퍼스는 언어 연구의 기반이 될 뿐만 아니라 사전 편찬과 언어 교육의 응용 분야에서 중요한 자원이에요. 예를 들면, 외국어 교육을

진출 방법은?

언어학연구원이 되기 위해서는 언어를 음운, 문자, 문법, 어휘 등 여러 각도에서 접근하고 연구하며, 그 특성에 대한 전문적인 지식이 필요합니다. 따라서 대학교에서 언어학을 전공하고, 대학원에 진학하여 언어학 관련 분야의 석사 이상의 학위를 취득하는 것이 유리합니다. 정부 출연 연구소나 규모가 크고 연구 활동이 많은 연구소에서는 대부분 석사 이상 학위 소지자를 채용하기 때문입니다. 학사 학위 소지자의 경우에는 일반적으로 연구 보조원으로 활동하게 됩니다. 연구 분야 전문직이라 이직이 많지는 않지만, 연구를 활용하여 강의를 하는 것에 매력

을 느끼는 연구원은 대학교수로 이직하는 경우가 종종 있습니다. 언어학은 심리학, 사회학, 철학, 과학 등 다른 인문과학 학문과 연계하여 폭넓은 연구를 해야 하기 때문에 언어학연구원이 되려면 자신의 전공분만 아니라 인접 학문의 관련 지식을 쌓는 것도 중요합니다. 주로 공개 채용이나 특별 채용을 통해 대학 및 기타 언어학 관련 연구소의 연구원이나 언어 치료 등의 직종으로 진출할 수 있습니다. 정부 출연 연구 기관이나 민간 연구 기관의 경우 결원이 생기면 공개 채용을 하는데, 이때 평가 항목은 서류 전형과 연구 논문, 실적 등입니다.

관련 직업은?

인문계열교수, 대학시간강사, 철학연구원, 교육학연구원, 심리학연구원, 번역가

관련학과 및 관련기관은?

➜ 관련 학과 : 언어학과, 언어인지과학과,
　　　　　언어정보학과, 국어국문학과,
　　　　　국어교육과, 한국어교육과,
　　　　　어문학부 등

➜ 관련 기관 : 경제인문사회연구회,
　　　　　한국연구재단, 국립국어원,
　　　　　국어학회, 한국언어학회,
　　　　　한국언어연구학회,
　　　　　국어문화원, 세종학당재단

미래 전망은?

당분간 언어학연구원의 일자리는 현 상태를 유지할 것으로 전망됩니다. 언어학은 가장 기본이 되는 학문이고, 대학 등의 연구 기관에서 기초 학문 연구의 중요성이 지속적으로 제기되고 있으며, 정부에서도 꾸준히 지원하고 있습니다. 기존에는 언어학 연구가 실용성이 떨어진다고 생각해 전공 관련 일자리를 찾기 어려웠으나, 최근에는 문화와 기술을 아우르는 지식 정보 개발을 목적으로 학문 분야 간 연구가 중요해지고 있고, 언어학을 중심으로 실용화가 활발히 이루어지면서 인공 지능을 기초로 하는 기술 개발이 활성화되고 있습니다. 언어 관련 빅데이터 분석을 활용해 연구하는 사례가 늘면서 언어학연구원은 컴퓨터를 자주 활용하고 빅데이터 분석기법을 배워 연구역량을 강화할 요구를 받고 있습니다. 언어학은 앞으로도 연구할 주제가 많이 남아있습니다. 특히, 남북통일이 될 경우 북한과 남한의 언어 사용을 비교 분석하거나 북한의 방언을 연구하는 등 연구주제가 풍부해질 수 있습니다. 우리나라에서도 각 지역의 언어를 보존하기 위한 언어자료를 모으고 구어 자료를 수집하는 등 우리말의 역사를 기록하고 보존하는 작업이 필요하지만, 이를 위한 학문적 지원이 정책적으로 활발하지는 않습니다. 언어학은 우리의 말과 얼을 보존하고 연구한다는 점에서 의의가 있는 중요한 학문이지만, 연구 인력은 크게 증가하지 않을 것으로 보입니다.

할 경우 가장 많이 쓰는 표현들을 먼저 학습시키고, 외국어를 배우는 사람들의 언어를 수집하여 언어 학습에서 범하기 쉬운 오류를 발견하는 것은 외국어 교육에 큰 도움이 돼요.

코퍼스는 또한 문학, 역사 등 텍스트 기반의 전통적인 인문학에 새로운 방법론을 제시할 수 있으며, 신문 자료 코퍼스는 사회 변동 연구 등 사회 과학적 연구에도 활용될 수 있어요.

아울러 자연 언어 처리, 정보 검색, 기계어 번역 등 컴퓨터의 언어 처리에서 코퍼스에 기반한 정보가 점점 더 중요시되고 있어요.

오늘날 정보 사회에서 지식과 정보의 처리가 중요하게 되고, 그중에서도 언어 정보의 처리가 중요해진다고 볼 때, 그 기반이 되는 언어 자원, 즉 코퍼스의 구축과 활용의 중요성은 더욱 커질 거예요.

언어인지과학과

언어학연구원 전공 분석

어떤 학과인가?

인간은 사회적 동물입니다. 사회는 사람들 사이의 관계로 이루어지고, 그 관계를 형성할 때 필수적인 것이 언어입니다. 사람들은 지식을 전달하거나, 무엇을 기억하거나, 자신을 표현하기 위해 언어를사용합니다. 언어는 사람과 사람뿐만 아니라 문화와 문화, 시대와 시대를 연결해 주기도 합니다.

언어에 대한 탐구는 한국어, 영어, 독일어 등 개별 언어에대한 탐구뿐만 아니라 개별 언어들을 아우르는 언어 보편적인 속성의 탐구를 포괄합니다. 따라서 언어에 대한 연구는 인간 본성에 대한 연구이며, 이러한 인간 본성에 대한 언어학적 연구는 인접 과학인 전산학(자연언어처리), 심리학, 철학(논리학), 뇌과학 등과의 활발한 연구를 통해 인간 정신이나 마음에 대한 본질을 규명하는 데 이바지하고 있습니다.

언어인지과학은 사람의 머릿속에 들어있는 언어능력을 명료하게 밝히는 것을 목표로 하는 학문입니다. 언어인지과학과는 언어의 비밀을 하나씩 밝혀 내기 위해 언어학 및 인지과학의 다양한 연구 주제를 공부합니다. 인간의 가장 오래된 의사소통 수단인 언어는 세계화 시대 외국어 학습 열풍으로 인해 그 연구의 중요성이 부각되어 왔으며 앞으로 도래할 AI 시대에는 더욱더 연구 가치가 높아질 것입니다. 따라서 누군가는 말소리가 어떻게 만들어지고 이해되며, 그렇게 만들어진 음성에 실려 전달되는 언어가 무엇으로 구성되고, 또 그 구성 요소들이 어떻게 결합하는지, 결합된 요소들이 어떻게 의미를 가지는지, 그리고 그것이 어떻게 사용 되는지를 연구할 필요가 있습니다.

언어인지과학과에서는 이 같은 주제들을 연구하기 위한 음성학, 음운론, 형태론, 통사론, 의미론, 화용론 등의 다양한 언어학 과목들을 공부합니다. 그리고 이 과목들을 미래 지향적 종합 학문인 인지과학 영역의 연구 주제와 연계하여 공부할 수 있도록 교육과정을 운영합니다. 이성적 추론에 의한 지식의 탐구를 통해 다가올 AI 시대의 주인공이 될 준비를 하는 학과입니다.

교육 목표와 교육 내용은?

언어인지과학과는 사람의 머릿속 언어 능력을 음운, 구조, 의미 등으로 세분화하여 명료한 언어이론으로 규명합니다. 한국어뿐만 아니라 영어, 중국어, 일본어 등 개별 언어들을 연구함으로써 언어가 갖는 다양성과 보편성을 밝히는데 교육 목표를 두고 있습니다.

> » 언어의 본질을 탐구하고 응용하는 능력을 지닌 인재를 양성합니다.
> » 언어학을 핵심으로 하는 인지과학전문가를 양성합니다.
> » 개별 언어를 아우르고, 나아가 언어의 보편적인 속성을 탐구하는 능력을 지닌 인재를 양성합니다.
> » 언어를 포함한 인간의 인지 체계에 대한 통찰력을 지닌 인재를 양성합니다.
> » 언어를 통해서 인간의 정신과 인간 자체에 대해 보다 깊이 이해할 수 있는 인재를 양성합니다.

학과에 적합한 인재상은?

언어인지과학은 '인간이란 무엇인가?'에 답하고자 하는 인문학 분야로, 기본적으로 인간에 대한 관심과 국어, 외국어 등에 흥미가 있어야 합니다. 언어인지과학을 전공하면 다양한 언어의 특성과 구조를 공부하므로 기본적으로 언어 감각이 필요하고, 언어 구조를 과학적으로 분석해야 하므로 논리적 사고력 및 분석력이 필요합니다. 평소 문장을 끊어 읽거나 쪼개 읽는 습관이 있거나, 책을 읽으면 시간 가는 줄 모르는 사람에게 적합합니다. 또한 사람마다 다른 말투와 억양, 사투리가 신기했던 사람, 각 나라의 표현법이 우리나라와 다른 것에 호기심을 지녔던 사람, 휴대전화의 음성 인식과 컴퓨터 자동 번역 기능의 작동 원리가 궁금했던 사람은 언어학을 전공하는 데 적합한 흥미를 지녔다고 할 수 있습니다. 다양한 언어의 공통점과 차이점을 원리적으로 이해하려는 열정이 있고, 언어학의 응용분야인 심리언어학, 언어 습득, 컴퓨터언어학, 언어병리학 등에 대한 관심을 가진 사람이라면 더욱 적합합니다.

관련 학과는?

언어학과, 언어정보학과, 언어치료학과, 한문학과, 언어학부, 언어청각학부, 언어치료청각재활학과, 국어국문학과, 국어교육과, 한국어교육과 등

관련 기관은?

언어연구교육원, 국립국어원, 한국언어학회, 경제인문사회연구회, 한국언어성각임상학회, 한국언어치료학회, 한국언어연구학회, 국어문화원, 세종학당재단

진출 직업은?

광고·홍보전문가, 언론인(기자, PD, 아나운서 등), 언어학연구원, 언어임상가, 언어치료사, 작가, 출판물기획자, 통역가, 번역가, 교육연구원, 교사, 교수, 정보검색전문가, 자연언어전산처리프로그래머, 자서전편찬전문가, 잡지편집전문가, 리포터, 카피라이터, 브랜드전문가, 기업체·국책 연구소 연구원, 공무원, 사회조사분석가 등

주요 교육 목표

언어의 본질을
탐구하는 인재 양성

언어학을 핵심으로 하는
인지과학 전문가 양성

개별 언어의 본질을
탐구하는 인재 양성

인접 과학과의 연구를
주도하는 인재 양성

인간의 인지 체계에 대한
통찰력을 지닌 인재 양성

인간의 정신과 인간 자체를
깊이 이해할 수 있는
인재 양성

 ## 취득 가능 자격증은?

- ☑ 언어지도사
- ☑ 언어상담심리지도사
- ☑ 언어발달지도사
- ☑ 언어재활지도사
- ☑ 언어상호작용지도사
- ☑ 논술지도사
- ☑ 독서지도사 등

추천 도서는?

- 인지언어뇌과학입문서(신아사, 김정호 이)
- 소리의 마음들
  (위즈덤하우스, 니나 크라우스, 장호연 역)
- 언어의 뇌과학(현대지성, 알베르트 코스타, 김유경 역)
- 진화하는 언어(웨일북, 닉 채터 외, 이혜경 역)
- 당신의 언어 나이는 몇 살입니까?
  (남해의 봄날, 이미숙)
- 언어가 숨어있는 세계(한겨레출판사, 김지호)
- 언어의 쓸모(혜호동, 김선)
- 빌브라이슨 언어의 탄생
  (유영, 빌브라이슨, 박중서 역)
- 언어심리(생각나눔, 정성숙)
- 관계의 언어(더퀘스트, 문요한)
- 말의 진심(밀리언서재, 최정우)
- 완벽한 대화의 비밀(파인북, 황시투안)
- 언어발달(학지사, 이현진)
- 언어라는 세계(곰출판, 석주연)
- 한국어문법총론(집문당, 구본관 외)
- 국어음운론 강의(집문당, 이진호)
- 세계언어 속의 중국어(한국문화사, 백은희)

학과 주요 교과목은?

기초 과목	언어와 인간, 언어와 컴퓨터, 언어학 입문, 언어와 커뮤니케이션, 세계언어와 문자, 언어와 인지, 뇌와 인지, 언어와 논리, 음성학, 문장 분석, 코퍼스 분석과 사전, 언어와 통계, 한국어 문법, 음운분석, 언어유형론과 KFL문법, 형태 분석, 언어와 광고, 프로그래밍 언어의 기초
심화 과목	심리언어학, KFL문법, 언어 유형론, 빅데이터 감성분석, 자연언어 데이터, 화용론, 프로그래밍언어연습, 인지과학 입문, 언어학연습, 언어학의 역사, 음성인식과 합성, 개별언어조사, 신경 언어학, 사회언어학, 법음성학, 텍스트 언어학, 병리언어학, 실험음성, 언어학 연습, 언어정보처리, 언어학 연구 방법론, 인지심리학, 언어학 주제 연구, 실험 음성학, 언어철학, 컴퓨터언어학, 언어정보학, 언어학세미나, 세계의 문자, 역사비교언어학

졸업 후 진출 분야는?

기업체	광고 회사, 통역 회사, 시장 및 여론 조사 관련 회사, 음성 기술을 이용한 소프트웨어 개발 회사, 기계 번역이나 자동 인터넷 검색 등과 같은 정보전산 처리 회사, 영어 학습 프로그램 개발 회사, 한국어 학습 프로그램 개발 회사, 언론사, 출판사, 은행, 증권, 보험사 등
공공기관 및 연구 기관	언어연구교육원, 국립국어원, 국공립 및 민간 언어 연구소 등
기타	사설 언어 연구소, 국내외 언어 교육원, 언어 기술 벤처 기업 창업, 음성인식 합성 기업 창업학, 언어와 시각예술, 언어학특강 등

전공 관련 선택 과목은?

▶ 국어, 영어 교과는 모든 학문의 기초적인 성격을 가진 도구교과로 모든 학과에 이수가 필요하여 생략함.

수능 필수	화법과 언어, 독서와 작문, 문학, 대수, 미적분Ⅰ, 확률과 통계, 영어Ⅰ, 영어Ⅱ, 한국사, 통합사회, 통합과학, 성공적인 직업생활(직업)		
교과군	선택 과목		
	일반 선택	진로 선택	융합 선택
수학, 사회, 과학	세계시민과 지리, 세계사, 사회와 문화, 현대사회와 윤리	윤리와 사상, 인문학과 윤리	여행지리, 사회문제 탐구, 윤리문제 탐구
체육·예술			
기술·가정/정보	정보	데이터 과학	
제2외국어/한문			
교양		인간과 철학, 논리와 사고, 인간과 심리, 교육의 이해	논술

학교생활기록부 관리는?

출결 사항	• 출결 사항에 미인정(무단) 출결 사항이 없도록 관리해요. 미인정(무단) 기록이 있으면 인성 및 성실성 영역 등에서 부정적 평가를 받을 가능성이 높아요.
자율·자치활동	• 국어, 영어, 제2외국어, 사회, 과학 등과 관련한 다양한 교내외 활동을 통해 창의적이고 개성적인 사고력이 드러나도록 하세요. • 언어 분야에 대한 관심과 흥미를 바탕으로 인성, 나눔과 배려, 협동심, 창의력, 의사결정 능력, 리더십 등이 드러나도록 하세요.
동아리활동	• 토론반, 우리말 가꾸기반, 언어 연구반, 신조어 연구반, 제2외국어반 등 관련 동아리 활동에 참여하여 자신이 가지고 있는 언어적 우수성이 입증될 수 있도록 하세요. • 교내외에서 다문화 가정의 친구들이나 장애인 친구들 등 언어 활동에 어려움을 느끼는 친구들을 돕거나, 제2외국어를 가르치는 등 자신의 언어 능력을 나누어 줄 수 있는 활동을 하세요.
진로 활동	• 언어치료사, 아나운서, 언어연구원 등 관련 직업에 대한 정보 탐색 및 체험 활동을 권장해요. • 언어 연구소, 국립국어원, 방송국 등 관련 기관의 체험 활동을 권장해요. • 자율 동아리 활동이나 방과 후 활동 등을 통해 전공과 관련된 활동을 하면 진로 역량을 높게 평가받을 수 있어요.
교과학습발달 상황	• 언어와 관련이 있는 국어, 영어 등에서 우수한 학업 성취를 올릴 수 있도록 하고, 관련 수업에서 자기 주도성, 문제 해결 능력, 창의력, 발전 가능성 등의 역량이 발휘될 수 있도록 수업에 적극 참여하세요. • 수업과 과제 수행 과정에서 주도적인 노력, 열의와 관심, 다양한 탐구 방법의 모색 등이 드러나도록 하세요.
독서 활동	• 의미 없는 다독보다는 전공과 관련된 책을 정독하면서 책에서 가장 인상 깊었던 부분은 어디인지, 더 읽고 싶은 책은 없는지를 생각하는 적극적인 독서 활동을 하세요. • 너무 쉬운 책이나 고등학교 수준을 벗어난 책 읽기는 오히려 부정적인 평가를 받을 수 있어요.
행동 발달 특성 및 종합 의견	• 창의력, 문제 해결 능력, 협업 능력, 자기 주도적 학습 능력 등이 드러날 수 있도록 해요. • 학교생활에서 자기 주도성, 경험의 다양성, 성실성, 나눔과 배려, 학업 태도와 학업 의지에 대한 장점이 기록되도록 관리해야 해요.

고고학자와는 어떤 차이가 있을까요?

 고고학자는 유물과 유구 및 각종 물질 자료를 대상으로 과거를 복원하는 고고학을 연구하는 학자예요. 역사학과 같은 인문 계열 지식은 물론, 고생물학 및 물리학처럼 자연과학 계열의 지식도 갖추어야 해요. 역사학자와 고고학자는 둘다 과거의 사료 분석을 통해 역사의 진실을 파악하는 직업이에요. 그러나 역사학자들이 주로 삼국사기, 삼국유사, 조선왕조실록 등과 같은 문헌자료를 통해 역사를 연구한다면, 고고학자들은 당시 사람들이 남긴 무덤, 성곽, 집터 등을 통해 우리의 문화나 전통을 연구한다는 차이가 있어요.

역사학자란?

영국의 철학자이자 작가였던 바이런 경(1788~1824)은 '미래의 최고의 예언자는 과거이다.'라고 하며 역사의 중요성에 대해 강조했습니다. 역사학자란 기본적으로 사학을 연구하는 사람입니다. 그러나 역사를 공부하고 연구하는 모든 사람을 가리켜서 역사학자라고 하지는 않습니다. 역사학자로 인정받기 위해서는 기본적으로 대학에서 역사를 전공하고, 대학원에 진학하여 석·박사학위를 취득한 후 꾸준한 연구를 하여, 그 성과를 인정받아야 합니다. 물론 역사학 학위가 아니더라도 다른 인문학 분야나 사회과학 분야를 연구한 후, 관련 업적을 인정받아 역사학자가 되는 경우도 많습니다.

역사학자에게는 역사의 진실을 찾는 것이 중요합니다. 역사는 오랜 시간 내려온 기록물입니다. 따라서 현존 자료들은 대부분 인류에게 문자라는 기록 수단이 만들어진 이후의 것입니다. 문자 탄생 이전에는 기록된 자료가 거의 없고, 자료 자체가 한정적이기 때문에 밝혀진 역사보다는 아직 밝혀지지 않은 역사가 더욱 많습니다. 이런 상황에서 역사의 진실을 찾는 것은 매우 어려운 과제입니다. 이것이 바로 역사학자의 임무입니다.

따라서 역사학자의 연구는 단순히 과거의 것만을 연구하고 공부하는 것으로 끝나는 것이 아니라, 이미 지나가 버린 과거를 토대로 현재를 해석하고, 미래를 예측하는데 활용되어야 합니다.

역사학자
사학과

01 인문계열

　　역사학자들이 1차 사료 및 발표하는 연구물들을 이해하기 위해서는 해당 국가에서 사용하는 언어 및 국제어인 영어를 익히면 도움이 됩니다. 또한 자신이 연구하는 시대가 근대 이전이라면 그 시대의 언어를 알아야 사료를 분석할 수 있습니다. 예를 들어 우리나라의 개화기를 연구하는 역사학자라면, 한반도와 관련되었던 주요 국가들이 남긴 사료를 분석해야 합니다. 영어뿐만 아니라 러시아어, 일본어, 중국어, 프랑스어, 독일어와 관련된 언어 능력이 있다면 더욱 의미 있는 연구를 할 수 있습니다. 또한 자신이 전공하는 지역과 인접한 지역의 역사도 알아두어야 할 필요가 있습니다.

　　역사학자는 한정된 자료를 바탕으로 전체를 파악하여 최대한 진실에 가깝게 과거 사실을 재구성해야 합니다. 따라서 논리적으로 따져서 사실에 가까운 자료를 뽑을 수 있는 논리적인 사고력과 상상력이 중요합니다. 역사학자로서 자신이 택한 연구 분야에 따라 철학, 정치학, 종교학, 민속학, 경제학, 사회학에 대한 배경 지식도 필요합니다. 우리나라에서 역사학자가 되기 위해서 다른 나라로 굳이 외국으로 유학을 갈 필요가 없습니다. 한국사를 연구하고자 한다면 국내에서 관련된 학위를 취득하면 역사학자가 될 수 있습니다.

　　역사학자 직업은 일자리의 창출이나 성장이 매우 제한적으로 취업 경쟁이 치열한 편입니다. 또한 전문성이 요구되는 분야로서, 자기개발가능성이 높으나 능력에 따른 승진이나 직장이동의 가능성은 낮은 편입니다.

역사학자가 하는 일은?

역사학자들은 선사시대로부터 현대에 걸쳐서 정치, 경제, 사회, 문화 등의 인간 활동을 조사, 연구하는 일을 합니다. 한국기록보관소, 도서관 또는 개인이 소장하고 있는 자료들로부터 유용한 자료를 수집하고, 다른 사학자나 고고학자 등 관련 연구자의 업적을 연구합니다. 과거 사건에 대한 원본 또는 당대의 기록과 고고학 또는 인류학적 유물을 조사하고 연구하며, 관련 자료와 비교하여 역사적 사실의 진의를 엄격히 판별합니다.

» 사료의 비판과 역사이론의 문제를 연구합니다
» 자료를 분석하고 신빙성에 비추어 평가합니다.
» 다른 사학자나 고고학자 등 관련 연구자의 업적을 연구합니다.
» 기록보관소, 도서관, 개인 소장 자료들로부터 유용한 자료를 수집합니다.
» 특수한 지역, 시대, 민족, 국가의 역사나 정치사, 경제사, 사회사, 문화사와 같은 전문분야를 연구합니다.
» 역사관의 흐름, 역사의 시대구분, 역사연구의 역사, 역사의 인식문제 등을 연구하여 현대사학의 과제를 인식합니다.
» 개인, 기구, 상업조직체를 위하여 산업의 기술혁신, 특정시대의 사회관습이나 습관 등에 관한 주제를 연구합니다.

Jump Up

역사학자의 연봉에 대해 알아볼까요?

연봉은 학위 수준, 경력, 근무하는 기관의 종류, 연구 업적 등 여러 요인에 따라 다릅니다. 또한 공립 기관이나 사립 기관, 대학 또는 연구소 등에서 근무하는 것에 따라도 차이가 있을 수 있습니다. 일반적으로 대학 교수로 임용되는 역사학자의 연봉은 다음과 같이 분류될 수 있습니다. 조교수(Assistant Professor)의 연봉은 일반적으로 약 4,000만 원에서 6,000만 원 정도이나 학위수준, 연구업적, 근무기관 등에 따라 다릅니다. 조교수보다 높은 경력과 연구 업적, 교육 능력 등을 지닌 부교수(Associate Professor)는 약 6,000만 원에서 9,000만 원 사이의 연봉이 일반적입니다. 조교수와 부교수보다 높은 경력과 연구 업적, 학문적 명성을 가져야 임용되는 교수(Professor)는 약 9,000만 원 이상의 연봉이 일반적입니다. 이러한 연봉은 대략적인 예측으로 개별적인 상황에 따라 실제 연봉은 다를 수 있습니다. 또한, 대학 외의 기관이나 연구소에서 근무하는 경우에도 연봉 수준은 다릅니다. 따라서 구체적인 연봉은 해당 기관의 정책과 규정, 협상 등을 통해 결정됩니다.

역사학자
커리어맵

준비방법
- 유물, 유적지 탐방 활동
- 외국어실력 향상
- 관련 직업 체험
- 역사관련 동아리 활동
- 박물관 탐방 활동
- 관련 학과 탐방
- 다양한 독서 활동

관련기관
- 한국학중앙연구원 www.aks.ac.kr
- 국사편찬위원회 www.history.go.kr
- 동북아역사재단 www.nahf.or.kr
- 역사문제연구소 www.kistory.or.kr
- 역사학회 historykor.re.kr

적성과 흥미
- 사회과학에 대한 관심
- 역사적 사실에 대한 탐구정신
- 판단력
- 논리적 사고력
- 통찰력
- 호기심과 상상력
- 외국어 능력
- 깊이있는 탐구능력
- 끈기와 성실한 태도

관련자격
- 박물관 및 미술관 준학예사
- 문화재수리 기술사
- 문화예술교육사
- 국내여행안내사

역사학자

관련교과
- 국어
- 사회
- 한문
- 제2외국어

흥미유형
- 탐구형
- 진취형

관련학과
- 국사학과
- 고고미술사학과
- 고고학과
- 문화유산융합학부
- 역사콘텐츠학과
- 한국사학과
- 사학과
- 고고인류학과
- 국사학전공
- 역사·문화학과
- 인문콘텐츠학부

관련직업
- 고고학자
- 언어학자
- 사회학자
- 철학자
- 정치학자
- 역사 교사

적성과 흥미는?

역사학자는 사람과 사회에 대한 폭넓은 시각과 역사, 사회, 철학 등 인문학과 사회과학 전반에 대한 흥미와 관심이 있는 사람에게 적합합니다. 또한 역사적 사실에 대한 탐구정신과 호기심, 역사적 사실을 객관적으로 평가할 수 있는 객관성, 논리적 사고력, 판단력, 통찰력을 요구합니다. 각종 문헌자료를 탐구하고 연구하므로 한문과 영어, 중국어 등 일정 수준의 외국어 능력이 요구되며, 주어진 연구 과제를 끝까지 수행할 수 있는 계획성, 성실함이 있다면 더욱 좋습니다.

또한 역사학은 다양한 학문이 집약된 것이기 때문에 다양한 분야에 대한 관심과 인접 학문에 대한 허용적이며 개방적인 태도가 필요합니다. 역사학자는 탐구형, 진취형의 흥미를 가진 사람에게 적합합니다.

역사학자 직업을 꿈꾼다면 학창 시절부터 사회와 역사, 철학 등에 관심을 가지고, 관련 책이나 신문의 내용을 꾸준히 스크랩하면서 역사학자로서의 소양을 기르는 것이 좋습니다. 또한 평소에 한국어뿐만 아니라 한문, 영어, 일본어 등 다양한 언어를 구사할 수 있는 언어 능력을 키운다면 도움이 됩니다.

역사학자 커리어맵

진출 방법은?

역사학자로 활동하기 위해서는 대학에서 역사학 관련 학위를 취득해야 합니다. 일반적으로 학부 수준에서 역사학 전공을 선택하고, 학사 학위(Bachelor's degree)를 받습니다. 이후에는 대학원에서 석사(Master's degree)와 박사(Doctorate) 학위를 취득할 수도 있습니다. 학위 취득을 위해서는 대학의 입학 요건을 충족시키고 역사학 프로그램에 지원해야 합니다. 매우 폭넓은 분야이기 때문에 특정 분야나 시대에 대해 전문화되는 것이 일반적입니다. 예를 들어, 세계사, 국제관계, 사회사, 문화사, 경제사, 정치사 등과 같은 다양한 분야 중에서 관심과 역량에 맞는 분야를 선택하고 해당 분야에 대해 깊이 있는 지식과 이해를 개발해야 합니다.

정부출연연구소나 규모가 크고 연구 활동이 많은 연구소에서는 대부분 석사나 박사학위 소지자를 채용합니다. 학자라는 직업은 끊임없이 연구하고 자기의 전공 분야에 대해 깊이 공부해야 하기 때문에 단기간의 교육과 훈련으로 될 수 있는 직업이 아니기 때문에 항상 꾸준한 자기계발과 관련 지식을 배우려고 하는 자세가 필요합니다.

또한 대학에서 연구 경험을 쌓는 것은 역사학자가 되는 데 매우 중요합니다. 교수와 함께 연구 프로젝트에 참여하거나 독립적인 연구를 수행하는 등의 경험을 얻을 수 있습니다. 이를 통해 연구 방법론과 자료 분석 기술을 습득하고 학문적인 역량을 키울 수 있습니다. 연구 결과를 학술 저널이나 학회 발표뿐만 아니라 책이나 기사 등의 형태로 출판하는 것도 역사학자로서 중요한 부분입니다. 자신의 연구 결과를 널리 알리고 공유함으로써 학계와 일반 대중에게 기여할 수 있습니다.

교육 경험을 쌓는 것도 중요합니다. 대학에서 역사 수업을 가르치거나 튜터링, 세미나 등을 통해 학문적 지식을 전달하고 학생들의 학습을 지원할 수 있습니다.

관련 학과 및 자격증은?

- ➡ 관련 학과 : 국사학과, 사학과, 고고미술사학과, 고고인류학과, 고고학과, 국사학전공, 문화유산융합학부, 역사교육과, 역사·문화콘텐츠학과, 역사·문화학과, 약사문화학부 사학전공, 역사콘텐츠학과, 역사학과, 인문콘텐츠학부 역사콘텐츠전공, 한국사학과, 학국역사학과 등
- ➡ 관련자격증 : 관심 분야에 대한 석·박사 학위, 박물관 및 미술관 준학예사, 문화예술교육사, 문화재수리기술사, 문화예술교육사, 국내여행안내사 등

미래 전망은?

당분간 역사학자의 고용은 현상태를 유지할 전망입니다. 역사학자가 진출할 수 있는 대학이나 연구소의 수는 매우 적고, 단기간에 눈에 띄는 성과물이 잘 나타나지 않는 인문학 분야의 연구 특성상 기업의 수요는 제한적입니다.

그러나 최근 인문학과 기술이 융합되어 새로운 서비스를 창출하는 과정에서 인문학이 새롭게 각광받고 있습니다. 문화와 기술을 아우르는 현대 사회의 복합적 지식 수요에 부응하는 지식정보의 계발을 목적으로 역사학을 비롯한 문학, 철학 등 전통적인 인문과학 분야의 지식과 정보 과학기술 사이의 학제적 소통 및 응용방법에 대한 연구가 나타나고 있습니다. 이러한 현상은 향후 침체된 역사학자 일자리 창출에 긍정적인 영향을 미칠 것으로 보입니다.

관련 직업은?

고고학자, 철학자, 언어학자. 정치학자, 사회학자, 중고등학교 역사 교사 등

> **Jump Up**

한국의 역사에 대해 알아볼까요?

한국의 역사 또는 한국사(韓國史, 영어: History of Korea)는 선사 시대부터 현대까지 동아시아의 한반도, 만주, 연해주 지역을 바탕으로 전개되는 역사예요. 한국사의 시대 구분은 구석기 시대에서부터 신석기 시대, 청동기 시대, 철기 시대로 구분되는 선사시대와 고조선의 성립 이후 원삼국 시대, 삼국 시대, 남북국 시대, 후삼국 시대까지의 고대, 고려 시대인 중세, 조선 시대인 근세, 대한제국 수립 이후 오늘날까지의 근·현대 등으로 구분하고 있어요. 또한 고찰하고자 하는 영역에 따라 한국의 경제사, 한국의 생활사, 한국의 정치사 등과 같이 분야별 역사로 나뉘어 다루어지기도 해요.

역사학에 대해 알아볼까요?

역사학(歷史學, history) 또는 사학(史學)은 말 그대로 역사를 연구하는 학문이에요. 학문에 대한 접근 방법과 학습법에 따라 인문학에 분류되기도, 사회과학에 분류되기도 해요. 역사를 연구한다고 하면 과거 문헌들을 줄줄 읽고 유물만을 연구할 것 같지만 그렇지는 않아요. 과거의 사료를 평가, 검증해서 역사적인 사실, 그리고 그들의 관계를 추구하는 학문이기 때문이에요. 역사학이란 하나의 사건을 정치, 경제, 외교, 지리, 과학기술, 사상, 종교, 문화 등 여러 관점에서 살펴보는 학문이기에, 종합적인 학문이라고 불리고 있어요. 역사학계의 학문적인 성과는 어떻게 내느냐에 따라서 국가부터 개인까지의 역사관, 정치, 외교에도 큰 영향을 미치고 있어요.

사학과
역사학자 전공 분석

어떤 학과인가?

사학과에서는 인류와 민족의 문화유산을 발굴하고 체계화하는 능력을 갖춘 사학자와 관련 분야 전문가 및 실무자, 지식인을 양성하는 것이 교육 목표입니다. 이를 위해 한국사를 중심으로 한 연구와 교육을 위주로 교육 과정을 운영하면서도 세계문화 속에서 한국사의 위상을 정립할 수 있도록 동양사, 서양사, 박물관 관련 교육에도 역점을 둡니다. 그 결과 사학과는 역사 연구를 통해 사회의 다양한 수요에 대응해 왔고, 그 과정에서 역사의 대중화와 콘텐츠개발 등 여러 방면에 기여해 왔습니다.

이 같은 추세는 앞으로도 이어져 문화유산의 재발견과 콘텐츠화, 과거 역사를 둘러싼 갈등 해결, 역사 속 인물과 사건에 대한 심층 이해와 대중화 등 많은 수요가창출될 예정입니다. 이에 따라 사학과는 역사 관련 기본 소양을 갖추며, 역사 콘텐츠를 기획하고 활용할 수 있는 인재 양성을 통해 사회에 기여하고자 합니다.

교육 목표와 교육 내용은?

민족의 문화적 유산을 발굴하고 체계화할 능력을 갖춘 유능한 사학자와 그것을 보급할 훌륭한 역사교사 및 지식인의 양성을 목표로 합니다. 따라서 사학과는 한국사의 연구와 교육을 중심으로 운영하지만 세계 문화 속에서 한국 문화의 위상을 정립할 수 있는 능력을 갖추도록 하는 교육에도 역점을 둡니다.

> » 한국, 동양, 서양 등 시대와 국가를 망라한 인간의 삶에 접근하기 위해 역사적 지식을 지닌 인재를 양성합니다.
> » 정치, 경제, 문화 등에 걸친 분야별 역사 탐구를 통해 종합적 지식을 갖춘 인재를 양성합니다.
> » 역사적 통찰력을 바탕으로 미래 사회의 변화에 능동적으로 대응하는 능력을 지닌 인재를 양성합니다.
> » 역사학자 및 역사 교육 지도자, 아울러 다양한 분야의 전문인이 될 수 있는 기초 지식과 종합적 능력을 지닌 인재를 양성합니다.
> » 역사적 지식을 바탕으로 창의적으로 사고할 수 있는 능력을 지닌 인재를 양성합니다.
> » 한국의 역사적 위상과 역할에 대한 인식을 통해 창조적 문화 창달에 기여할 수 있는 인재를 양성합니다.

학과에 적합한 인재상은?

사학과는 한국사의 연구와 교육을 중심으로 운영되는 학과이면서도 한국 문화의 위상을 정립할 수 있도록 동양사, 서양사, 박물관학의 연구에 역점을 두는 학과입니다.

따라서 국사, 동아시아사, 중국사, 세계사 등과 같은 역사 과목에 흥미가 많은 사람에게 적합합니다. 역사는 인간의 삶과 밀접한 관계가 있기 때문에 인간에 대해 호기심을 가지고 인류와 사회의 발달 과정을 탐구하고 싶은 사람에게 적합합니다.

사료와 사료 사이의 여러 상황을 생각하는 상상력과 논리적 사고력, 통찰력을 갖추면 유리합니다.

관련 학과는?

국사학과, 역사학과, 한국사학과, 한국역사학과, 고고미술사학과, 역사문화학부 고고미술사학전공, 인문콘텐츠학부 역사콘텐츠전공, 미술사학과, 문화유산학과, 한국문화콘텐츠학과 등

주요 교육 목표

역사적 지식을 갖춘
인재 양성

- - - - - - - - - - - - - - -

한국의 역사적 위상과
역할을 인지하는 인재 양성

- - - - - - - - - - - - - - -

역사, 정치, 경제, 문화 등을
통찰하는 인재 양성

- - - - - - - - - - - - - - -

창의적으로 사고하고
끊임없이 연구하는 인재 양성

- - - - - - - - - - - - - - -

미래 사회의 변화에
창조적으로 대응하는 인재 양성

- - - - - - - - - - - - - - -

창조적 문화 창달에
기여하는 인재 양성

 ### 취득 가능 자격증은?

- ☑ 문화재수리기술자
- ☑ 박물관 및 미술관 준학예사
- ☑ 감정평가사
- ☑ 한국사능력검정시험
- ☑ 중등학교 2급 정교사(역사)

진출 직업은?

역사학자, 중등학교 교사, 대학교수, 작가, 학예연구사, 기록관리사, 기자, PD, 방송작가, 출판편집기획자, 역사물작가, 번역가, 영화·게임·애니메이션·이벤트 등의 콘텐츠 기획 및 개발자, 관광가이드, 사회조사전문가, 학예사(큐레이터) 등

추천 도서는?

- 권은중의 청소년 한국사 특강 (철수와영희, 권은중)
- 꿰뚫는 한국사 (날리지, 홍창원)
- 빛으로 본 한국역사 (바다위의 정원, 김영석)
- 대한민국 국민이 꼭 알아야 할 일제강점기 역사 (동양북스, 이영)
- 동남아시아의 역사 (살림, 황은실)
- 청소년 역사필독서 임금도 보고싶은 조선왕조실록 (실록청, 김홍중 외)
- 하룻밤에 읽는 고려사 (페이퍼로드, 최용범)
- 지금 유용한, 쉽게 맥을 잡는 단박에 중국사 (북플랫, 심용환)
- 효기심의 권력으로 읽는 세계사:한중일 편 (다산초당, 효기심)
- 서양사 강좌 (아카넷, 박윤덕 외)
- 고구려, 신화의 시대 (덕주, 전호태)
- 사료로 읽는 서양사 5: 현대편 (책과함께, 노경덕)
- 100년을 이어온 역사가의 길 (선인, 박환)
- 청소년을 위한 보각국사 일연의 삼국유사 (마당, 일연)
- 한국기독교 역사와 문화유산 (야스미디어, 임찬웅)
- 백범일지 (범우, 김구)
- 사기열전 1,2 (민음사, 사마천, 김원중 역)

학과 주요 교과목은?

기초 과목	역사학입문, 역사고전의 이해, 역사지리와 문화유산, 고고미술사학개론, 박물관과 문화기획, 한국사사료강독, 고대그리스로마사, 인물로 본 서양사, 조선시대사회와 제도, 주제로 본 동양사, 중국고대의 문명과 동아시아의 문화, 동양사사료강독, 개항기 한국사회와 문화, 근대유럽의 형성과 발전, 전통시대 동아시아의 국제관계, 중세봉건시대와 기독교사회, 한국중세사의 탐구 등
심화 과목	서양사사료강독, 서양사회경제사, 서양사사료학습론, 현대서양의 팽창과 위기, 공간으로 본 서양문화사, 동서문화교류사, 서양지성사, 근대일본과 동아시아, 일제식민지배와 한국사회, 중국근현대사의 탐구, 한국고대왕권과 불교, 역사자료와 인문콘텐츠, 인물로 본 동양사, 한국현대사의 탐구, 동아세계역사학 특강, 미국의 역사와 문화, 영어로 다시 읽는 한국사, 한국사특강 등

졸업 후 진출 분야는?

기업체	출판사, 신문사, 잡지사, 방송국, 일반 기업의 문헌 자료실, 기업의 사무직 등
공공 기관	문화체육관광부, 국립중앙박물관, 국립현대미술관, 국가유산청, 국립문화재연구소, 한국문화재재단, 중·고등학교, 대학교, 중앙 정부 및 지방 자치 단체의 문서실, 국공립 대학 도서관, 국공립 박물관, 지역 문화원, 인문·사회 과학 관련 국가·민간 연구소, 각종 문화 유산 관련 연구소, 유네스코 등
기타	대학원 진학, 사설 학원 운영 등

전공 관련 선택 과목은?

▶ 국어, 영어 교과는 모든 학문의 기초적인 성격을 가진 도구교과로 모든 학과에 이수가 필요하여 생략함.

수능 필수	화법과 언어, 독서와 작문, 문학, 대수, 미적분 I, 확률과 통계, 영어 I, 영어 II, 한국사, 통합사회, 통합과학, 성공적인 직업생활(직업)		
교과군	선택 과목		
	일반 선택	진로 선택	융합 선택
수학, 사회, 과학	세계사, 사회와 문화, 현대사회와 윤리	한국지리 탐구, 동아시아 역사 기행, 윤리와 사상, 인문학과 윤리	여행지리, 역사로 탐구하는 현대세계, 사회문제 탐구, 윤리문제 탐구
체육·예술			
기술·가정/정보			
제2외국어/한문	제2외국어, 한문	한문 고전 읽기	언어생활과 한자
교양		인간과 철학, 논리와 사고, 삶과 종교	

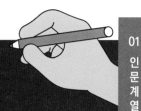

학교생활기록부 관리는?

출결 사항	• 출결은 학생으로서 당연히 해야 하는 의무를 책임감 있게 수행하고 있는가를 알아볼 수 있어요. 미인정 출결 사항이 있으면 성실성 영역에서 부정적인 평가를 받을 수 있어요.
자율·자치활동	• 다양한 교내외 활동에 자기주도적으로 참여하여 창의적이고 개성적인 사고력이 나타나도록 하세요. • 역사에 대한 관심과 흥미를 바탕으로 인성, 나눔과 배려, 협동심, 창의력, 의사결정 능력, 리더십 등이 드러나도록 하세요.
동아리활동	• 교내 역사 연구반, 역사 신문반 등 관련 동아리에 참여하여 자신이 가지고 있는 역사학도로서의 자질이 드러나도록 하세요. • 동아리 활동을 꾸준하게 하면서 의미 있는 성과를 내기 위해 자신이 한 역할과 이 과정에서 성장한 점이 드러나도록 하세요. • 봉사 시간을 꾸준하고 일관성 있게 하되, 상대방을 배려하는 태도가 드러나도록 하고, 봉사의 진정성이 나타나도록 하세요.
진로 활동	• 문화재연구원 및 역사 관련 직업들의 정보 탐색 활동을 권장해요. • 박물관, 문화유산 연구소 등 관련 기관이나 학과 체험 활동을 권장해요. • 우리 역사 바로 알기, 역사의 중요성에 관한 UCC 만들기 등에 참여하여 자신의 진로 역량이 나타날 수 있도록 하세요.
교과학습발달 상황	• 역사학과 관련성이 높은 국어, 사회, 세계사, 지리 등의 교과에서 우수한 학업 성취를 올릴 수 있도록 관리하고, 수업에서 학업 역량, 전공 적합성, 인성, 자기 주도성, 문제 해결 능력 등이 발휘될 수 있도록 하세요. • 역사와 관련된 방과 후 학습, 개방형 교육 과정 등을 이수하고 발표, 토론, 주제 탐구, 과제 연구 등에 주도적으로 참여하세요.
독서 활동	• 지적 호기심과 탐구 능력을 중시하기 때문에 다양한 분야의 독서 활동으로 자신의 사고력을 키울 수 있도록 노력하세요. • 과장된 독서 목록이나 고등학교 수준을 벗어난 독서는 평가에 불리하게 작용할 수 있어요.
행동 발달 특성 및 종합 의견	• 평소 학교 생활에서 리더십과 협업 능력, 리더십, 문제 해결 능력, 전공 적합성 등이 드러날 수 있도록 노력하세요. • 학교생활에서 자기 주도성, 경험의 다양성, 성실성, 나눔과 배려, 학업 태도와 학업 의지에 대한 장점이 기록되도록 관리해야 해요.

웹 소설 작가의 수익에 대해 알아볼까요?

➡ 웹소설 작가의 수익을 이해하기 위해서는 매니지먼트와 플랫폼 개념을 알아야 해요. 매니지먼트는 물건인 웹소설을 납품하는 곳이고, 플랫폼은 납품받은 웹소설을 독자에게 판매하는 곳에요. 웹소설 작가의 수입은 이곳들과 나누어야 해요. 작가가 작품을 연재하기 시작하면 매니지먼트와 계약을 해요. 작가의 경력이나 성적에 따라 차이는 있지만, 수익률을 7(작가):3이나 8(작가):2로 계약하는 것이 일반적이에요. 이후 플랫폼에 연재를 시작해야 하는데, 이때에도 사용료를 내야 해요. 결론적으로 작가는 자신의 총수익금에서 40~60% 정도를 가지고 가요. 웹소설 작가의 연봉은 개인적으로 차이가 크지만, 가장 수익률이 높은 작가님들은 일 년에 수십억을 벌기도 해요. 그러나 첫 작품 연재 후 작품 활동을 그만 두는 작가들도 많아요.

웹소설작가란?

웹소설이란 Web Novel을 뜻하며, 각종 플랫폼에서 연재되는 소설을 말합니다. 불과 몇 년 전까지만 해도 종이책으로 출판되었던 다양한 소설, 그 중에서도 특히 판타지 소설이나 무협지 등이 인터넷상에 연재되기 시작하면서 웹소설이라는 단어가 생겨났습니다. 2013년 정도부터 '웹소설'이라는 단어가 공식적으로 처음 등장했고, 그 이전에는 보통 웹상에서 출판되는 소설을 인터넷 소설이라고 했습니다. 이후 2019년도쯤부터는 웹소설의 웹툰화가 업계 전반에서 적극적으로 추진되었으며, 웹툰에서 생긴 독자들이 해당 웹소설로 유입되는 경우가 많아졌습니다.

웹소설 작가는 웹상에서 소설을 쓰는 작가로, 웹툰 작가와 함께 새로 생겨난 직업입니다. 사실 웹소설 플랫폼에서 연재를 하는 모든 작가를 웹소설 작가라고 할 수 있지만, 공식적으로 웹소설 작가로 인정받기 위해서는 공모전에 당선되거나, 연재처 또는 출판사에서 공식적인 데뷔를 해야 합니다. 로맨스 소설과 로맨스 판타지를 주로 쓰는 여성향 웹소설 작가, 레이드물과 한국식 이세계물과 현대 판타지 등을 주로 쓰는 중년층을 겨냥한 남성향 웹소설 작가, 일본식 이세계물을 주력으로 1020을 겨냥한 남성향 웹소설 작가로 나눌 수 있습니다.

간혹 웹소설이 단행본으로 나오기도 하는데 이 경우는 크게 세 가지로 나눌 수 있다. 웹소설 브랜드인 파피루스나, 시드북스 레이블, 그리고 영상출판미디어 등에서 일반 단행본으로 출판되거나, 기존 장르 설 출판사에서 얼마 안 되는 도서대여점이나 만화 카페, 북카페 공급용 종이책을 출판하기도 합니다. 또한 로맨스 판타지의 경우처럼 독자들을 위한 소장판 용도로 종이책을 내는 경우입니다. 그러나 웹소설의 주요 비즈니스 모델은 유료 연재를 포함한 온라인 판매이기에 웹소설 시장에서 종이책 단행본이 차지하는 비중은 극히 미미한 편

웹소설작가
미디어문예창작학과

입니다. 독자나 작가들 역시 대부분은 종이책에 별로 관심을 가지지 않습니다.

　웹소설 작가라는 직업은 다른 직업들과 마찬가지로 장단점이 있습니다. 먼저, 개인차이가 있기는 하지만 비교적 시간 여유가 많은 직업입니다. 대부분 웹소설 작가로 활동하기 위해서는 매일 5,500자 기준 1편 이상을 창작해야 하므로, 하루에 2편의 글을 쓴다면 나머지 시간은 쉴 수 있습니다. 웹소설 작가는 자신의 작품을 각종 인터넷 포털 사이트에서 바로 검색할 수 있다는 것에 상당한 자부심을 느낀다고 합니다. 또한 자신이 좋아하는 일을 하며 돈을 벌 수 있습니다. 보통 웹소설 작가들은 웹소설을 좋아하여 웹소설의 독자들이 작가가 되는 경우가 많다고 합니다.

　이러한 장점이 있는 반면에 직업상의 단점도 많습니다. 웹소설 작가들은 시간적 여유가 전혀 없을 수도 있습니다. 스토리가 잘 떠오르지 않을 때에는 하루 종일 작업해도 글 한 편을 완성하기 어렵습니다. 또한 웹소설은 매일같이 엄청난 작품이 쏟아지지만 우리가 알고 있는 작가는 얼마되지 않을 정도로 양극화가 심한 장르입니다. 따라서 개인별로 수익의 차이가 아주 많습니다. 글을 쓰거나 무엇인가 창작해야 하는 일은 늘 스트레스를 안고 살아가는 직업입니다. 이 스트레스는 작품 자체에서 오는 것뿐 아니라 독자들의 비판 댓글이나 잘 완성한 작품에 대해 수정을 권하는 매니저의 권유 역시 스트레스의 원인이라고 합니다.

웹소설작가가 하는 일은?

웹에서 연재하는 소설을 쓰고 구성하는 사람으로, 전체 이야기 전개를 짜고 인물과 스토리에 맞게 글을 씁니다. 온라인 연재의 역사는 생각보다 오래돼서 PC통신 시절부터 통신 연재가 시작됐고, 퇴마록이나 드래곤 라자 등 통신 연재로 출판한 작품들도 상당수 있습니다. 웹소설 작가는 키보드와 컴퓨터만 있으면 작업이 가능해 컴퓨터가 보급된 곳이 많은 우리나라에서는 진입 장벽이 낮은 직업이기도 합니다.

» 인터넷상의 공간에 소설을 올리기 위하여 줄거리를 구상합니다.

» 스토리와 관련된 역사적 배경이나 사건 현장을 조사·분석합니다.

» 현실적인 묘사를 위하여 현장을 답사하고 관련 인물을 연구합니다.

» 결정된 줄거리를 토대로 웹상의 플랫폼에 글을 올립니다.

» 독자의 반응을 살펴서 내용상의 오류, 잘못된 표현 등을 수정합니다.

» 수정된 내용을 다음 연재에 반영하여 글을 올립니다.

Jump Up

웹소설을 잘 쓰기 위해서는 어떻게 해야 할까요?

웹 소설을 잘 쓰기 위해서는 몇가지 공식이 있어요. 첫째, 무조건 많이 읽어야 해요. 그래야만 웹 소설의 구성이나 특징, 흐름 등을 잘 알 수 있고, 잘 쓸 수 있습니다. 둘째, 꾸준히 쓰는 것이에요. 비록 읽어주는 독자가 없더라도 꾸준히 작품을 써서 첫 작품을 완성하는 경험을 하는 것이 중요해요. 셋째, 자신이 좋아하는 장르를 선택해야 해요. 단순히 인기가 많다고 해서 관심 없는 장르에 도전했다가는 금방 지쳐요. 마지막으로, 철저한 시장조사와 자료조사 후 자신만의 창의적인 스토리를 만들도록 노력해야 해요. 나의 작품이 다른 작품과 비슷하거나 별다른 특색이 없다면 아무도 관심을 두지 않을 테니까요.

웹소설작가

커리어맵

준비방법

- 드라마, 영화, 다큐 등 콘텐츠 감상 활동
- 문예, 글쓰기 관련 동아리 활동
- 표현력과 문장력 키우기   • 스토리텔링 연습하기
- 관련 학과 탐방   • 관련 직업 체험
- 다양한 독서 활동

관련기관

- 창작문학예술인협의회 poemmusic.net
- 한국웹소설작가협회 www.kovel.or.kr

적성과 흥미

- 호기심과 상상력
- 창의력
- 집중력
- 문장력과 표현력
- 통찰력
- 진취적인 도전정신
- 책임감
- 끈기와 인내심
- 분석력과 사고력

관련직업

- 웹툰작가
- 방송작가
- 드라마작가
- 소설가
- 시나리오작가

웹소설작가

흥미유형

- 탐구형
- 예술형

관련교과

- 국어
- 영어
- 사회
- 정보
- 제2외국어

관련학과

- 미디어문예창작학과
- 국어국문문예창작학부
- 국어국문학과
- 디지털콘텐츠학과
- 문예창작학과
- 문예콘텐츠창작학과
- 웹문예학과
- 예술창작학부 문예창작 전공

관련자격

- 한국어 능력시험
- 한국 실용글쓰기 검정
- 한국어 지도사
- 멀티미디어 콘텐츠제작 전문사
- 유튜브 크리에이터 전문가
- e출판 자격증

적성과 흥미는?

웹소설작가는 이미 만들어진 세계가 아니라 자기 자신만의 세계를 만들고, 그 안에서 살아 움직이는 캐릭터를 창작해야 하는 직업입니다. 따라서 무엇보다도 상상력이 있어야 합니다. 상상하고 공상하며 무엇인가를 끄적이는 걸 즐기는 사람들에게 적합합니다. 그러나 그것만으로는 부족합니다. 상상하는 재능을 계속적으로 키우기 위해서는 다양한 장르의 창작물에 관심을 지니고, 다른 사람들과 의사소통할 줄도 알아야 합니다.

웹소설 작가는 무엇인가에 몰두할 수 있는 집중력이 필요합니다. 만화나 게임, 영화와 소설 등 누군가의 창작물에 푹 빠져서 이를 즐길 줄 아는 사람만이 자신의 창작물을 만들 수 있습니다. 자신이 좋아하는 장르나 취향이 아니더라도 다양한 작품을 접하고 장단점을 파악할 수 있는 분석력도 필요합니다. 많은 사람들이 좋아하는 작품이라면 그 원인을 분석하여, 좋은 점을 배우고 다양한 사고방식을 받아들일 수 있는 창작자로서의 수용 능력이 있어야 합니다.

또한 모험을 즐기고 도전 정신을 지닌 사람에게 적합합니다. 웹소설 작가라는 직업은 안정적인 수입이나 생활, 그리고 보장된 정년 등과는 거리가 먼 직업입니다. 정시 출퇴근이나 조직화된 단체에서 규율을 지키며 생활하는 것이 힘들다면 자유로운 시간 관리로 혼자서 일

관련 직업은?

웹툰작가, 방송작가, 드라마작가, 소설가, 다큐작가, 시나리오작가 등

웹소설작가 커리어맵

진출 방법은?

웹소설작가가 되기 위해서는 꼭 필요한 학문은 없지만, 일반적으로 국어국문학, 문예창작학, 연극영화학, 방송연출학 등을 전공하면 도움이 됩니다. 관련 학과에 진학하면 다양한 작품과 작가, 스토리 전개 등을 분석하게 되고, 습작 훈련을 통해 문장력과 표현력 등도 기를 수 있기 때문입니다. 최근 들어서 웹소설 아카데미나 학원 등 교육기관이 많이 생겨나고 있습니다. 교육기관을 선택할 때 가장 중요하게 살펴봐야 할 것은 강사진의 이력입니다. 유료 연재 경험이 있는가, 히트작이 있는가 등을 중심으로 살펴보면 도움이 됩니다.

웹 작가로 직접적으로 진출하는 방법은 크게 세 가지가 있습니다. 첫째는 공모전입니다. 공모전은 일반적으로 플랫폼별로 1년에 1번 정도 개최되며, 공모전에서 수상하면 상금과 함께 작가로 데뷔할 수 있습니다. 둘째는 출판사에 직접 투고하는 것입니다. 본인이 웹 소설을 작성했다면 직접 출판사에 투고해서 계약을 하면 됩니다. 그러나 계약이 성립할 수 있는 확률은 높지 않습니다. 마지막으로 플랫폼에서 무료 연재를 시작하는 것입니다. 이는 초보자들이 가장 접근하기 쉬운 방법으로 플랫폼에서 무료연재를 하다보면 독자가 늘고, 이 과정에서 인기를 얻어 프로작가로 데뷔할 수 있습니다. 웹소설작가는 개인의 상상력과 창의력이 바탕이 되는 직업이기 때문에 작가로서의 자신의 역량을 키워나가는 것이 중요합니다. 이를 위해 평소 독서 활동이나 영화감상, 글쓰기와 여행 등 풍부한 경험을 한다면 도움이 됩니다.

의 성과를 낼 수 있는 웹소설 작가에 도전해볼 만합니다. 그러나 자신이 맡은 일에 대한 책임감과 진취적인 도전 의식, 그리고 인내심이 없다면 성공할 수 없습니다. 웹소설 작가는 탐구형, 예술형의 흥미를 가진 사람에게 적합합니다.

웹소설 작가 직업을 꿈꾼다면 학창 시절부터 다양한 분야의 독서를 하고, 만화나 게임에도 몰두하면서 다양한 세계관을 살펴보는 것이 좋습니다. 좋은 작가가 되기 위해서는 많은 경험을 하는 것이 좋습니다. 시간이 나면 여행을 하고, 그 경험을 글로 남긴다든지, 영화나 영상을 보고 각 캐릭터들의 특성을 분석하는 등 다양한 장르의 작품에 관

심을 가지고 상상력을 향상시키기 위해 노력한다면 도움이 됩니다. 웹소설 작가는 혼자서 일하는 고독한 직업입니다. 외로움 속에서 매일 5,500자 기준 1편 이상을 창작해야 하므로 성실하게 일하는 꾸준함과 포기하지 않는 정신이 기본적으로 필요한 직업이라고 할 수 있습니다.

관련 학과 및 자격증은?

➡ 관련 학과 : 미디어문예창작학과, 국어국문예창작학부, 국어국문학과, 디지털콘텐츠학과, 문예창작학과, 문예콘텐츠창작학과, 예술창작학부 문예창작 전공, 웹문예학과 등

➡ 관련 자격증 : 한국어 능력시험, 한국어 말하기 능력시험, 한국 실용글쓰기 검정, 한국어 지도사, 광고기획 전문가, 멀티미디어 콘텐츠제작 전문사, 광고기획 전문가, 유튜브 크리에이터 전문가, 독서지도사, e출판 자격증 등

미래 전망은?

2000년대 IT 산업의 발달로 인해 초고속 인터넷망의 보편화와 다양한 스마트 기기의 보급으로 인터넷 문화가 빠르게 확산되었습니다. 이로 인해 웹 소설을 즐기는 독자층이 판타지, 로맨스, 무협 등 선호 장르에 따라 특정 사이트에 모이고, 수요와 공급의 장이 형성되었습니다. 한국콘텐츠진흥원에 따르면 2018년 웹 소설 시장 규모는 4,000억 원으로, 2013년 100억원 규모에 비하여 무려 40배의 성장을 이루었습니다. 또한 2021년 9월에는 네이버가 CJ ENM과 손잡고 웹 소설 플랫폼인 '문피아'의 지분을 인수하여 대주주로 등극하는 등 대기업의 자본이 웹소설 산업에 빠르게 유입되고 있습니다.

최근에 와서는 웹소설 시장의 크기는 더욱 커졌습니다. 네이버와 카카오를 중심으로 웹 소설을 원작으로 한 웹툰과 드라마, 그리고 영화와 게임 등이 세계적으로 큰 인기를 얻으며 판매량이 급증하고 이와 비례하여 시장도 커졌습니다. 또한 미래에는 웹소설이라는 장르 자체가 또 다른 새로운 업종으로 바뀌어서 계승될 수도 있습니다. 인간이 이야기라는 콘텐츠를 즐긴 현상은 인류의 탄생과 함께하였기 때문에 콘텐츠 산업의 수요는 앞으로도 이어질 것으로 전망됩니다.

따라서 웹소설 작가의 전망은 지금으로서는 무척 밝다고 할 수 있습니다. 웹소설 작가를 희망하는 사람들은 더욱 많아질 것이고, 이와 비례하여 경쟁도 더욱 치열해질 것으로 예상됩니다.

Jump Up

웹 소설의 주요 특징에 대해 알아볼까요?

주요 독자는 직장 및 육아에 지친 30~40대가 많아요. 스트레스를 푸는 방법으로 돈을 지불하고 웹 소설을 볼 마음이 있는 세대이기 때문이에요. 재미 위주의 가벼운 주제가 많아요. 심각하거나 추상적인 주제는 독자들이 싫어하기 때문에 거의 없어요. 또한 웹 소설은 이야기 전개가 빨라요. 상황 설명이나 묘사보다는 주인공들의 대화 및 장면 서술 위주로 이야기를 전개해요. 서술이 길어지면 독자들이 읽지 않기 때문이에요. 길이는 한 회당 5천자 내외의 연재형으로 이루어지며, 독자의 반응을 즉각적으로 확인할 수 있다는 특징이 있어요.

초보 웹소설 작가를 위한 연재 플랫폼에 대해 알아볼까요?

1. 네이버 웹소설 : 네이버 아이디가 있다면 누구나 작품을 올릴 수 있어요, 네이버 웹소설 홈페이지 접속 후, '작품 올리기'란을 이용하여 '챌린지 리그'에 올릴 수 있어요, 종종 자체 공모전을 진행하기도 해요.
2. 카카오페이지 스테이지 : 카카오 계정으로 로그인하면 '창작공간'란에 작품을 등록할 수 있어요. 자체 공모전은 물론 신인 작가와 출판사를 연결해 주는 〈레디투고〉기능도 지원해요.
3. 노벨피아 : 주로 남성향 작품이 주된 플랫폼이에요. 노벨피아 홈페이지에 로그인하면 작품을 등록할 수 있어요. 15회차 이상 연재, 매 회차 3000자 이상 등의 등록 요건을 충족하면 유료로 전환할 수도 있어요.

01 인문계열

미디어문예창작학과
웹소설작가 전공 분석

어떤 학과인가?

미디어문예창작학과는 문학에 대한 이론적이고 체계적인 지식 습득을 바탕으로, 미디어 문예 창작의 기본적인 이론과 실용적인 교육을 하는 학문입니다. 기초 글쓰기 교육과 실용 글쓰기 교육, 그리고 미디어 융합 글쓰기 교육을 병행합니다. 문학의 각 장르별 전문 작가 양성이라는 고유의 영역을 중시하면서도, 각종 인쇄매체, 영상매체, 멀티미디어 콘텐츠 직무를 수행할 수 있는 실용적 글쓰기 능력을 습득하여 출판, 저널, 광고, 미디어 등 현대 사회의 전반적인 미디어 분야에 적합한 전문적인 글쓰기 인재를 양성하는 학과입니다.

또한 문학 예술의 주요 장르인 시, 소설, 수필, 희곡, 시나리오, 방송 드라마 창작과 비평에 대한 체계적인 이론을 습득하고 실제적인 창작 활동을 통해 이론과 실기 역량을 중점적으로 교육하고 학습합니다.

학과의 교육 과정은 작가, 연구자, 기자, 편집자와 같이 문예 창작 활동에 현실적으로 요구되는 능력을 중심으로 편성됩니다. '창의적인 작가적 역량을 갖춘 영상 미디어 문예 창작 전문가 양성'을 목적으로 하며, 자기 혁신과 도전적인 글쓰기 교육을 통해 창의성 있는 작가적 역량을 함양하는 학과입니다. 이를 바탕으로 뉴미디어 콘텐츠 개발과 생산 능력을 갖춘 전문 콘텐츠 개발 능력을 지닌 창작인으로 성장할 수 있도록 합니다.

교육 목표와 교육 내용은?

미디어문예창작학과는 문학의 일반이론에 관한 체계적인 지식을 습득하고, 이를 작품창작에 적용함으로써 한국문학의 새 지평을 열어갈 창작전문가를 양성하는 것을 목표로 합니다.

» 시, 소설, 희곡 등 순수 문학 전반에 걸친 체계적인 지식을 함양합니다.
» 각 장르별로 창작 방법론을 익힌 전문 작가를 양성합니다.
» 글쓰기와 편집 능력을 길러 출판 편집 전문가를 양성합니다.
» 미디어매체를 활용한 창작과 신문·출판·편집에 관련된 역량을 강화합니다.
» 현대 사회 미디어의 특성을 파악하는 전문가를 양성합니다.
» 매체 창작 능력을 고취하여 작가 및 스토리텔링 전문가를 양성합니다.
» 방송 대본, 출판 편집, 카피, 시나리오 등에 필요한 전문가를 양성합니다.
» 각종 인쇄매체와 영상매체, 멀티미디어 콘텐츠 등 다양하게 진화하는 디지털 시대를 선도하는 인재를 양성합니다.
» 다양한 문화 활동 영역에서 창작과 편집 능력의 배양합니다.
» 문화의 국제교류와 한국 문화의 발전에 기여할 인재를 양성합니다.

학과에 적합한 인재상은?

미디어문예창작학과는 평소 독서와 글쓰기를 좋아하고, 드라마, 영화, 다큐 등 스토리텔링과 관련된 다양한 문화에 흥미를 지닌 사람에게 적합합니다.

인문학적 지식을 바탕으로 문장력과 표현력과 같은 언어능력이 필요하며, 상상력이 풍부하여 새로운 이야기를 만들어 내는 것을 좋아한다면 도전해 볼만합니다. 또한 다양한 인터넷 매체를 활용하여 자신의 창작물을 올리거나 다른 사람들이 올린 영상물 등을 감상하고 비평하는 것을 활동을 즐기는 사람에게도 어울립니다.

세계의 역사와 인류의 문화에 대한 관심, 다양한 매체에 대한 호기심과 풍부한 상상력은 스토리텔링을 하는데 큰 도움이 됩니다. 자신의 관심 분야를 정하고, 꾸준한 자세로 이론과 기술적인 기능을 습득하려는 적극적인 자세를 지닌다면 자신의 잠재력을 충분히 발휘할 수 있습니다.

관련 학과는?

공연영상창작학부(문예창작전공), 국어국문문예창작학부, 국어국문학과, 디지털콘텐츠학과, 문예창작과, 문예창작전공, 문예창작학과, 문예콘텐츠창작학과, 예술창작학부 문예창작 전공, 웹문예학과 등

진출 직업은?

웹툰 작가, 웹툰 PD, 게임 시나리오 작가, 게임 기획자, 애니메이션 스토리 작가, 광고 및 홍보전문가, 광고기획자, 광고디자이너, 신문 및 방송 기자. 방송작가, 소설가, 시나리오 작가, 시인, 출판디자이너, 출판물기획자, 출판물기획전문가, 출판물편집자, 독서·논술 지도사, 카피라이터, 미디어 홍보기획자, 신문 잡지 출판사 자유기고가

주요 교육 목표

순수문학에 대한
체계적인 지식 함양

글쓰기와 편집 능력을 지닌
출판편집전문가 양성

다양하게 진화하는
디지털 시대를 선도하는 인재 양성

장르별 창작법을 익힌
전문 작가 양성

방송 작가 및 스토리텔링
전문가 양성

다양한 문화 활동 영역에서
창작과 편집 능력을 지닌
인재 양성

 ### 취득 가능 자격증은?

☑ 신춘문예 및 각종 문예지 당선
☑ 한국어 능력시험
☑ 한국어 말하기 능력시험
☑ 한국 실용글쓰기 검정
☑ 한국어 지도사
☑ 광고기획 전문가
☑ 멀티미디어 콘텐츠제작 전문사
☑ 광고기획 전문가
☑ 유튜브 크리에이터 전문가
☑ 독서지도사
☑ e출판 자격증 등

추천 도서는?

- 문예 비창작-디지털 환경에서 언어 다루기
  (워크룸 프레스, 케네스 골드스미스, 길예경 역)
- 문예창작의 정석(한국문예창작진흥원, 한만수)
- 문예창작의 이론과 실제
  (방구석의 기적, 미래국어연구소)
- 인공지능, 디지털 플랫폼 시대 미디어 리터러시
  이해(한울아카데미, 권장원 외)
- 미디어와 시대 정신의 탄생
  (컬처 룩, 대니얼 J.치트럼, 임영호 역)
- 디지털미디어인사이트 2024(이은북, 김경달 외)
- 연결하는 소설 : 미디어로 만나는 우리
  (창비교육, 김애란 외)
- 10대와 통하는 미디어(철수와영희, 손석춘)
- 처음 읽는 미디어리터러시(태학사, 홍재원)
- 디지털 미디어 리터러시 수업
  (학이시습, 르네홉스, 윤지원 역)
- 독자와 출판사를 유혹하는 웹소설 시놉시스와
  1화 작성법(머니프리랜서, 13월의 계절)
- 억대 연봉 버는 웹소설 창작 수업(시대인, 브라키오)
- 웹소설 보는 법(유유, 이용희)
- 챗GPT와 웹소설쓰기(멀리깊이, 이청분)
- 한국 근대 초기의 미디어, 텍스트, 언어와 문화
  변동(소명출판, 공성수 외)
- 로버트 맥키의 액션(민음인, 로버트 맥키 외, 방진이 역)
- 초단편 소설쓰기(요다, 김동식)
- 매일 웹소설쓰기(더디퍼런스, 김남영)
- 언어의 지혜(갈라북스, 배기홍)
- 이렇게 작가가 되었습니다(마름보, 정아은)

학과 주요 교과목은?

기초 과목	글쓰기기초, 현대명작이해, 글쓰기와미디어, 영상문학이해, 시작법, 희곡과스토리텔링, 현대서사의이해, 영상문학론, 시창작입문, 글쓰기와스토리텔링, 희곡과스토리텔링, 미디어의이해, 현대시론, 스토리텔링탐색, 시와스토리텔링, 시창작론, 시나리오와스토리텔링, 뉴미디어론 등
심화 과목	소설창작기초, 서사장르탐색, 시창작세미나, 미디어글쓰기, 출판저널입문, 시나리오와영상콘텐츠, 대중문화비평론, 서사장르탐색, 미디어콘텐츠, 시문학콘텐츠, 소설창작론, 출판제작실습, 현대의공연예술, 창작콘텐츠실습, 서사문학탐구, 뮤지컬창작, 소설과장르문학, 현대시이론, 희곡과공연콘텐츠, 광고이미지론, 영상문법과서사문법, 스토리텔링과콘텐츠, 비드라마구성론, 방송컨텐츠

졸업 후 진출 분야는?

기업체	출판사, 광고 기획사, 광고 대행사, 신문사, 방송국, 잡지사, 게임 회사, 엔터테인먼트사, 일반 기업의 기획 홍보 담당직 등
공공 기관	한국문화예술위원회, 한국콘텐츠진흥연구원, 문화콘텐츠 관련 민간 연구소, 대학교, 중고등학교 등
기타	사설 학원 운영, 대학원진학 등

🔍 전공 관련 선택 과목은?

▶ 국어, 영어 교과는 모든 학문의 기초적인 성격을 가진 도구교과로 모든 학과에 이수가 필요하여 생략함.

수능 필수	화법과 언어, 독서와 작문, 문학, 대수, 미적분 I, 확률과 통계, 영어 I, 영어 II, 한국사, 통합사회, 통합과학, 성공적인 직업생활(직업)		
교과군	선택 과목		
	일반 선택	진로 선택	융합 선택
수학, 사회, 과학	세계시민과 지리, 세계사, 사회와 문화, 현대사회와 윤리	한국지리 탐구, 동아시아 역사 기행, 윤리와 사상, 인문학과 윤리	여행지리, 사회문제 탐구, 윤리문제 탐구
체육·예술	음악, 미술, 연극	음악 감상과 비평, 미술 감상과 비평	음악과 미디어, 미술과 매체
기술·가정/정보			
제2외국어/한문	한문	한문 고전 읽기	언어생활과 한자
교양		인간과 철학, 논리와 사고, 인간과 심리, 교육의 이해	논술

학교생활기록부 관리는?

출결 사항	• 미인정 출결 내용이 없도록 관리하세요. 미인정 출결 내용이 있으면 인성, 성실성 영역 등에서 부정적 평가를 받을 가능성이 높아요.
자율·자치활동	• 다양한 교내외 활동에서 자기주도적 참여를 통해서 미디어과 문예창작 분야에 대한 관심과 흥미, 창의적 문제 해결 능력, 의사소통 능력, 협업 능력, 발전 가능성 등이 드러나도록 하세요.
동아리활동	• 문예부, 방송반, 독서토론반, 미디어탐구반, 영상 제작반 관련 동아리 활동 참여를 통해서 미디어문예창작 전공에 대한 준비를 하세요. • 가입동기, 본인의 역할, 배우고 느낀 점, 미디어문예창작학과 진학을 위해 기울인 활동과 노력이 나타날 수 있도록 참여하세요. • 일회적인 나눔보다는 상대방의 처지를 헤아리고 존중하는 태도가 꾸준하게 나타날 수 있는 봉사 활동에 참여하세요.
진로 활동	• 마디어문예창작학과와 관련된 직업 정보 탐색 활동을 권장해요. • 미디어 관련 기관 및 관련 학과 체험 활동이 무척 중요해요. • 미디어문예 창작에 대한 적극적 진로 탐색 활동을 통해서 자신의 진로 역량, 전공 적합성, 발전 가능성 등이 나타날 수 있도록 하세요.
교과학습발달 상황	• 국어, 영어, 사회, 정보 등과 관련된 교과 성적은 상위권으로 유지시키고, 관련 교과 수업에서 학업 역량, 전공 적합성, 자기주도성, 문제 해결 능력, 창의력, 발전 가능성 등의 역량이 발휘될 수 있도록 수업에 적극 참여하세요. • 국어 교과와 문학, 역사, 언어 관련 분야의 교과 연계 독서 활동 내용이 기록되도록 하세요.
독서 활동	• 철학, 문학, 사회학, 언어학, 과학 등 다양한 분야의 책을 읽으세요. • 시, 소설, 수필, 시나리오, 방송 대본 등과 관련된 다양한 독서 활동을 통해서 전공에 기본적인 지식을 쌓는 것이 중요해요.
행동 발달 특성 및 종합 의견	• 창의력, 문제 해결 능력, 의사소통 능력, 협업 능력, 리더십, 발전 가능성, 전공 적합성 등이 드러날 수 있도록 하세요. • 자기주도성, 경험의 다양성, 성실성, 나눔과 배려, 학업 태도와 학업 의지에 대한 자신의 장점이 생활기록부에 기록되도록 관리하세요.

임상심리학연구원, 상담심리학연구원에 대해 알아볼까요?

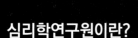 임상심리학은 병원의 '정신과'와 관련된 심리학을 말합니다. 임상심리학연구원은 실제 임상 및 상담 현장에서 대상자의 심리를 평가하는 일을 합니다. 병원에서 일할 경우 정신과 의사에게서 다양한 사례를 의뢰받거나 그 밖에 법원이나 상담센터 및 연구소에서 의뢰를 요청하는 경우도 있습니다. 그러한 사례에 대한 정확한 진단과 평가를 하고, 적절한 진료계획을 세우고 치료를 시행하게 됩니다. 또한 임상심리학연구원은 인간의 지능이나 적성 및 인간의 성격을 측정하기 위한 검사를 개발하고 시행하는 작업도 수행할 수 있습니다.

🔸 상담심리학은 개인 신상의 문제나 심리적 문제를 해결할 수 있도록 조력하고 내담자의 자기인식을 높여 궁극적으로 삶의 질을 높일 수 있도록 도와주는 학문입니다. 상담심리학연구원은 심리학에 기반하여 경험적, 과학적으로 증명된 방법으로 개인의 정신 건강을 증진시키며, 개인 상담 외에도 집단 상담, 가족 상담, 학교 상담, 청소년 상담, 기업 상담, 군 상담 등을 진행할 수 있습니다. 또한 상담이론과 지식이 필요한 분야에서 연구를 진행하거나 학교 및 기업 등에서 심리학적 이론을 활용하여 상담 전문가로써 활동합니다.

심리학연구원이란?

심리학은 인간의 행동과 심리과정을 과학적으로 연구하는 경험과목으로서, 인문과학에서부터 자연과학, 공학, 예술에 이르기까지 많은 분야에 큰 공헌을 하고 있는 학문입니다. 인간의 행동과 사고에 관한 연구를 하는 분야이므로 인간이 관계된 모든 분야에 직·간접적으로 심리학의 학문적 뒷받침이 필요합니다. 특히 고도의 정보화 사회가 되어가면서 인간의 삶의 질과 관계된 문제들이 점점 더 그 중요성을 더하고 있고, 이러한 문제에는 감각, 지각, 사고, 성격, 지능, 적성 등의 인간 특징들이 고려되어야 하기 때문에 인간의 원리를 밝히는 일은 앞으로도 가장 중요한 분야가 될 것으로 기대됩니다.

심리학연구원은 이러한 인간의 행동과 심리과정을 실험과 관찰을 통해 과학적이고 체계적인 방법으로 연구하는 직업입니다. 개인의 심리적 과정분만 아니라 신체기능을 제어하는 생리적 과정, 개인 간 관계와 사회적 과정까지도 연구합니다. 또한 심리학 이론에 근거하여 상담을 수행하거나 심리검사를 개발하고 실시하기도 합니다.

심리학연구원은 전문성이 요구되는 분야로서 자기계발 가능성이 높은 직업이라고 할 수 있습니다.

심리학연구원

심리학과

심리학연구원이 하는 일은?

심리학연구원은 심리학과 과학적 연구를 기반으로 대상자를 파악하기 위한 각종 상담 및 심리검사를 개발하고 실시합니다. 대상자의 행동에 관한 실험과 관찰을 계획·시행하여 정신 및 육체적 특징을 측정하는 계획을 세우고, 정신장애나 행동장애를 진단하고 치료합니다.

기업의 경우 조직의 능률향상을 위한 연구를 하거나 형질유전의 결과, 환경 및 개인의 사상과 행동에 관한 기타 요소를 분석하기도 합니다.

대상자의 정서·성격장애와 사회 및 직장환경에서의 부적응 등을 진단하고 치료를 시행하고, 예방을 위한 교육을 실시합니다. 지능, 적성, 인성 및 기타 인간의 성격을 측정할 수 있는 검사를 개발하고 시행하여 검사에서 얻은 검사자료를 해석하고 상담합니다.

심리학 전문가로서 심리학적 문제, 아동의 사회발전, 직업상담, 교육 등의 분야에서 심리학적 이론의 응용을 전문적으로 강의하기도 하고, 그 외에 연구원이 수행하는 일반적인 업무를 수행합니다. 또한 심리학연구원은 다른 사회과학연구원과 마찬가지로 단독으로 혹은 여러 명이 팀을 이루어 연구 활동도 합니다. 보통 석사급 연구원과 박사급 연구책임자가 함께 연구를 수행하는 경우가 많은데, 연구책임자가 연구방향 설정 및 진행과정 점검 등 팀 업무를 총괄하며, 대학이나 관련 기관에서 강의활동을 하기도 합니다.

Jump Up

발달심리학연구원 대해 알아볼까요?

발달심리학은 인간의 발달 과정을 심도 있게 연구하는 학문입니다. 사람의 출생부터 사망까지 일생 동안 연령 및 환경에 따른 정신과정과 행동상의 변화를 다루는 심리학의 한 분야입니다. 원래 발달심리학은 주로 아동기와 청년기가 연구 대상이었는데, 근래에는 성인기와 노년기를 포함하여 전 생애를 연구대상으로 하고 있어 생애발달심리학으로써의 의미가 더 크다고 볼 수 있습니다.

발달심리학연구원은 이러한 개인의 지적·정서적·사회적 과정의 전개에 관심을 두고, 인간의 전 생애 발달에 관한 기초 연구를 수행하거나 교재 및 교구개발 분야 등에서 아동의 발달과 적응을 돕는 연구와 교육활동을 하는 직업이라고 할 수 있습니다. 최근에는 평생교육의 중요성이 크게 인식되면서 인간의 전 발달을 위한 여러 가지 연구가 활발해짐에 따라 더욱더 필요한 직업입니다.

심리학연구원
커리어맵

심리학연구원

준비방법
- 인간 심리에 대한 탐구능력 키우기
- 심리학 연구반, 또래상담반 등 관련 동아리 활동
- 심리상담소, 신경정신과 체험 활동
- 심리학연구원, 임상심리자 등 직업 탐색
- 심리관련 학과 체험
- 다양한 독서 활동

관련기관
- (사)한국심리학회 www.koreanpsychology.or.kr

적성과 흥미
- 인간에 대한 애정
- 지적 호기심
- 인문학과 사회학에 대한 관심
- 분석적 사고
- 비판적 사고
- 대인관계 능력
- 외국어 능력
- 공감 능력

관련자격
- 임상심리전문가
- 상담심리전문가
- 임상심리사
- 청소년 상담사

흥미유형
- 사회형
- 탐구형

관련교과
- 국어
- 영어
- 사회
- 체육
- 음악
- 미술

관련학과
- 심리학과
- 아동심리상담학과
- 임상심리전공
- 미술치료학과
- 심리치료학과
- 교육심리학과

관련직업
- 교육심리학자
- 발달심리학자
- 사회심리학자
- 산업심리학자
- 상담심리학자
- 놀이치료사
- 중독전문상담사
- 대학교수
- 연구원

적성과 흥미는?

심리학연구원은 기본적으로 인간에 대한 애정과 관심을 가지고 있어야 합니다. 사람과 사회에 대한 폭넓은 시각과 지적 호기심이 있고 인간에 대한 존엄성을 가진 사람에게 적합합니다. 또한 인문학과 사회과학 전반에 걸친 지식이 필요하고, 이밖에 다른 사람의 주장을 분석, 비판하고 자신의 의견을 논리적으로 설명할 수 있는 논리적인 사고력과 통찰력을 갖추면 좋습니다.

장기적으로 이루어지는 연구가 많기 때문에 자기가 맡은 연구과제에 대해 끝까지 연구할 수 있는 계획성과 꾸준하고 성실한 마음가짐도 필수입니다. 연구 주제에 따라 팀을 구성하여 연구하는 경우도 많으므

로 다른 연구원들의 의견을 존중하고 받아들이는 원만한 대인관계 능력도 요구되고, 이 외에 각종 해외 문헌자료를 통해 연구해야 하므로 외국어 능력과 지적 호기심, 집중력을 갖춰야 합니다. 심리학은 심리검사를 개발하거나 실험 연구를 하는 경우도 많으므로, 꼼꼼하고 숫자를 잘 다뤄야 하며, 통계 기법을 배우고 이를 잘 활용할 수 있으면 좋습니다. 임상이나 상담 분야 연구원은 특히 내담자에 대한 공감 능력과 경청하는 태도, 개방성이 높은 사람들에게 적합합니다.

심리학연구원 커리어맵

Jump Up

인지심리학연구원 대해 알아볼까요?

인지심리학은 사람들이 정보를 인지하고 처리하는 방식을 연구합니다. 인지과정, 기억, 학습, 사고, 지각 등을 다루며, 인간의 인지 능력과 관련된 다양한 주제를 다룹니다. 인지심리학연구원은 국내 대학원에서 인지심리학을 전공하고, 주로 마케팅 및 조사 연구소, 기업체의 연수 부서, 학습 및 교육 기관, 정보기술(IT) 회사 등으로 진출하여 인공지능과 정보화 시대에 컴퓨터과학을 활용하는 산업 분야에서 응용 연구를 수행합니다. 또는 대학에서 인간의 사고과정과 관련된 기초연구를 수행합니다. 특히 정보기술 및 제품 디자인 분야에서는 인지심리학의 기여가 매우 중요해지고 있는 추세여서 앞으로 관련 기업체로의 진출이 더 활발해질 것으로 기대됩니다.

산업심리학연구원에 대해 알아볼까요?

산업심리학은 인간과 사회 속에서 직업을 이해하는 데 반드시 필요한 학문입니다. 산업 및 조직심리학(Industrial and Organizational Psychology)의 일부로, 일터(workplace)에서의 개인행동을 이해하기 위한 심리학의 이론과 원리들을 적용시키는 학문입니다. 산업 심리학의 주된 목표는 선발과 훈련을 통해 조직의 생산성 및 효율성을 향상시키는 것이고, 산업심리학 연구원은 그러한 산업조직의 능률향상을 위한 기초 연구나 응용 연구를 수행하는 역할을 합니다. 심리학의 연구 분야가 매우 다양하기 때문에 건강, 광고 및 소비자, 범죄 등의 분야에서 심리학적 이론의 응용을 전문으로 하는 연구원도 많습니다.

진출 방법은?

심리학연구원이 되기 위해서는 일반적으로 4년제 대학교에서 심리학과를 졸업하고, 대학원에 진학하여 관련 분야의 석사 또는 박사 학위를 취득하는 것이 유리합니다. 졸업 후 심리학연구원은 주로 대학 부설 연구소나 정부출연 연구기관, 관련 민간 연구기관 등으로 진출할 수 있습니다. 석사 학위 취득 및 관련 자격증을 소지하면 국가 공무원 채용시험에도 응시할 수 있습니다. 국가기관에서 심리학 전공자에 대한 수요가 많기 때문에 정신건강복지센터, 경찰청 범죄 프로파일러 또는 피해자심리전문요원(CARE), 법무부 보호관찰관, 소방청 심리상담 공무원, 도로교통공단에서 연구원으로 근무할 수 있습니다. 정부출연 연구기관이나 민간 연구기관의 경우, 결원이 생기면 연구원을 공개 채용하는데 서류 전형과 연구 논문, 실적 등을 중심으로 평가하게 됩니다. 근무하는 곳에 따라 차이가 있지만, 승진은 보통 각 연구소나 기관의 직급 체계에 따른 단계를 거치며, 보통 개인별 연구 실적에 따라 평가받습니다. 연구원의 특성상 끊임없이 자신의 전문성을 높이기 위한 노력을 해야 합니다. 지속적으로 새로운 이론과 연구 방법을 배워 전문성을 높여서 적합한 연구 주제를 발굴하고 이를 연구 성과로 만들어 낼 수 있어야 합니다.

관련 직업은?

교육심리학자, 발달심리학자, 사회심리학자, 산업심리학자, 상담심리학자, 미술치료사, 놀이치료사,
중독전문 상담사, 커리어코치, 대학 교수, 연구원 등

관련 학과 및 자격증은?

➡ 관련 학과 : 심리학과(교육심리학과, 언어치료학과, 심리철학과, 미술치료학과 등), 심리치료학과, 특수심리치료학과,
　　아동심리상담학과, 임상심리전공, 아동상담심리학과, 아동복지상담심리학부 등
➡ 관련 자격증 : 임상심리전문가1/2급, 상담심리전문가1/2급, 임상심리사1/2급, 정신건강임상심리사1/2급,
　　청소년상담사1/2/3급 등

미래 전망은?

향후 10년간 심리학연구원의 일자리는 다소 증가할 것으로 전망됩니다. 인간 활동의 많은 부분과 관련이 있다는 점에서 연구 주제가 광범위하고, 세부 전공도 임상심리학을 비롯해 상담심리학, 발달심리학, 사회심리학, 인지심리학, 생리심리학, 조직 및 산업심리학, 소비자심리학, 광고심리학, 범죄심리학, 교육심리학 등으로 매우 다양합니다. 따라서 인간의 호기심이 마르지 않는 것처럼 심리학 연구 주제는 계속해서 생겨나고 있어서, 환경심리, 건강심리, 행복심리 등의 다양하고 새로운 연구주제로 확장되고 있는 것도 취업 진출에 긍정적 요인으로 작용할 수 있습니다. 게다가 사회가 복잡해지고 인간행동에 대한 사람들의 호기심이 지속되면서 심리학연구원의 활동영역은 더욱더 확대될 전망입니다.

더구나 최근에는 기업이나 컨설팅업체, 정신보건 관련 기관 등에서 심리검사와 같은 심리학적 도구를 사용하는 빈도가 증가하고 있고, 직원의 선발, 배치, 승진 등을 위하여 객관적 역량평가를 실시하거나 재직자의 이직 및 전직 서비스와 같은 인사 컨설팅에 필요한 심리검사, 청소년의 경력개발 관련 직업심리검사 등을 연구하는 심리학연구원의 수요도 증가하고 있는 추세입니다. 한국사회가 스트레스 사회에 진입함에 따라, 정신건강과 심리상담을 연구하는 심리학연구원의 수요는 점차 커질 것으로 예상됩니다.

더불어 코로나19 팬데믹 이후, 학교현장에서 원격수업이 시작된 것처럼 상담현장에서도 비대면 원격상담 시대가 열리게 되었고, 화상 프로그램을 활용해 온라인으로 심리상담을 실시하는 서비스가 생겨나게 되었습니다. 이에 코로나19 위기 같은 예기치 않은 감염병이나 재난 등으로 유발된 스트레스 관리를 위한 상담서비스 분야도 향후 대중화될 것으로 보입니다. 또한 고령화로 노인 세대에 필요한 심리상담이나 기업의 근로자 대상 스트레스 관리나 업무 성과 향상을 위한 상담 프로그램도 점차 확대될 것으로 예상되므로 상담전공 심리학연구원의 일자리에 매우 긍정적인 영향을 미칠 것으로 예상됩니다. 마지막으로 공무원 등 국가기관에서도 심리학연구원이 일자리가 증가할 것으로 보입니다. 임용을 위해서는 전공별 석사 학위 이상과 자격증을 갖추고 공무원시험 또는 특별 채용 시험에 합격해야 합니다. 물론 여타 공무원시험과 마찬가지로 경쟁률이 치열하지만 연구원으로서 국가 발전에 기여할 수 있고 안정적인 일자리를 갖게 된다는 장점이 있습니다.

심리학과
심리학연구원 전공 분석

어떤 학과인가?

심리학은 인간의 근본 문제인 마음과 행동의 원인을 실험, 조사, 관찰 등의 방법으로 연구하는 학문으로, 철학이나 문학과는 달리 동물이나 인간의 행동을 통제된 상황에서 측정합니다. 연구 방법이 정밀하고 객관적이어서 과학적 사고방식을 통해 다양한 인간 문제를 분석하려는 사람에게 적합한 분야입니다.

'나는 무슨 문제로 이렇게 힘들어 할까?', '이런 일이 있을 때 우리는 왜 이렇게 행동할까?' 우리가 가끔 자신을 성찰할 때 하는 생각들입니다. 심리학에서는 이와 같은 개별 인간의 마음과 행동을 자세히 그리고 과학적으로 공부합니다. 심리학과는 특유의 과학적 통찰력에 기반하여, 우리 사회의 많은 문제를 해결하는 동시에 개개인의 삶의 질을 높이는 데 기여하는 인재를 양성합니다.

다른 인문학에 비해 과학적 방법론을 많이 활용하는 심리학은, 자연과학과 사회과학, 인문학의 교차점에 위치하여 여러 학문 분야를 유기적으로 연결해 주고 있습니다. 실제로 심리학은 인간-컴퓨터공학, 인공 지능, 생체 활동 등 다양한 분야에서 활용되고 있는, 인간학의 중심 학문이자 진정한 융합 학문이라고 할 수 있습니다.

교육 목표와 교육 내용은?

심리학은 인간의 행동과 정신 과정에 관한 연구를 통해 인간을 이해하고, 예측하며, 조절함으로써 조화로운 인격 형성과 인성 회복 및 사회화를 돕는 데 교육 목표를 두고 있습니다. 심리학 하위 영역으로 발달심리, 상담심리, 인지심리, 소비자 및 광고심리, 심리측정 등이 있습니다.

> » 심리 과학적 기초 소양과 자기 주도적 문제 해결 능력을 지닌 인재를 양성합니다.
> » 자신과 타인에 대한 이해를 바탕으로 사회에 기여할 수 있는 인재를 양성합니다.
> » 미래 지향적인 융합적 교육을 통해 새로운 직업의 창출에 기여하는 인재를 양성합니다.
> » 조화로운 인격 형성과 인성 회복을 통해 전인적인 인간관을 지닌 인재를 양성합니다.
> » 인간 행동에 따른 다양한 현상과 문제들을 종합적·객관적으로 이해할 수 있는 통찰력을 지닌 인재를 양성합니다.
> » 인간 행동을 과학적으로 조사·분석할 수 있는 방법론적 능력을 지닌 인재를 양성합니다.
> » 다양한 사회생활의 영역에서 미래 사회의 발전에 기여할 수 있는 역량을 지닌 인재를 양성합니다.

학과에 적합한 인재상은?

인간들의 마음에서 일어나는 기쁨, 슬픔, 우울함, 불안 등의 여러 가지 정서와 그 원인에 대해 호기심이 있다면 한번쯤 심리학과에 흥미를 느꼈을 것입니다. 사람의 심리나 행동 및 사람 간의 관계 형성에 깊은 관심을 가지고 있고, 인간의 심리와 사회에 대해 끊임없이 의문을 품고 고민하는 자세를 가진 사람이라면 심리학에 적합한 흥미를 지녔다고 할 수 있습니다. 그러나 심리학은 일반 인문학과 달리 실험이나 조사, 가설 설정 등과 같은 과학적 방법론을 활용하여 연구하는 학문이므로 논리적 사고력이 뒷받침되어야 전공하기에 유리합니다. 또한 연구 방법도 정밀하고 객관적이어서, 세심하고 분석적인 사고력이 발달되어 있는 사람에게 적합합니다.

관련 학과는?

상담학과, 심리상담학과, 상담심리학과, 사회심리학과, 산업심리학과, 군상담심리학과, 상담·산업심리학과, 철학상담학과, 심리철학상담학과, 철학상담·심리학과, 특수치료학과, 상담심리치료학과, 심리치료학과, 미술심리상담학과, 상담코칭심리학과, 포교사회학상담학전공심리치료학과, 상담학전공, 심리학전공, 상담심리학전공, 철학상담학전공, 뇌·인지과학전공, 상담문화영어학부, 아동복지상담심리학부, 사회학부(상담심리학전공) 등

주요 교육 목표

심리 과학적 기초 소양을 지닌
인재 양성

- -

조화로운 인성 형성을 통한
전인적인 인간관을 지닌 인재 양성

- -

자신과 타인에 대한 이해를
바탕으로 사회 발전에 기여하는
인재 양성

- -

미래 지향적인 융합적
사고력을 지닌 인재 양성

- -

다양한 현상에 대한
통찰력을 지닌 인재 양성

- -

인간 행동을 과학적으로
분석할 수 있는 인재 양성

 ### 취득 가능 자격증은?

- ☑ 임상심리사
- ☑ 전문상담교사
- ☑ 정신보건임상심리사
- ☑ 직업상담사
- ☑ 청소년상담사
- ☑ 청소년지도사
- ☑ 평생교육사
- ☑ 경영지도사
- ☑ 사회조사분석사
- ☑ 소비자전문상담사 등

진출 직업은?

상담심리사, 발달심리사, 범죄심리분석관(프로파일러), 카피라이터, 심리치료사, 언론인(기자, PD, 아나운서 등), 인문과학연구원, 심리학연구원, 작가 등

추천 도서는?

- 사회심리학의 이해(학지사, 한규석)
- 사이코패스(학지사, 이현수)
- 내 인생의 탐나는 심리학50
  (흐름출판, 톰 보틀러 보던, 이정은 역)
- 아들러의 인간이해
  (을유문화사, 알프레드 아들러, 홍혜경 역)
- 최신 임상심리학(사회평론아카데미, 신민섭 외)
- 음악은 어떻게 우리의 감정을 자극하는가
  (인물과사상사, 박진우)
- 우연한 아름다움(에이도스, 김건종)
- 감정은 어떻게 만들어지는가
  (생각연구소, 리사 펠드먼 배럿, 최소영 역)
- 아내를 모자로 착각한 남자
  (알마, 올리버 색스, 조석현)
- 세상에서 가장 재미있는 63가지 심리실험
  (사람과나무사이, 이케가야유지, 서수시 역)
- 만만한 심리학개론(사회평론아카데미, 임현규)
  더 알고 싶은 심리학(학지사, 한국심리학회)
- 당신의 이야기를 들려주세요(메이킹북스, 조항준)
- 아웃라이어(김영사, 말콤 글래드웰, 노정태 역)
- 설득의 심리학
  (21세기북스, 로버트 치알디니, 황혜숙 역)

학과 주요 교과목은?

기초 과목	심리학개론, 심리통계, 성격심리, 발달심리학, 정서심리학, 사회심리학, 생물심리학, 실험심리학, 지각심리학, 동기심리학, 학습심리학, 행동분석, 조사분석법 등
심화 과목	심리검사, 심리치료, 언어심리학, 문화심리학, 인지심리학, 성인노인심리학, 범죄심리학, 이상심리학, 소비자심리학, 산업심리학, 커뮤니케이션심리학, 임상심리학, 건강심리학, 조직심리학, 대인관계심리학, 인간발달연구, 상담이론과 실제, 인지신경과학의 기초 등

졸업 후 진출 분야는?

기업체	신문사, 잡지사, 방송국, 기업체의 마케팅·홍보팀, 광고대행사, 리서치 회사, 컨설팅 업체, 심리 검사 기관 및 상담 기관, 상담소 등
공공 기관	교도직 공무원, 법무부 교정국, 노동청 산하 연구소, 인문·사회 과학 관련국가·민간 연구소 등
기타	광고 및 홍보 전문가, 사설 연구소 경영 등

전공 관련 선택 과목은?

▶ 국어, 영어 교과는 모든 학문의 기초적인 성격을 가진 도구교과로 모든 학과에 이수가 필요하여 생략함.

수능 필수			
교과군	선택 과목		
	일반 선택	진로 선택	융합 선택
수학, 사회, 과학	대수, 미적분1, 확률과 통계, 사회와 문화, 현대사회와 윤리, 화학, 생명과학	윤리와 사상, 인문학과 윤리, 세포와 물질대사, 생물의 유전	실용 통계, 수학과제 탐구, 사회문제 탐구, 윤리문제 탐구, 융합과학 탐구
체육·예술			
기술·가정/정보	정보	생활과학 탐구, 데이터 과학	아동발달과 부모
제2외국어/한문			
교양		인간과 철학, 인간과 심리, 교육의 이해	

학교생활기록부 관리는?

출결 사항	• 출결은 학생으로서 지켜야 할 기본적인 의무를 성실하게 잘 이행했는지를 알려주는 기본적인 사항이에요. • 미인정(무단) 출결 사항이 있으면 인성, 성실성 영역에서 부정적인 평가를 받을 수 있어요.
자율·자치활동	• 희망 전공에 적합한 다양한 교내외 활동과 경험에 참여함으로써 진로 적합성이 드러나도록 하세요. • 심리학 분야에 대한 관심과 흥미를 바탕으로 창의적이고 개성적인 사고력, 리더십, 자기 주도성, 자발적 의지와 태도 등이 나타나도록 하세요.
동아리활동	• 교내 심리학 동아리, 상담 동아리 등 관련 동아리 활동에 참여하여 자신이 가지고 있는 역량이 입증될 수 있도록 하세요. • 동아리 활동을 꾸준하게 하면서 의미 있는 성과를 내기 위해 자신이 한 역할과 이 과정에서 배운 점 등이 드러나도록 하세요. • 나눔과 배려 정신이 드러나는 봉사 활동은 양보다는 자발성과 지속성이 중요해요. • 일방적인 도움보다는 상대방을 배려하는 태도가 나타나도록 하고, 자신의 능력을 나눌 수 있는 다양한 활동을 하세요.
진로 활동	• 심리학연구원 등 관련 직업들의 정보 탐색 활동을 권장해요. • 심리상담소, 경찰서 등 관련 기관 및 기업에서 체험 활동을 권장해요. • 진로에 적합한 동아리를 만들거나 진로 체험 학습을 계획하는 등 진로 역량이 나타날 수 있도록 하세요
교과학습발달 상황	• 심리학과 관련 있는 교과에서 학업 성취도를 올릴 수 있도록 관리하고, 수업 활동에서 자기 주도성, 문제 해결 능력, 창의력, 발전 가능성 등의 역량이 발휘 될 수 있도록 하세요. • 수업 활동과 과제 수행 과정에서 주도적인 노력, 열의와 관심, 다양한 탐구 방법의 모색, 창의성 등이 드러나도록 노력하세요.
독서 활동	• 교과 학습의 내용을 발전시키기 위해 관련된 분야의 책을 주도적으로 찾아 읽고, 그 내용이 토대가 되어 발전적인 모습이 드러나도록 하세요. • 진로와 관련된 책을 정독하면서 자신의 진로 계획을 성찰하는 시간을 가져 보세요.
행동 발달 특성 및 종합 의견	• 창의력, 문제 해결 능력, 협업 능력, 자기 주도적 학습 능력 등이 드러날 수 있도록 해요. • 학교생활에서 자기 주도성, 경험의 다양성, 성실성, 나눔과 배려, 학업 태도와 학업 의지에 대한 장점이 기록되도록 관리해야 해요.

인류 역사상 최고의 인류학자, 마거릿 미드에 대해 알아볼까요?

마거릿 미드(1901~1978)는 현대 미국의 인류학의 문을 연 장본인이자, 현대 미국의 인류학자예요. 그녀는 사모아, 뉴기니, 발리섬 등의 원주민들과 함께 생활하며 그들의 삶과 생활을 관찰하여 이론을 발표했어요. 또한, 미국에서 문화인류학에 심리학적 방법을 도입, 발전시킨 최초의 인류학자예요. 특히, 인간의 인격 형성 과정에서 문화의 영향이 중요하다는 것, 각 나라의 국민성에 대한 비교 연구에서도 큰 업적을 남겼어요. 대표적인 저서로는, 〈사모아의 성년(1928), 마누스족 생태연구(1930), 미개사회의 성과 기질(1935), 남성과 여성(1949), 권위에 대한 소비에트인의 태도(1951)〉 등이 있어요. 이 책들은 각 대학의 문화인류학, 사회심리학, 사회학 등에서 전공교과서로 활용되고 있어요. 미드는 인류학이라는 학문을 대중에게 알리는데 큰 공헌을 했기 때문에 인류학의 어머니라고 불리기도 해요. 그녀의 사망 이후, 생전에 함께 시간을 보냈던 뉴기니의 작은 마을에서는 코코넛 나무를 심어서 그녀를 추모했다고 해요.

인류학자란?

인류의 문화 및 역사를 연구하는 인류학(Anthropology)은 부족사회에 대한 호기심을 바탕으로 19세기에 시작된 학문입니다. 인류학은 동료 인간들에 대한 공감과 상호 이해를 추구하며 사람에 대한 총체적인 이해를 추구합니다. 즉, 인류학은 인간에 대한 모든 것을 연구하는 학문입니다.

인류학(Anthropology)이라는 말은 '인간에 대한 연구' 또는 '인간에 대한 학문'이라는 그리스어(ánthrōpos (ἄνθρωπος, "human") + lógos (λόγος, "study"))에서 유래했습니다. 인류학은 고고학, 민속학, 사회학, 심리학, 언어학, 역사학, 지리학 등의 다른 영역의 인문학과 사회과학뿐만 아니라 생물학, 의학 등과 같은 생명과학과도 연관되어 있습니다. 따라서 인류학의 범주에는 생물학적, 문화적, 사회적 관점에서의 인간, 인류의 문화적 차이, 인류 본성에 대한 일반화 등에 대한 연구와 다양한 문화들 사이에 존재하는 유사성과 차이점을 비교 분석하는 것 등이 모두 포함됩니다. 인류학은 강력해진 유럽 국가들이 세계로 팽창함에 따라 여러 인류의 관계를 연구하는 과정에서 발전하면서, 국가별로 차이점이 발생했습니다.

인류학자(人類學者)는 인류문화의 기원과 특징 등을 연구하는 사람으로, 학문으로서의 인류학을 연구하는 전문가입니다. 인류학은 사회인류학, 문화인류학, 철학인류학 등으로 그 범위가 나눔에 따라 같은 인류학자라고 하더라도 연구의 범위가 다르다고 할 수 있습니다.

인류학자

문화인류학과

오늘날의 인류학자들은 여러 사회 집단이 갖는 문화의 차이를 이해하는 데에 주력합니다. 특히 세계화로 인해 사회 집단의 형태가 빠르게 변화하고, 다른 문화와의 소통이 관심사가 된 오늘날은 인터넷과 사이버 공간에 대한 인류학적 연구가 파생되었습니다. 인간과 디지털 기술 간의 관계를 연구하는 디지털 인류학은 비교적 최근에 신설된 분야이기 때문에 '기술 인류학', '사이버 인류학' 등 다양하게 불립니다.

　디지털 시대를 맞아 여러 기업에서도 디지털 기술과 소비자들의 관계에 주력하기 시작하며, IBM, 구글, 마이크로소프트 등의 IT 기업이 인류학자들의 일터가 되고 있습니다. 기업 내의 인류학자들은 연구소에 앉아 제품을 설계하기보다는 인류학 연구를 진행하듯 현장에 나가 사람들을 관찰하고, 기술과의 관계를 분석합니다.

　인류학자는 대부분 박사 학위나 석사 학위 등을 지니고 있습니다. 왜냐하면 대학에서 광범위한 주제를 다룬 후 대학원에 진학하여 자신의 세부 전공을 전문적으로 연구하는 것이 일반적이기 때문입니다. 또한 대학에서 다른 분야를 공부하였더라도, 대학원에서 인류학을 전공하여 석, 박사 학위를 취득하면 인류학자로 활동할 수 있습니다.

인류학자가 하는 일은?

인류학은 인간과 인간의 활동, 인간의 생산물을 직접적으로 관찰하는 것을 중요하게 생각합니다. 또한 연구 결과는 총체적인 인간의 기록일 뿐만 아니라, 인류의 생물학적·문화적인 발전과 관련된 복합적 과정을 더 깊이 이해하도록 돕습니다. 인류학자들은 인류의 전 역사에서 시간과 공간의 측면에서 특정 집단과 활동이 갖는 고유한 특성을 연구하고 해석합니다. 인류학자들은 형질인류학, 문화인류학, 고고학, 언어인류학, 기술언어학 등 세분화된 전공 영역에 따라 하는 일이 차이가 나지만, 일반적으로는 다음과 같은 일을 합니다.

» 인간과 문화와의 상호관계를 연구합니다.
» 인류 문화의 기원과 진화, 특징을 연구합니다.
» 여러 사회 집단이 갖는 문화의 차이를 연구합니다.
» 인간의 행동을 관찰하고 문화의 유형을 연구합니다.
» 다양하게 존재하는 여러 문화들을 총체적으로 연구합니다.
» 생물학적인 관점에서 인간을 진화학적 틀에서 연구합니다.
» 특정 집단과 활동이 갖는 고유한 특성을 연구하고 해석합니다.
» 인간의 의식주, 가정생활, 사회생활, 종교 행위 등을 연구합니다.
» 다양한 문화들 사이에 존재하는 유사성과 차이점을 비교 분석합니다.
» 인터넷과 사이버 공간 등 인간과 디지털 기술 간의 관계를 연구합니다.
» 음성이나 비음성적인 다양한 언어와 시간과 공간과의 관련성을 연구합니다.

Jump Up

인류학의 주요 분야를 알아볼까요?

19세기 이후 학문으로서 체계화된 인류학은 연구의 대상과 범위가 매우 광범위해요. 인류학은 크게 문화인류학, 물리인류학, 사회 및 문화인류학, 고고학 등 네가지 분야로 나눌 수 있어요. 문화인류학은 인간의 문화적 다양성과 문화 현상을 연구해요. 주로 언어, 의식, 예술, 의료, 종교, 기술, 경제, 정치 등에 대해 관찰해요. 물리 인류학은 인간의 생물학적 특성을 연구해요. 이는 인류의 진화, 유전학, 생리학, 인류학적인 다양성 등을 다루어요. 사회 및 문화인류학은 사회적 상호작용, 사회 구조, 가족, 집단행동 등을 연구하여 사회적 관계와 문화적 특성을 이해하고 설명해요. 마지막으로 고고학은 과거 문화와 사회를 연구해요. 고고학자들은 고대 유적지를 발굴하거나 고대 문명의 유물과 유적을 연구하는 일을 해요.

인류학자

커리어맵

준비방법

- 인문사회과학에 대한 지식 함양
- 인간에 대한 탐구능력 키우기
- 언어능력 키우기
- 관련 직업 체험
- 관련 학과 탐방
- 박물관, 미술관 탐방
- 다양한 독서 활동
- 문화, 사회, 역사 관련 동아리 활동

관련기관

- 한국문화인류학회 koanth.org
- 한국교육인류학회 kssae.or.kr
- 국립문화유산연구원 www.nrich.go.kr

적성과 흥미

- 다양한 방면에 대한 관심
- 역사와 문화 등에 대한 지식
- 인문학적 사고력
- 깊이있는 탐구력
- 원만한 의사소통력
- 진취적인 도전정신
- 책임감
- 끈기와 인내심
- 분석력

관련자격

- 박물관 및 미술관 준학예사
- 문화예술교육사
- 문화재감정평가사
- 전통놀이지도사

인류학자

흥미유형

- 사회형
- 탐구형

관련교과

- 국어
- 영어
- 사회
- 정보
- 한문
- 제2외국어

관련학과

- 인류학과
- 고고문화인류학과
- 고고미술사학전공
- 고고인류학과
- 문화인류고고학과
- 문화인류학과
- 문화재보존학과
- 문화재학과
- 역사문화학과

관련직업

- 감정평가사
- 문화재보존원
- 예술품복원기술자
- 학예사
- 역사학연구원
- 사회정책분석가
- 문화기획자

진출 방법은?

인류학자는 일반적으로 박사 학위나 석사 학위 등 대학원 학위를 지녀야 합니다. 해당 분야에서 고급 학위를 취득하지 않은 경우는 거의 없습니다. 일부인류학 대학원 학위를 인류학자는 인류학이 아닌 다른 분야의 학사 학위와 보유하고 있기도 합니다. 따라서 인류학자가 되기 위해서는 자신이 연구하고 싶은 분야에 대한 학위를 취득하는 것이 중요합니다. 인류학자가 되기 위해서는 대학교에서 인류학과 관련된 학과를 졸업하고, 대학원에서 인류학 관련 석박사학위를 취득하면 유리합니다. 인류학자는 대학교 및 연구 기관에서 교육자나 연구원 등으로 일할 수 있습니다. 또한 정부 기관이나 비영리 단체에서 사회 조사,

정책 분석, 사회 연구 등을 수행하거나 국제 기구나 비정부 기구, 인권 단체에서 문화 간 이해, 다문화 프로젝트, 인권 문제에 대한 연구 및 활동에 참여할 수도 있습니다.

인류학은 인간과 사회에 대한 폭넓은 이해와 분석 능력을 제공하므로 다양한 직업 분야에서 필요로 하는 기술과 지식을 갖추고 있습니다. 졸업 후에도 다양한 경로를 통해 취업 가능성이 있으며, 학창 시절부터 자신의 흥미와 역량을 잘 파악하여 자신에게 맞는 분야를 선택하면 도움이 됩니다.

인류학자 커리어맵

적성과 흥미는?

인류학자는 다른 사람들의 삶에 관심을 지니고, 사회를 다양한 시각에서 분석하는 것에 관심을 가진 사람에게 적합합니다. 인간의 모든 것에 대해 연구하기 때문에 기본적으로 인간에 대한 관심이 있어야 합니다. 인간의 언어, 역사, 문화, 특성 등에 대한 호기심과 폭넓은 지식이 필요합니다. 또한 인류학은 고고학, 민속학, 사회학, 심리학, 지리학 등 다른 영역의 인문학과 사회과학분만 아니라 생명과학과도 연관되어 있습니다. 따라서 다양한 방면에 대한 관심과 인문학적인 사고력이 필요합니다. 인류학자는 연구 과정에서 현지에서 생활하며 관찰해야 하는 일이 많으므로, 다양한 문화권의 사람들과 원만하게 생활할 수 있는 의사소통 능력을 갖추어야 합니다. 타인에 대한 배려, 자신이 맡은 일에 대한 책임감과 인내심이 있다면 더욱 좋습니다. 이분만 아니라 야외 유적지 등에서 유물을 수집하고 이를 탐구하는 일을 하는 경우가 많기 때문에 현장에서 일하는 것을 즐기고,

수집한 유물을 해석하고 분석하는 탐구 능력이 있는 사람에게 적합합니다. 특히 익숙한 것, 낯익은 것을 낯설게 보고 새롭게 보려는 시도에 재미를 느끼는 사람, 여행을 좋아하며 다른 사회의 일상생활에 관심이 많은 사람, 인간생활과 사회를 다루는 다큐멘터리를 즐겨 보는 사람들이라면 인류학자라는 직업에 적합하다고 할 수 있습니다. 인류학자는 탐구형, 사회형의 흥미를 가진 사람에게 적합합니다. 인류학자 직업을 꿈꾼다면 학창 시절부터 인류와 역사에 대한 탐색 활동 및 국제 분쟁과 난민 문제, 소수자 문제 등에 관심을 가지고 다양한 교내 행사에 참여하거나 관련 교과에서 주제 탐구 활동을 하면 좋습니다. 이를 위해 꾸준하게 신문이나 시사 잡지, 또는 다큐멘터리를 보고 세계적인 이슈와 논쟁거리 등에 대한 기사를 스크랩하고 이에 대한 자신의 생각을 기록하면 도움이 됩니다.

Jump Up

인류학 분야에서 명성 높은 미국의 TOP5 대학을 알아볼까요?

1. Harvard University (하버드 대학교) : 인류학 분야에서 뛰어난 교육과 연구 프로그램을 갖추고 있어요
2. University of California, Berkeley (캘리포니아 대학교 버클리 캠퍼스)
   : 문화 및 사회 인류학 분야에서 유명한 프로그램을 제공해요.
3. University of Chicago (시카고 대학교) : 문화 및 사회 인류학 분야에서 우수한 교육과 연구 기회를 제공해요.
4. Stanford University (스탠포드 대학교) : 문화 인류학 및 고고학 분야에서 높은 평가를 받고 있어요.
5. University of Michigan, Ann Arbor (미시간 대학교 앤 아버) : 인류학 분야에서 탁월한 프로그램과 연구 기회를 제공해요.

출처 : https://licenseinusa.tistory.com/250

관련 학과 및 자격증은?

➔ 관련 학과 : 인류학과, 고고문화인류학과,
　　　　　고고미술사학전공,
　　　　　고고인류학과,
　　　　　문화인류고고학과,
　　　　　문화인류학과,
　　　　　문화재보존학과, 문화재학과,
　　　　　역사문화학과 등

➔ 관련 자격증 : 관심 분야에 대한 석·박사 학위,
　　　　　박물관 및 미술관 준학예사,
　　　　　문화예술교육사,
　　　　　문화재감정평가사,
　　　　　전통놀이지도사 등

미래 전망은?

　　당분간 인류학자의 일자리는 현 상태를 유지할 것으로 보입니다. 학문으로서의 인류학의 미래는 밝은 편입니다. 전 세계의 글로벌화와 디지털 기술의 발전으로 문화 간의 상호작용과 다양성이 더욱 중요해지고 있기 때문입니다. 또한 현재의 인류학은 과학 기술과 결합하여 더욱 효과적인 연구를 수행하고 있습니다. 미래 사회에는 기술과의 융합을 통한 데이터 분석, 문화적 특성 이해, 사회적 동향 파악 등이 더욱 활발해질 것입니다. 세계적으로 문제가 되고 있는 문화, 종교, 인종 간의 갈등과 지속 가능한 개발, 환경 문제 등과 같은 사회적인 문제를 해결하는 데에도 인류학자들의 역할은 더욱 커질 것입니다.

　　그러나 이럼에도 불구하고 인류학자의 일자리는 크게 늘어나지 않을 것으로 전망됩니다. 대학에서 인류학 전공자는 감소하고 있으며, 진출할 수 있는 연구소도 한정적입니다. 정부출연연구기관의 경우에는 기본적으로 예산 확보가 어렵기 때문에 연구 인력을 증가하는 데에는 한계가 있습니다. 대학 교수나 대학 연구원의 경우도 마찬가지입니다. 비전임으로 임용되거나 외부기관에서 프로젝트를 의뢰받아 연구하는 경우가 많습니다. 또한 국내 대학뿐 아니라 해외에서도 학위를 취득한 고급 인력들이 꾸준히 배출되고 있어 치열한 취업 경쟁을 치러야 합니다. 일자리를 구하는 사람들은 근무환경이 좋고, 고용 안정성이 높은 정부출연연구기관을 선호합니다. 하지만 채용 규모가 한정적이고 우수한 연구성과 등을 토대로 선발하므로 원하는 곳으로의 취업을 위해서는 더 많은 연구 경험과 역량이 필요합니다.

관련 직업은?

감정평가사, 문화재보존원, 예술품복원기술자, 학예사, 큐레이터, 역사학연구원, 사회정책분석가, 문화 이벤트개발자 등

문화인류학과
인류학자 전공 분석

어떤 학과인가?

문화인류학은 인간만이 가지고 있는 고유한 생물학적인 특징과 문화적인 특징이 어떻게 시작되어, 변화·발전되었는지를 연구하는 학문입니다. 인간과 문화 즉, 의·식·주와 같은 인간의 기본적인 문화 요소부터 사회, 종교 등 인간 집단의 사회 및 문화를 조사하고 비교·연구합니다. 또한 정치, 경제, 사회와도 연관이 되며 인간과 사회에 대한 본질적인 이해에 도달하고자 하는 성격을 띱니다.

문화인류학과는 역사적으로 최초의 인류가 등장한 생활양식으로부터 현대 사회와 미래학에 이르기까지 인류의 다양한 문화를 연구하는 학과입니다. 인간이 발전시킨 체질 인류학에서부터 도구와 물질 문화를 거쳐 해외 지역문화, 특수 및 일반 커뮤니케이션, 그리고 초월적 세계관과 상상의 영역에 이르기까지 모든 인간의 생활 양식에 관련된 문화를 다룹니다. 전통적인 문화인류학은 고립된 지역에서 독특한 방식으로 살아가는 소규모 부족, 농촌사회, 제3세계를 주로 연구했습니다.

그러나 세계화가 빠르게 진행되면서 문화인류학의 연구 영역이 확장되고 있습니다. 신기술의 발달과 공간환경의 변화로 국가의 경계를 넘나드는 복잡한 문화 현상에 대한 연구가 증가하고 있습니다. 21세기에는 국가적으로 문화와 역사에 대한 콘텐츠가 더욱 중요시되고 있습니다. 문화인류학과는 현재 우리 사회가 당면하고 있는 수많은 문제들을 지혜롭게 극복하여 미래 사회를 선도하는 인류학자의 양성을 교육목표로 합니다.

교육 목표와 교육 내용은?

문화인류학은 문화적 감수성과 소통 능력을 바탕으로 인류 문화의 다양성과 보편성을 파악하고 이론화하는 학문입니다. 따라서 인문학과 사회과학을 아우르는 포괄적이고 학제적인 성격이 두드러집니다. 문화인류학과는 빠르게 변모하는 세계화와 정보 정보네트워크 시대 문화인류학의 이론 교육을 강화하고 있습니다. 또한 삶의 현장을 심층적으로 파악하는 방법론 교육할 뿐만 아니라 새로운 문화를 상상하고 기획하는 창의성 교육에 힘쓰고 있습니다.

» 인간의 삶의 현장을 심층적으로 파악하는 능력을 함양합니다.
» 다차원적인 영역에서 활동할 수 있는 문화 전문가를 양성합니다.
» 글로벌 정보화 사회의 흐름을 분석하는 문화인류학자를 양성합니다.
» 문화산업, 환경, 교육, NGO 등에서 일하는 창의적인 인재를 양성합니다.
» 정책, 경영, 법, 복지, 의료, 언론 등에서 활동하는 문화 전문가를 양성합니다.
» 문화상대주의와 비교문화의 관점으로 총체적 삶의 양식으로서의 문화를 바라보는 능력을 함양합니다.
» 빈곤, 개발, 난민 등 현실 문제에 개입하는 응용 능력과 새로운 문화를 기획할 수 있는 인재를 양성합니다.
» 국내외 여러 현장에서 현지 조사와 인턴십을 수행하며 문화를 분석하는 능력을 함양합니다.

학과에 적합한 인재상은?

문화인류학과는 인간과 삶에 대한 관심으로 다양한 문화권의 역사, 생활 양식, 언어, 예술 등 사회 문화 전반에 대한 관심을 지닌 학생에게 적합한 학과입니다. 인문사회과학에 대한 기초 지식을 바탕으로 인간에 대한 깊이 있는 탐구 능력과 다문화적인 감수성이 풍부하면 좋습니다. 또한 다양한 영역의 독서를 즐기고, 글을 쓰는 문장력과 언어로 표현하는 능력, 사회적인 문제나 쟁점을 해결하고자 하는 적극적인 도전 정신도 필요합니다. 인류의 문화와 당면 문제에 대한 관심, 다양한 문화에 대한 호기심과 풍부한 상상력은 문화 인류학을 공부하는데 큰 도움이 됩니다.

문화인류학과에 관심이 있다면 영자 신문반, 영어 토론반, 시사 논술반, 방송반, 사회문제탐구반, 역사연구반 등의 동아리에서 활동하면 도움이 됩니다.

또한 교과 시간에 '세계화 속 소수자 문제, 국제 분쟁, 저출산 고령화 문제, 난민 문제, 환경 문제' 등 세계적으로 쟁점이 되는 현상에 대해 탐색하거나, 세계화와 정보화를 연결시켜 SNS 등 미디어의 세계화에 대한 카드 뉴스 제작 활동 등으로 자신의 진로 역량을 키울 것을 권장합니다. 또한 문화상대주의의 개념을 진화론적 관점에서 분석하는 등의 탐구보고서를 작성하면 도움이 됩니다.

관련 학과는?

인류학과, 고고문화인류학과, 고고미술사학전공, 고고인류학과, 문화인류고고학과, 문화재보존학과, 문화유산학과, 문화콘텐츠학과, 역사문화학과 등

주요 교육 목표

삶의 현장의 심층적인
파악 능력 함양

글로벌 정보화 사회의 흐름을
분석하는 능력 함양

문화상대주의와 비교문화의
관점으로 삶을 바라보는
문화 전문가 양성

다차원적 영역에서 활동하는
문화 전문가 양성

문화, 환경, 교육 등과 관련된
창의적 인재 양성

현실문제에 대한 응용 능력과
새로운 문화를 기획하는
창의적인 인재 양성

진출 직업은?

인류학자, 문화기획자, 번역가, 작가, 마케팅전문가, 문화예술평론가, 공연기획자, 연출가, 영화감독, 신문기자, 방송PD, 교수, 외교관, 연구원, 광고기획자, 문화 콘텐츠 기획자, 해외지역 전문가, 국제구호개발활동가, 국제 NGO 활동가, 감정평가사, 문화재보존원, 정책분석가, 문화교류전문가, 학예사 등

 ### 취득 가능 자격증은?

☑ 관심 분야에 대한 석·박사 학위
☑ 박물관 및 미술관 준학예사
☑ 문화예술교육사, 문화재감정평가사
☑ 전통놀이지도사 등

추천 도서는?

- 이주하는 인류(미래의 창, 샘 밀러, 최정숙 역)
- 인류, 이주, 생존(매디치미디어, 소니아 샤, 성원 역)
- 바다 인류(휴머니스트, 주경철)
- 챗 GPT에게 묻는 인류의 미래(동아시아, 김대식)
- 80억 인류, 가보지 않은 미래
  (흐름 출판, 제니퍼 D. 스쿠바, 김병순 역)
- 인류 최초의 문명과 이스라엘
  (서울대학교출판문화원, 주원준)
- 인류 본사(휴머니스트, 이희수)
- 새로운 인류 알파세대(매경출판, 노가영)
- 인류세, 엑소더스(곰출판, 가이아 빈스, 김명주 역)
- 인류의 여정(시공사, 오데드 갤로어, 장경덕 역)
- 인류의 진화(동아시아, 이상희)
- 인류세 윤리(필로소픽, 몸문화연구소)
- 인류의 미래를 묻다
  (인플루엔셜, 데이비드 싱클레어 외)
- 청소년을 위한 박물관 에세이(해냄 출판사, 강선주 외)
- 인류 최후의 블루오션 팜 비즈니스
  (쌤앤파커스, 류창완)
- 인류의 종말은 투표로 결정되었습니
  (황금가지, 위래 외)
- 손진태의 문화인류학(민속원, 전경수)
- 글로벌시대의 문화인류학
  (시그마프레스, Barbara Miller)
- 총 균 쇠(김영사, 재레드 다이아몬드)
- EBS 다큐프라임 인류세: 인간의 시대
  (해나무, 최평순 외)

학과 주요 교과목은?

기초 과목	문화인류학, 지구촌시대의문화인류학, 세계화와다문화주의, 사회참여 SE, 문화기술지, 한국문화낯설게보기, 가족과문화, 글로벌라이제이션과이주, 교육과문화, 의료인류학, 도시와문화, 문화인류학의역사, 성과문화, 민족과종족, 현대사회와정체성, 종교와문화, 환경과문화, 대중문화와문화산업, 인류학특강, 영상인류학, 문화와관광 등
심화 과목	현지조사방법론, 현지조사실습, 몸의인류학, 동아시아지역연구, 역사인류학, 영상인류학, 네트워크사회의문화기획, 생태인류학, 정치인류학, 빈곤의인류학, 과학기술의인류학, 일본문화연구, 법인류학, 상징과의례, 현대중국의사회와문화, 동남아시아사회와문화, 표상문화론, 현지조사실습, 경제인류학, 문화기술지강독, 현대사회의돌봄과친밀성의구조, 글로벌이슈와인류학적전망, 과학기술의인류학, 지역연구, 문화기획실습(인턴십), 문화갈등과글로벌가버넌스, 문화비평적글쓰기, 졸업논문, 현대문화인류학이론 등

졸업 후 진출 분야는?

기업체	국제기구, 국내외 NGO, 유네스코, 인권단체, 한국문화재단, 방송국, 신문사, 출판사, 사회복지기관, 마케팅전문기관
공공 기관	국가유산 관련 연구소, 민속문제 연구소, 각 대학 연구소 등
기타	국립중앙박물관, 국립민속박물관, 시·도립 박물관, 갤러리, 대학교, 국가유산청, 각 지역문화원, 국가기록원, 한국문화재재단 등

🔍 전공 관련 선택 과목은?

▶ 국어, 영어 교과는 모든 학문의 기초적인 성격을 가진 도구교과로 모든 학과에 이수가 필요하여 생략함.

수능 필수	화법과 언어, 독서와 작문, 문학, 대수, 미적분 I, 확률과 통계, 영어 I, 영어 II, 한국사, 통합사회, 통합과학, 성공적인 직업생활(직업)		
교과군	선택 과목		
	일반 선택	진로 선택	융합 선택
수학, 사회, 과학	세계시민과 지리, 세계사, 사회와 문화, 현대사회와 윤리	한국지리탐구, 동아시아 역사 기행, 정치, 법과 사회, 윤리와 사상, 인문학과 윤리	여행지리, 역사로 탐구하는 현대세계. 사회문제 탐구, 윤리문제 탐구
체육·예술			
기술·가정/정보			
제2외국어/한문	제2외국어, 한문	한문고전 읽기	언어생활과 한자
교양		인간과 철학, 논리와 사고, 인간과 심리, 삶과 종교	논술

학교생활기록부 관리는?

출결 사항	• 미인정 출결 내용이 없도록 관리하세요. 　미인정 출결 내용이 있으면 인성, 성실성 영역 등에서 부정적 평가를 받을 가능성이 높아요.
자율·자치활동	• 다양한 교내외 활동에서 자기주도적 참여를 통해서 문화인류학 분야에 대한 관심과 흥미, 창의적 문제 해결 능력, 의사소통 능력, 협업 능력, 발전 가능성 등이 드러나도록 하세요.
동아리활동	• 영자 신문반, 영어 토론반, 시사 논술반, 방송반, 사회문제탐구반 등의 동아리 활동 참여를 통해서 문화인류학 전공에 대한 준비를 하세요. • 가입동기, 본인의 역할, 배우고 느낀 점, 문화인류학 진학을 위해 기울인 활동과 노력이 나타날 수 있도록 참여하세요. • 꾸준한 봉사활동으로 나눔과 배려가 드러나도록 하세요.
진로 활동	• 문화인류학과와 관련된 직업 정보 탐색 활동을 권장해요. • 박물관, 갤러리 탐방 및 관련 학과 체험 활동이 무척 중요해요. • 문화인류학에 대한 적극적 진로 탐색 활동을 통해서 자신의 진로 역량, 전공 적합성, 발전 가능성 등이 나타날 수 있도록 하세요.
교과학습발달 상황	• 국어, 영어, 사회 등과 관련된 교과 성적은 상위권으로 유지시키고, 관련 교과 수업에서 학업 역량, 전공 적합성, 자기주도성, 문제 해결 능력, 창의력, 발전 가능성 등의 역량이 발휘될 수 있도록 수업에 적극 참여하세요. • 문화인류학과 관련된 교과 연계 독서 활동 내용이 기록되도록 하세요.
독서 활동	• 철학, 문학, 사회학, 역사학, 과학 등 다양한 분야의 책을 읽으세요. • 역사, 정치, 경제 등 문화인류학 분야의 독서 활동을 통해서 문화인류학 전공에 기본적인 지식을 쌓는 것이 중요해요.
행동 발달 특성 및 종합 의견	• 창의력, 문제 해결 능력, 의사소통 능력, 협업 능력, 리더십, 발전 가능성, 전공 적합성 등이 드러날 수 있도록 하세요. • 자기주도성, 경험의 다양성, 성실성, 나눔과 배려, 학업 태도와 학업 의지에 대한 자신의 장점이 생활기록부에 기록되도록 관리하세요.

종교학과와 신학과는 어떤 차이가 있을까요?

➡ 종교학과와 신학과는 종교를 연구하는 접근 방식과 목적에서 차이가 있어요. 종교학과는 다양한 종교 현상을 객관적이고 비판적인 시각에서 연구해요. 세계의 다양한 종교 전통, 신념 체계, 의례, 그리고 종교가 개인과 사회에 미치는 영향 등을 포괄적으로 탐구하며, 비교 종교학적 방법론을 활용할 수 있어요. 반면, 신학과는 특정 종교의 교리와 신앙에 근거하여 그 종교 내부의 신학적 질문과 문제에 초점을 맞춰서 연구해요. 따라서, 종교학과는 종교 현상을 학문적으로 다루는 반면, 신학과는 신앙적 신념을 깊이 있게 이해하고 발전시키는 데 중점을 두지요.

종교학자란?

종교학자는 인간의 종교적 신념, 의식, 행위, 문화적 맥락을 연구하는 학문 분야의 전문가입니다. 종교가 개인의 삶과 사회 구조에 미치는 영향을 다양한 관점과 방법론을 통해 탐구하며, 종교 간의 상호작용과 변화하는 세계 속에서의 역할을 분석합니다. 종교학자들은 종교적 텍스트와 전통을 해석하고, 다양한 문화와 시대에 걸쳐 종교가 어떻게 발전하고 변화해왔는지를 연구함으로써, 인간의 종교적 경험과 신념 체계에 대한 깊은 이해를 추구합니다.

종교학자들은 역사적, 문화인류학적, 사회학적, 심리학적 방법론을 활용하여 종교적 신념과 행위가 개인과 사회에 어떠한 영향을 미치는지를 면밀히 분석합니다. 이를 통해, 종교가 인간의 정체성 형성, 사회적 결속력, 도덕적 가치 시스템에 어떻게 기여하는지에 대한 통찰을 제공하며, 종교 간의 대화와 이해 증진에 기여하는 중요한 역할을 합니다. 종교학자들은 또한 현대 사회에서 종교가 직면한 도전과 기회를 탐구하며, 다양성과 포용성, 종교적 갈등의 해결 방안을 모색합니다.

종교학자
종교학과

　　유명한 종교학자들, 예를 들어 미르치아 엘리아데, 카렌 암스트롱, 조셉 캠벨 등은 각자의 방식으로 종교의 본질과 인류 문화 속에서의 역할을 탐구했습니다. 엘리아데는 성스러움과 세속적인 것 사이의 구분, 암스트롱은 종교적 신념이 현대 세계에서 어떻게 적용될 수 있는지, 캠벨은 신화와 전설이 인간의 의식에 미치는 영향에 대해 연구하였습니다. 이러한 연구는 종교학이 단순히 과거의 신념 체계를 해석하는 것을 넘어서, 현재와 미래의 인간 사회에 대한 심오한 통찰을 제공한다는 것을 보여줍니다.

　　종교학의 연구는 인간의 다양한 신념과 행위를 이해하는 데 근본적인 역할을 하며, 이는 교육, 상담, 대중 매체, 국제 관계 등 다양한 분야에서 응용됩니다. 이 학문 분야는 지속적으로 발전하며, 현대 사회에서 종교가 어떤 역할을 할 수 있는지에 대한 새로운 질문과 대답을 탐색하고 있습니다. 종교학자들의 노력은 사회의 다양한 종교적 신념과 문화를 이해하고 존중하는 방법을 모색함으로써, 더 평화롭고 포용적인 세계를 만들어냅니다.

종교학자가 하는 일은?

종교학자는 학문적 탐구뿐만 아니라, 사회적, 문화적, 그리고 정치적 맥락에서 종교의 역할을 이해하고, 다양한 종교적 신념과 문화 간의 대화와 이해를 증진시키는 데 중요한 기여를 합니다. 그들의 연구와 노력은 종교적 신념과 행위가 현대 세계에서 어떻게 형성되고, 해석되며, 실행되는지에 대한 깊은 통찰을 제공합니다. 종교학자가 하는 일은 다양하며, 그들의 연구는 종교의 이해와 분석을 넓은 범위에서 다룹니다. 여러 종교적 신념, 의식, 텍스트, 문화적 맥락 및 사회적 역할을 연구하는 것이 포함됩니다. 종교학자들은 종교가 개인의 삶과 사회에 미치는 영향을 이해하려는 목적으로 다양한 일을 하게 됩니다.

종교학자는 대학교, 대학원, 연구기관, 비정부기구(NGO), 혹은 정부 부처에서 근무하는 경우가 많습니다. 종교학자의 임금과 복리 후생 수준은 근무지, 학위, 경력, 직무의 종류 등에 따라 다양한 특징이 있습니다.

> » 종교적 텍스트, 의식, 신념, 역사 등에 대한 깊이 있는 학술 연구를 수행합니다.
> » 대학 및 교육 기관에서 종교학의 다양한 주제에 대해 발표하고 교육을 실시합니다.
> » 연구 결과와 이론을 널리 공유하기 위해서 학술지를 작성하거나 책을 출간합니다.
> » 최신 연구 동향을 파악하고 공유하기 위해 컨퍼런스나 세미나에 참여합니다.
> » 다양한 종교 공동체 간에 이해를 바탕으로 대화를 촉진하기 위해서 노력합니다.
> » 종교에 관한 전문적인 지식을 바탕으로 사회적, 문화적 문제 해결에 기여합니다.

Jump Up

기독교와 불교는 어떤 차이가 있을까요?

기독교와 불교는 근본적인 신념 체계, 교리, 실천 방법에서 여러 차이점이 있어요. 기독교는 단일 신을 믿는 유일신교로, 예수 그리스도의 삶과 가르침, 그리고 그의 부활을 중심으로 하는 신앙이에요. 기독교는 죄에서의 구원, 영생, 그리고 하나님과의 개인적 관계를 강조해요. 반면, 불교는 부처의 가르침에 기반하며, 윤회와 업의 개념, 그리고 깨달음을 통한 고통에서의 해탈을 중심으로 해요. 불교는 신의 존재에 초점을 두기보다는 내면의 평화와 괴로움으로부터의 해방을 추구해요. 또한, 기독교는 성경을 성스러운 경전으로 여기며, 불교는 여러 경전을 사용하되, 분파에 따라 다양한 경전을 중시해요. 이러한 차이는 두 종교가 세계와 인간 존재에 대해 가지는 근본적인 이해와 삶의 목적에 대한 접근 방식에서 비롯되고 있어요.

종교학자

커리어맵

관련직업
- 목사
- 신부
- 수녀
- 승려
- 성직자
- 중등학교 교사

관련기관
- 한국종교문화연구소 www.kirc.or.kr
- 한국기독교총연합회 www.cck.or.kr
- 한국천주교주교회의 cbck.or.kr
- 대한불교조계종 www.buddhism.or.kr

적성과 흥미
- 언어 구사 능력
- 상담 능력
- 사명감
- 봉사정신
- 자기통제 능력
- 도덕심
- 의사소통 능력
- 책임감
- 리더십

관련학과
- 종교학과
- 기독교학과
- 신학과
- 종교교육과

종교학자

흥미유형
- 탐구형
- 사회형

관련교과
- 국어
- 영어
- 사회

준비방법
- 국어, 영어, 사회 교과 역량 강화
- 교육에 대한 역량과 책임감 강화
- 종교 관련 독서 활동
- 종교, 봉사 관련 동아리 활동
- 말하기, 논술 분야 교내 행사 참여
- 종교인 직업체험 및 학과 탐방

관련자격
- 사회복지사
- 종교교육지도사
- 상담사
- 문화해설사
- 전문상담교사
- 중등학교 2급 정교사(종교)

진출 방법은?

종교학자가 되기 위해서는 대학교에서 종교학과와 관련된 전공을 통해서 학문적 탐구와 전문 지식을 습득하는 것이 중요합니다. 종교학, 인문학, 사회과학, 문화 연구 등의 분야에서의 교육이 유용합니다. 대학에서는 다양한 종교의 역사, 문화적 배경, 교리, 신앙 체계에 대한 폭넓은 이해를 기르며, 비판적 사고와 분석적 능력을 발전시킬 수 있는 기회를 제공받게 됩니다. 이 시기에는 다양한 종교적 텍스트를 연구하고, 관련 분야의 세미나나 워크숍에 참여하여 학문적 네트워크를 구축하는 것도 중요합니다. 대학에서 학사 학위를 취득한 후에는 더 전문화된 지식을 습득하기 위해 석사 및 박사 과정을 고려해야 합니다. 석사 과정에서는 보다 구체적인 연구 분야를 선택하여 심화된 연구를 수행하게 되며, 이는 후에 박사 과정에서의 논문 작업에 중요한 기반을 마련해 줍니다. 박사 과정은 종교학자가 되기 위한 결정적 단계로, 독창적인 연구를 통해 해당 분야에 기여할 수 있는 능력을 입증해야 합니다. 이 과정에서 개인의 연구 관심사를 심도 있게 탐구하고, 학계에서 인정받는 논문을 작성하게 됩니다. 박사 학위 과정에서는 또한 교육 경험을 쌓는 것이 중요하며, 강의 보조나 연구 보조를 통해 이를 실현할 수 있습니다. 박사 학위를 취득한 후에는 대학이나 연구기관에서의 교수직 또는 연구직을 추구할 수 있습니다. 이 단계에서는 지속적으로 연구를 수행하고, 학술지에 논문을 게재하며, 국제 컨퍼런스에 참여하여 자신의 연구 결과를 발표하는 등 학문적 기여를 지속해야 합니다. 또한, 학생들을 가르치며 후세대 종교학자 양성에 기여하는 역할도 매우 중요합니다. 끊임없는 학문적 호기심과 연구에 대한 열정, 그리고 교육에 대한 헌신이 필요한 길로 나아가면서 인간의 종교적 경험과 신념 체계에 대한 깊은 이해를 추구하여 종교학자로 발전해 나가게 됩니다.

관련 직업은?

성직자, 사회학연구원, 상담전문가, 언론인(기자,PD,아나운서등), 인문과학연구원, 인문사회계열 교수, 작가, 중등학교교사, 철학연구원, 출판물기획전문가 등등

종교학자 커리어맵

미래 전망은?

현대 사회는 다양한 문화와 종교가 상호작용하는 복잡한 공간으로 발전하고 있으며, 이러한 환경은 종교학자에게 더욱 중요한 역할을 부여하고 있습니다. 종교 간의 대화 촉진, 종교적 편견 해소, 그리고 다양한 신념 체계의 이해를 돕는 것은 글로벌 커뮤니티 내에서 평화와 이해를 증진시키는 데 필수적입니다. 이러한 측면에서 종교학자의 역할은 단순히 학문적 탐구를 넘어서 사회적, 문화적 영향력을 행사할 수 있는 잠재력을 가지고 있습니다.

기술의 발전과 디지털 시대의 도래는 종교학 연구 방법론에도 변화를 가져왔습니다. 온라인 데이터베이스, 디지털 아카이브, 소셜 미디어 분석 도구 등은 종교학자들이 다양한 문화적 맥락에서 종교적 실천과 신념을 연구하는 새로운 방법을 제공합니다. 이는 연구의 범위를 넓히고, 다양한 종교적 경험에 대한 더 깊은 이해를 가능하게 하며, 연구 결과의 대중화를 촉진합니다. 따라서, 기술을 활용한 연구 방법의 숙달은 종교학자들에게 필수적인 능력이 되고 있으며, 이는 미래에 종교학 분야가 나아갈 방향을 제시합니다.

장기적으로 볼 때, 종교학자의 미래 전망은 사회적 수요와 학문적 관심의 균형에 달려 있습니다. 종교와 관련된 글로벌 이슈들, 예를 들어 종교적 근본주의, 종교와 정치의 상호작용, 종교적 다양성과 포용성 증진 등은 종교학자들에게 중요한 연구 주제를 제공합니다. 이러한 이슈들은 사회적 관심을 불러일으키며, 종교학 연구의 중요성을 강조합니다. 또한, 교육 분야에서의 종교학의 역할, 특히 다음 세대를 위한 종교적 이해와 문화 간 소통 능력의 증진은 종교학자들에게 지속적인 기회를 제공할 것입니다.

Jump Up

불교의 승려에 대해 알아볼까요?

승려는 불교 교리를 실천하고 전파하기 위해 출가한 종교인이에요. 불교의 화합과 대중을 의미하는 승가에 속하며, 초기 불교에서 석가모니의 제자로 출가한 다섯 비구를 계승해요. 승려는 엄격한 수련과 계율을 따르며, 비구, 비구니, 사미, 사미니, 식차마나 등으로 나뉘어요. 승려들은 세속의 직업을 멀리해야 하며, 경제행위는 금지되어 있어요. 그리고 현대 이전까지만 해도 소지품을 간소화하여 탁발을 위한 바리와 세 벌의 옷, 손칼, 이쑤시개만을 가질 수 있었다고 해요.

가톨릭 신부에 대해 알아볼까요?

가톨릭 교회의 신부는 부제, 사제, 주교의 3계층 중 사제 계층에 속하며, '영신적 아버지'라는 의미를 가지고 있어요. 신부는 미사와 같은 성무를 집행하며, 하느님과 인간 사이의 중개자 역할을 하여 존경을 받아요. 인간을 대신해 하느님께 예배를 드리고, 성사를 통해 하느님의 은총을 인간에게 전달해요. 신부는 또한 하느님의 진리를 가르치고, 성당의 신자들과 재산을 관리하며, 인간의 고뇌와 고통을 신에게 전달하는 역할을 수행해요. 가톨릭에서 신부가 되기 위해서는 부제로서의 서품을 거쳐 사제품을 준비해야 하며, 엄격한 수련과 생활 규율을 따라야 해요.

적성과 흥미는?

종교학자는 다양한 종교적 신념과 문화에 대한 깊은 호기심과 개방적인 태도를 가져야 합니다. 이는 세계의 여러 종교와 신념 체계를 이해하고, 그것들 사이의 유사점과 차이점을 탐구하는 데 필수적입니다. 종교학은 종종 신념 체계와 그것이 인간 사회에 미치는 영향에 대한 복잡한 질문을 다루기 때문에, 이 분야에 종사하는 이들은 다양성을 존중하고 다른 문화적 배경에서 온 아이디어를 수용할 준비가 되어 있어야 합니다. 종교적 텍스트와 실천, 그리고 이들이 사회에 미치는 영향을 분석하며, 종교적 신념 체계의 구조와 기능을 이해하기 위해서는 높은 수준의 분석적 사고가 요구됩니다. 이러한 비판적 사고 능력은 종교학 연구가 단순히 종교적 신념을 기록하는 것을 넘어서, 그것들이 어떻게 사람들의 삶과 사회 구조에 영향을 미치는지를 깊이 있게 파악하는데 도움이 되기 때문입니다. 또한, 연구 과정에서 발생할 수 있는 복잡한 윤리적, 철학적 문제들을 해결하기 위해 고도의 비판적 사고가 필요합니다. 종교를 연구하기 위해서는 역사, 문학, 철학, 사회학 등 다양한 학문 분야에 대한 폭넓은 관심이 있어야 합니다. 종교학은 이러한 여러 분야와 교차하며, 종교적 신념과 실천이 인간의 역사와 문화, 사회 구조에 어떤 영향을 미쳤는지를 탐구합니다. 따라서, 종교학자로서 성공하기 위해서는 이와 관련된 분야에 대한 지식과 이해가 필요하며, 이러한 학문적 교차점에 대한 흥미가 중요합니다.

종교학 연구는 종종 역사적 문헌 연구, 사회학적 조사, 문화인류학적 탐구 등 다양한 방법론을 사용하기 때문에, 이러한 방법론에 대한 이해와 흥미도 중요합니다. 종교학자는 교육과 소통에 대한 열정을 가져야 합니다. 종교학의 지식을 학생들과 공유하고, 학술 커뮤니티 내외부의 대중과 소통하는 것은 이 분야에서 매우 중요한 부분입니다. 이는 종교학 연구가 단지 학문적 탐구에 그치지 않고, 사회적, 문화적 이해와 대화를 증진시키는 데 기여할 수 있음을 의미합니다. 따라서, 종교학자로서의 역할은 연구자, 교육자, 그리고 대중 소통자로서 다양한 역량을 요구하며, 이러한 역할을 수행하기 위한 열정과 헌신이 필수적입니다. 종교학자를 목표로 한다면, 다양한 종교에 대한 기본 지식을 습득하는 것부터 시작해야 합니다. 이를 위해, 종교의 역사, 주요 교리, 경전을 독학하거나 관련 수업을 듣는 것이 좋습니다. 또한, 세계 역사와 비교 문화 수업을 통해 광범위한 문화적 배경 지식을 쌓는 것도 중요합니다. 지역 사회에서 다양한 종교의 예배 장소를 방문하고, 그곳의 의식이나 행사에 참여해 보면 실제 종교 실천을 경험하고 이해하는 데 도움이 됩니다. 여름 학교 프로그램에 참여하여 종교학에 대한 이해를 더 넓히고, 이 분야의 전문가들과 교류할 기회를 찾는 것도 추천합니다. 이외에도, 종교적 테마를 다룬 문학 작품 읽기나 종교와 예술 사이의 관계를 탐구하는 창의적 활동에 참여하는 것을 추천합니다.

관련 학과 및 자격증은?

➡ 관련 학과 : 기독교학과, 대순종학과, 목회실천학부, 불교학과, 성서학과, 원불교학과, 원불교학부, 종교학과, 종교문화학, 종교문화학과, 종교문화학부, 종교문화학전공, 종교학전공, 크리스천리더십학과 등

➡ 관련 자격증 : 사회복지사, 전문상담교사, 중등학교 2급 정교사(종교) 등

종교학과
종교학자 전공 분석

어떤 학과인가?

인간의 종교적 본성과 종교가 인류 문명에 끼친 영향을 탐구하는 것은 종교학의 중심에 있습니다. 호모 사피엔스는 만물의 영장으로서, 보이지 않는 사후세계를 상상하며 의미와 이상적인 삶에 대해 고민하기 시작했습니다. 이러한 고민은 종교라는 개념으로 발전했으며, 종교는 오늘날까지도 인간 삶에 근본적인 질문을 던지며, 신앙, 진리, 윤리에 대한 깊은 성찰을 유도합니다. 종교학과는 이러한 학문적 탐구를 넘어, 모든 인류가 행복한 미래를 위한 종교의 문법을 창출하고자 합니다. 종교학과의 존재는 대한민국 지적 지형에 있어서 중요한 의미를 지니며, 종교에 대한 새로운 해석과 이해를 모색하는 곳입니다.

종교학과는 종교에 대한 전통적인 교리나 이데올로기를 옹호하는 대신, 21세기의 맥락에서 그 의미를 재해석하고, 다양한 학문적 방법론을 통해 종교 사상의 존재론적, 윤리적 주장을 검토합니다. 이는 종교가 인류문명 형성과 진보에 기여한 대화의 일환으로, 인간사회를 정의하는 역사적, 미적, 도덕적 감수성을 향상시키는 데 기여합니다. 종교학과는 창의적이고 정직한 학문 연구를 통해 더 나은 인류의 미래를 위한 종교적 지식과 이론을 제공하며, 급변하는 세계 속에서 종교의 새로운 모습을 제안하고, 지적인 대화를 이어가는 장소로 자리매김하고 있습니다. 이러한 접근 방식은 종교에 대한 맹신이 도사리는 세계분쟁과 한국 종교계의 도전에 대응하며, 종교학의 미래 지향적인 역할을 강조하는 학과입니다.

교육 목표와 교육 내용은?

현대 사회의 정치적, 사회적 문제들은 종종 종교적 신념과 행위와 깊이 연결되어 있습니다. 이슬람 근본주의, 소수민족 탄압, 대형교회 세습, 고독사, 안락사, 동성 결혼 등의 이슈는 종교의 이해를 통해 실마리를 찾을 수 있습니다. 이러한 문제들은 글로벌 활동을 계획하는 이들에게 다른 문화와 종교관의 이해를 강조합니다. 종교학과는 학생들에게 종교의 깊은 이해를 제공하며, 다양한 종교들의 가르침과 그 종교들을 총체적으로 이해하는 이론을 가르치고 토론합니다. 이는 현대사회와 현대인들의 복잡한 가치와 기구들을 이해하는 데 필수적이며, 다문화적 환경에서의 활동에 중요한 기반을 마련합니다.

> » 현대 사회의 복잡한 문제들, 특히 종교적 신념과 행위가 미치는 영향을 비판적으로 분석하고 해석할 수 있는 능력을 갖춘 인재를 양성합니다.
> » 국제적 이슈의 종교적 배경을 이해하고, 이러한 문제에 대해 심층적으로 분석하며 해결 방안을 모색할 수 있는 인재를 양성합니다.
> » 대형교회 세습, 고독사, 안락사, 동성 결혼 등 현대 사회의 다양한 문제와 종교의 관계를 이해하고, 이를 통해 사회적 갈등을 조정하고 해결하는 데 기여할 수 있는 인재를 양성합니다.
> » 세계 각국의 다양한 문화와 종교관을 이해하며, 글로벌 환경에서 효과적으로 소통하고 협력할 수 있는 인재를 양성합니다.
> » 동서고금의 다양한 종교들과 그 종교들을 총체적으로 이해하는 이론에 대한 깊은 지식을 가지고, 이를 학문적으로 탐구하고 토론할 수 있는 인재를 양성합니다.
> » 종교에 대한 객관적이고 균형 잡힌 접근을 통해 현대사회와 현대인들의 복잡한 가치와 기구들을 이해하고, 이를 바탕으로 사회에 기여할 수 있는 인재를 양성합니다.

학과에 적합한 인재상은?

종교학과에 필요한 흥미는 다양한 종교와 문화에 대한 깊은 호기심에서 시작됩니다. 학생들은 전 세계의 다양한 신념 체계, 의식, 그리고 종교적 실천에 대해 배우길 원해야 하며, 이는 종교가 개인과 사회에 미치는 영향을 이해하는 데 필수적입니다. 이러한 호기심은 종교적 문제들을 넘어서 인류학, 역사, 문화 연구 등 관련 분야에 대한 탐구로 확장될 수 있습니다.

종교학을 전공하려면 비판적 사고와 분석적 능력이 중요합니다. 종교학과 학생들은 복잡한 사회적, 정치적 문제들 속에서 종교적 요소를 식별하고, 그것들이 현대 세계와 어떻게 상호작용하는지를 깊이 있게 분석할 수 있어야 합니다. 이는 다양한 종교적 텍스트와 실천을 학문적으로 접근하고, 이론적 틀 내에서 해석하는 능력을 요구합니다. 글로벌 관점을 가지고 다문화적 환경에서 효과적으로 소통할 수 있는 능력도 필수적입니다. 종교학과 학생들은 세계 다른 지역의 종교와 문화를 이해하고 존중하는 태도를 가져야 하며, 이는 글로벌 커뮤니티 내에서 다리 역할을 할 수 있게 합니다. 이러한 흥미와 적성을 가지고 꾸준히 노력하는 학생은 종교학과에서 성공적인 학문적 경험하고 미래에 종교학자가 되기 위한 기반을 마련할 수 있습니다.

관련 학과는?

기독교학과, 대순종학과, 목회실천학부, 불교학과, 성서학과, 원불교학과, 원불교학부, 종교문화학과, 종교문화학부, 종교문화학전공, 종교학전공, 크리스천리더십학과 등

주요 교육 목표

종교적 신념과 행위의
현대사회 영향 이해

- -

사회 문제와 종교의 관계 분석

- -

종교에 대한 비판적 사고력을
갖춘 인재 양성

- -

국제적 이슈에 대한
종교적 관점 이해

- -

다문화와 종교관의 관계 이해

- -

객관적이고 균형 잡힌 종교 이해

진출 직업은?

성직자, 사회학연구원, 상담전문가, 언론인(기자,PD,아나운서등), 인문과학연구원, 인문사회계열교수, 작가, 중등학교교사, 철학연구원, 출판물기획전문가 등

취득 가능 자격증은?

☑ 사회복지사
☑ 실기교사, 전문상담교사
☑ 중등학교 2급 정교사(종교)
    (4년제 대학교의 종교학과 재학 중
    교직 과목 이수 시) 등

추천 도서는?

- 다시 이어지다 : 궁극의 욕망을 찾아서
  (김영사, 한바다 외 1인)
- 한국종교를 컨설팅하다(모시는사람들, 이찬수 외 6인)
- 나의 얼, 정신의 빛(말벗, 안병로)
- 한국 종교문화 횡단기(이학사, 최종성)
- 종교학의 이해(세창출판사, 유요한)
- 한국 종교학(모시는사람들, 정진홍 외 4인)
- 이야기 종교학(종문화사, 이길용)
- 한국 사회와 종교학
  (서울대학교출판문화원, 서울대학교 종교문제연구소)
- 종교학이란 무엇인가
  (북코리아, 한스 유르겐 그레셔트, 안병로 역)
- 종교학의 길잡이(한국학술정보, 이정순)
- 비교 종교학 개론(대한기독교서회, 김은수)
- 신의 역사(교양인, 카렌 암스트롱, 배국원역)
- 당신을 만날 수 있을까(이담북스, 이기행)
- 심리학과 종교(부글북스, 칼 구스타프 융, 정명진 역)
- 맹자에게 배우는 나를 지키며 사는 법
  (EBS BOOKS, 김월회)
- 구약의 사람들(EBS BOOKS, 주원준)
- 신 이야기(EBS BOOKS, 정진홍 저)
- 왜 사는가 : 소크라테스 예수 붓다
  (마인드큐브, 프레데릭 르누아르, 이푸로라 역)
- 신 앞에 선 인간(21세기북스, 박승찬)
- 교양으로 읽는 세계 7대 종교
  (시그마북스, 질 캐럴, 성세희 역)
- 신화와 정신분석(아를, 이창재)

학과 주요 교과목은?

기초 과목	세계종교, 종교와 종교학, 불교개론, 기독교개론 등
심화 과목	중국종교, 이슬람교개론, 종교학의 전개, 종교현상학, 종교사회학, 종교교육론, 종교교육 논리 및 논술, 종교인류학, 한국민속종교, 한국기독교, 한국유교, 종교의례, 신비주의, 종교학졸업논문지도, 고대종교, 신화학, 비교종교학, 한국불교, 일본종교, 경전과 고전, 원시종교, 인도종교, 유교개론, 도교개론, 종교철학, 한국종교, 종교심리학, 현대종교, 종교 교재 연구 및 지도법 등

졸업 후 진출 분야는?

기업체	종교 관련 출판 및 언론사, 종교 관련 단체 등
연구소	종교 관련 학계 및 연구기관 등
정부 및 공공기관	중앙정부 및 지방자치단체 등 종교 관련 공공기관 등

전공 관련 선택 과목은?

▶ 국어, 영어 교과는 모든 학문의 기초적인 성격을 가진 도구교과로 모든 학과에 이수가 필요하여 생략함.

수능 필수	화법과 언어, 독서와 작문, 문학, 대수, 미적분Ⅰ, 확률과 통계, 영어Ⅰ, 영어Ⅱ, 한국사, 통합사회, 통합과학, 성공적인 직업생활(직업)		
교과군	선택 과목		
	일반 선택	진로 선택	융합 선택
수학, 사회, 과학	세계시민과 지리, 세계사, 사회와 문화, 현대사회와 윤리	동아시아 역사 기행, 윤리와 사상, 인문학과 윤리, 국제관계의 이해	여행지리, 역사로 탐구하는 현대 세계, 사회문제 탐구, 윤리문제 탐구
체육·예술			
기술·가정/정보			
제2외국어/한문			
교양		인간과 철학, 논리와 사고, 인간과 심리, 교육의 이해, 삶과 종교	논술

학교생활기록부 관리는?

출결 사항	• 미인정 출결 내용이 없도록 관리하세요. 미인정 출결 내용이 있으면 인성, 성실성 영역 등에서 부정적 평가를 받을 가능성이 높아요.
자율·자치활동	• 다양한 교내외 활동에서 자기주도적 참여를 통해서 종교학자와 관련이 깊은 영어 및 사회 교과에 대한 관심과 흥미, 창의적 문제 해결 능력, 의사소통 능력, 협업 능력, 발전 가능성 등이 드러나도록 하세요.
동아리활동	• 종교, 역사, 문화탐구 관련 동아리 활동 참여를 통해서 종교 관련 전공에 대한 준비를 하세요. • 가입동기, 본인의 역할, 배우고 느낀 점, 종교학과 진학을 위해 기울인 활동과 노력이 나타날 수 있도록 참여하세요. • 학교내에서 타인을 위해 할 수 있는 지속적인 봉사 활동을 하세요. • 학교에서 주관하는 종교 행사, 전시회, 또래 멘토링, 다문화 가정 학생 돕기 등 종교와 관련된 봉사 활동을 하세요.
진로 활동	• 종교와 관련된 직업 정보 탐색 활동을 권장해요. • 종교 관련 기관 및 관련 학과 체험 활동이 무척 중요해요. • 종교나 사회 분야에 대한 적극적 진로 탐색 활동을 통해서 자신의 진로 역량, 공동체 역량, 발전 가능성 등이 나타날 수 있도록 하세요.
교과학습발달 상황	• 국어, 영어, 사회 등 종교와 관련된 교과 성적은 상위권으로 유지시키고, 관련 교과 수업에서 학업 역량, 진로 역량, 공동체 역량, 자기주도성, 문제 해결 능력, 창의력, 발전 가능성 등의 역량이 발휘될 수 있도록 수업에 적극 참여하세요. • 종교 및 사회 관련 분야의 교과 연계 독서 활동 내용이 기록되도록 하세요.
독서 활동	• 종교, 음악, 예술, 인문학, 철학 등 다양한 분야의 책을 읽으세요. • 종교, 문화인류학, 역사학, 철학, 정치경제학 교육 분야의 독서 활동을 통해서 종교학자의 기본적인 지식을 쌓는 것이 중요해요.
행동 발달 특성 및 종합 의견	• 창의력, 문제 해결 능력, 의사소통 능력, 협업 능력, 리더십, 발전 가능성, 진로 역량 등이 드러날 수 있도록 하세요. • 자기주도성, 경험의 다양성, 성실성, 나눔과 배려, 학업 태도와 학업 의지에 대한 자신의 장점이 생활기록부에 기록되도록 관리하세요.

141

아랍어과와 중동학과는 어떤 차이가 있을까요?

➡️ 아랍어과는 언어 학습과 문화적 이해에 더 큰 중점을 두고 있지만, 중동학과는 중동 지역에 대한 다학제적 접근을 통해 지역학적 이해를 목표로 하고 있지요. 아랍어과는 아랍어 사용 능력과 문화적 소통 능력을 강화하는 데 중점을 두고 있는 반면에, 중동학과는 중동 지역의 종합적인 이해를 바탕으로 한 다양한 분야에서의 전문성을 강조하고 있어요. 중동전문가가 되기 위한 대학과 전공의 선택은 학생의 흥미, 진로 계획, 그리고 전공에 대한 개인적 목표에 따라 달라질 수 있어요. 중동전문가가 되기 위한 대학과 학과의 선택은 교육 방향, 전공 과목의 범위, 그리고 졸업 후 진로의 다양성에 영향을 주게 되어요.

중동전문가란?

중동전문가는 중동 지역에 대한 폭넓은 지식과 깊은 이해를 갖춘 전문가를 말합니다. 이들은 중동의 다양한 정치, 경제, 문화, 사회, 안보 등의 측면을 분석하고 이해함으로써 해당 지역의 동향을 예측하고 설명합니다. 중동전문가는 정치학, 국제관계, 지역 연구, 문화 인류학, 경제학 등의 다양한 학문적 배경을 가지며, 이를 바탕으로 다양한 관점에서 중동의 복잡한 현실을 해석합니다.

정치 및 국제관계 분야에서 중동 지역의 다양한 정치적 풍경과 국제적 영향력을 분석하고 평가합니다. 이들은 중동의 정치체제, 정치적 이슈, 지역 간 갈등, 국제사회와의 상호작용 등을 탐구하여 중동의 정치적 동향을 이해하고 예측합니다. 또한 중동의 안보 문제와 군사적 동향을 분석하여 국제적인 안보와 평화 유지에 기여합니다.

경제 및 에너지 분야에서는 중동의 에너지 자원과 시장 동향을 분석하여 세계 경제와의 연관성을 이해하고 그 영향을 평가합니다. 중동은 석유와 가스 등의 에너지 자원이 풍부한 지역으로, 이에 대한 전문적인 분석이 중요합니다. 중동전문가는 또한 지역 내의 경제 발전과 다양화에 관한 정책을 평가하고 제안하여 중동 지역의 지속 가능한 발전을 지원합니다.

문화 및 사회 분야에서 다양한 문화적, 사회적 특성을 이해하고 중동의 다양성과 변화에 대한 연구를 수행합니다. 중동 지역의 역사, 종교, 언어, 문화적 관행 등을 탐구하여 지역의 사회적 동향과 변화를 이해하고 설명합니다. 또한 중동 지역의 사회 문제, 인권 문제, 성별 문제 등에 대한 연구와 정책 제안을 통해 사회적으로 책임 있는 연구를 수행합니다.

중동전문가

아랍어과

중동전문가가 하는 일은?

중동전문가는 정부 기관, 국제기구, 대학, 연구소, 언론 등 다양한 분야에서 활동할 수 있습니다. 이들은 중동 지역에 대한 지식과 전문성을 바탕으로 정책 제안, 분석 보고서 작성, 미디어 논평 등 다양한 활동을 수행합니다. 또한 중동 지역에서의 현지 연구나 필드워크를 통해 실질적인 정보를 얻기도 합니다. 중동전문가는 다양한 학문적 배경을 갖추고 있으며, 정치학, 국제관계, 지역 연구, 문화 인류학, 경제학 등의 학문적 전문성을 가지고 있을 수 있습니다.

중동전문가는 폭넓은 학문적 배경과 전문 지식을 보유하며 중동 지역의 정치, 경제, 문화, 사회 등 다양한 영역을 심층적으로 이해하고 분석하여 정책 제안, 연구 보고서 작성, 미디어 논평 등을 통해 중동 지역의 동향을 설명하고 해석하는 전문가입니다.

» 중동 지역의 정치적 상황과 국제적 영향력을 이해하고 분석한 후 중동의 다양한 정치 체제와 정치적 움직임을 평가하고 예측합니다.
» 석유와 가스 등 자원이 풍부한 중동 지역의 자원의 생산, 수출, 시장 변동 등을 분석합니다.
» 다양한 문화와 사회적 특성을 지닌 중동 지역의 문화적, 사회적 변화와 동향을 이해하고 설명합니다.
» 중동은 군사적 긴장과 안보 위협이 지속적으로 존재하는 지역이기 때문에 지역 내의 군사적 충돌, 테러리즘, 군사적 동향 등을 평가하고 분석합니다.

Jump Up

외교관과 중동전문가 직업은 어떤 차이가 있을까요?

외교관과 중동전문가 모두 국제 관계에 중요한 역할을 하고 있어요. 외교관은 국가 대 국가 간의 관계와 협상에 중점을 두는 직업이고, 중동전문가는 중동 지역에 대한 깊은 이해와 연구 및 교육에 초점을 맞추고 있어요. 외교관은 정부의 정책과 이익을 대표하고 실행하는 반면, 중동전문가는 학문적 연구, 정책 분석, 교육 등을 통해 중동 지역에 대한 이해와 해결책을 제시하는 역할을 하고 있어요.

중동전문가
커리어맵

중동전문가

준비방법
- 외국어 실력 향상
- 사회 문제에 대한 역량 강화
- 외국어 및 중동지역 관련 독서 활동
- 외국어 관련 동아리 활동
- 중동지역 관련 전시회 참가
- 아랍어 관련 직업체험 및 학과 탐방

관련기관
- 외교부 www.mofa.go.kr
- 한국이슬람학회 islamhakhoe.org
- 한국중동학회 www.kames1979.or.kr

적성과 흥미
- 외국어 능력
- 어휘력
- 의사소통 능력
- 성실성
- 적용성
- 스트레스 감내력
- 책임감
- 표현력

관련자격
- 관광통역안내사
- 특수외국어능력 평가

관련교과
- 국어
- 영어
- 사회
- 제2외국어

흥미유형
- 탐구형
- 사회형

관련학과
- 아시아중동학부
- 아랍어과
- 태국어과
- 인도어과
- 페르시아어·이란학과
- 통번역학과
- 아랍지역학과
- 말레이·인도네시아어과
- 베트남어과
- 터키·아제르바이잔어과
- 몽골어과
- 중동학과

관련직업
- 관광통역안내원
- 무역사무원
- 여행안내원
- 외국어강사
- 출입국심사관
- 해외공보관
- 국제협력사무원
- 신문방송해외특파원
- 외교관
- 유학상담자
- 통역가
- 해외영업원

145

적성과 흥미는?

중동전문가가 되기 위해서는 중동 지역에 대한 깊은 관심과 열정이 필요합니다. 중동의 다양한 정치적, 경제적, 문화적 특성에 대한 호기심과 탐구 정신이 중요합니다. 중동전문가로서의 열정과 호기심은 중동 지역의 복잡한 상황을 탐색하고 해석하는데 중요한 원동력이 됩니다. 중동전문가로서의 적성은 분석력과 통찰력을 요구합니다. 중동 지역은 다양한 정치적, 사회적, 문화적 요인이 교차되는 복잡한 지역으로, 이를 이해하고 해석하는 능력이 필수적입니다. 중동전문가는 이러한 복잡성을 이해하고 심층적인 분석을 통해 독창적이고 현명한 해결책을 제시할 수 있어야 합니다. 그들은 정치, 경제, 문화, 사회 등의 다양한 측면을 체계적으로 분석하고 이해하는 능력을 가지고 있습니다. 중동전문가는 중동 지역에서의 현지 경험과 문화에 대한 이해도 중요합니다. 현지에서의 연구나 현장 조사를 통해 중동의 다양한 측면을 직접 체험하고 이해하는 능력이 필요합니다. 중동 지역의 다양한 언어와

문화를 이해하고 존중하는 태도가 필요합니다. 이를 통해 중동전문가는 지역의 복잡한 현실을 이해하고 심층적인 분석을 수행하여 중동 지역의 발전과 안정에 기여할 수 있습니다. 이들은 중동 지역의 동향을 예측하고 정책에 대한 건전한 제언을 제공하는 데 기여할 수 있습니다. 중동전문가 직업을 꿈꾼다면 중동 지역의 언어와 문화에 대한 깊은 이해와 관심을 기르는 것이 중요합니다. 제2 외국어 등 중동 관련 언어 학습에 힘쓰며, 해당 지역의 역사, 문화, 정치, 사회에 대한 지식을 넓혀야 합니다. 이를 위해서 관련 도서를 읽거나 문화 행사 참여 등을 통한 자기 주도적 학습은 중동에 대한 폭넓은 지식을 구축하는 데 있어 매우 효과적입니다. 또한, 이러한 활동은 해당 지역에 대한 새로운 관점을 제공하고, 중동 지역의 다양성과 복잡성을 이해하는 데 도움이 됩니다. 이는 중동전문가와 관련된 직업 분야를 탐색하고 준비해 나가는데 중요한 기초가 됩니다.

중동전문가 커리어맵

Jump Up

아랍어의 특징에 대해 알아볼까요?

아랍어는 오른쪽에서 왼쪽으로 쓰이는 아랍 문자를 사용하고, 28개의 자음과 3개의 단모음 기호로 구성되어 있어요. 단어의 대부분 세 개의 어근 자음으로 이루어져 있으며 이 어근을 중심으로 여러 가지 접사가 붙어 파생어휘들을 만들어내고 있지요. 단어에 남성과 여성을 구분하고 있다는 점도 특징이에요. 아랍어는 풍부한 어휘와 유연한 문법을 자랑하며 문화, 종교, 정치 분야에서 섬세한 의미 전달이 가능해요. 이슬람교의 언어로서 아랍 문화와 문학에 깊은 영향을 미치고 있지요. 아랍어는 그 구조와 사용되는 지역의 다양성, 문화적 및 종교적 중요성으로 인해 고유한 특징을 지닌 언어에요. 이러한 특징들은 아랍어 학습자들에게 도전이 될 수 있지만, 동시에 이 언어의 아름다움과 깊이를 탐색할 수 있지요. 아랍어를 배우면 단순히 언어 능력을 넘어서, 아랍 세계와 그 이상의 글로벌 커뮤니티와 교류하는 데 필요한 중요한 문화적 이해와 감수성을 얻을 수 있지요.

국제개발협력전문가 직업에 대해 알아볼까요?

국제개발협력전문가는 개발도상국의 경제적, 사회적 발전을 촉진하기 위해 다양한 프로젝트와 프로그램을 기획, 실행, 평가하는 역할을 해요. 국제기구, 정부 기관, 비정부기구(NGO), 민간 기업 등에서 활동하며, 지속 가능한 개발 목표(SDGs) 달성을 위한 전략 수립에 참여해요. 국제개발협력전문가의 업무는 교육, 보건, 빈곤 감소, 환경 보호, 성 평등 증진 등 다양한 분야를 포괄하며, 현지 사회의 요구를 반영한 맞춤형 해결책을 제시하는 것을 목표로 해요. 이들은 문화적 감수성과 현지 사회와의 긴밀한 소통 능력을 바탕으로, 현지 커뮤니티와 협력하여 지속 가능하고 효과적인 개발 결과를 도출하기 위해 노력하고 있어요. 국제개발협력전문가는 프로젝트의 효과를 모니터링하고 평가하여 개발 협력의 효율성을 높이는 데 중요한 역할을 해요. 평소에 국제적인 관점을 가지고 글로벌 이슈에 대한 해결책을 모색하는 데 관심이 있는 학생들에게 적합한 직업이에요.

진출 방법은?

중동전문가가 되기 위해서는 대학교에서 아랍어 등 어문계열을 전공하거나 중동학전공을 통해서 폭넓은 학문적 이해와 지식을 쌓는 것이 중요합니다. 국제정치, 정치학, 중동 지역의 역사, 문화, 언어 등과 관련된 서적을 읽고, 온라인 강의나 교양 프로그램을 통해 학습을 진행하는 것이 필요합니다. 이를 통해 중동 지역에 대한 전반적인 이해를 높일 수 있습니다. 중동 지역에 대한 다양한 경험이 필요합니다. 중동 지역과 온라인 교류를 하거나 중동 문화와 관련된 프로그램에 참여하여 현지 문화를 체험하고, 현지 사람들과의 교류를 통해 실제 상황을 직접 경험하는 것이 중요합니다. 이를 통해 중동의 복잡한 정치적, 사회적, 문화적 요소를 실제로 체험하며 이를 학습과 이해에 반영할 수 있습니다. 중동 지역 및 다른 나라와 관련된 활동에 적극적으로 참여하고 네트워크를 구축하는 것이 중요합니다. 학교나 지역 사회에서 중동과 관련된 동아리나 행사에 참여하고, 관련된 세미나에 참가하여 다른 전문가들과의 교류를 통해 네트워크를 확장할 수 있습니다. 이러한 활동을 통해 자신의 관심사를 발전시키고, 자신의 역량을 쌓을 수 있습니다. 중동전문가가 되기 위해서 자기계발과 지속적인 학습이 필요합니다. 중동 지역의 동향과 이슈를 지속적으로 관찰하고, 관련된 자료나 보고서를 읽으며 최신 정보를 습득해야 합니다. 또한, 교수님이나 대학생 등의 멘토링이나 조언을 받아 자신의 전문성을 계속 발전시키고 발전시키는 것이 중요합니다. 외국어 공부를 통한 학문적 지식과 이해, 중동 지역 및 다른 나라에 대한 다양한 경험, 온라인 교류를 통한 네트워킹, 그리고 지속적인 독서를 통해 중동전문가가 되는데 도움이 됩니다.

관련 학과 및 자격증은?

- ➡ 관련 학과 : 아시아중동학부, 아랍지역학과,
아랍어과, 말레이·인도네시아어과,
태국어과, 베트남어과, 인도어과,
터키·아제르바이잔어과,
페르시아어·이란학과, 몽골어과,
통번역학과, 중동학과 등
- ➡ 관련 자격증 : 관광통역안내사(아랍어),
특수외국어능력평가(아랍어) 등

미래 전망은?

중동전문가에 대한 수요는 미래에도 계속해서 증가할 것으로 예측됩니다. 중동 지역은 정치적인 불안과 불안정성, 지역 간 갈등, 경제적 변화 등 다양한 복잡한 문제들이 존재하고 있으며, 이를 이해하고 분석하는 전문가의 필요성이 높아지고 있습니다. 특히 중동 지역은 세계적으로 에너지 자원의 중심지이며, 국제 정치와 경제에 많은 영향을 미치고 있어 중동전문가들의 수요가 더욱 증가할 것으로 예상됩니다. 중동 지역의 정치적, 경제적, 사회적 변화 속도가 빨라지고 있는 가운데, 중동전문가들은 정확하고 신뢰할 수 있는 정보와 분석을 제공하여 기관, 기업, 정부 등에 필요한 전략적인 결정을 지원할 것으로 예상됩니다. 또한, 중동 지역의 중요성이 국제사회에서 계속해서 증대되고 있으며, 미래에는 중동 지역의 안보 문제, 경제적 변화, 지역 간 갈등 등의 다양한 이슈가 더욱 복잡해질 것으로 보입니다. 이에 따라 중동전문가들은 보다 전문적인 지식과 통찰력을 갖추어 중동 지역의 동향을 신속하게 파악하고 분석할 수 있어야 할 것입니다. 따라서 중동전문가들은 계속해서 발전하고 변화하는 중동 지역의 요구에 부응하기 위해 계속해서 자기계발을 이어나가야 할 것입니다. 결론적으로 중동전문가들은 점점 더 높은 수요를 받을 것이고, 중동 지역의 다양한 이슈에 대한 전문적인 지식과 분석력이 더욱 중요해질 것입니다. 또한, 중동 지역의 안정과 발전에 대한 국제 사회의 관심이 더욱 증대될 것으로 예상되어 중동전문가들은 국제적인 영향력을 더욱 확대할 수 있을 것으로 전망됩니다.

관련 직업은?

관광통역안내원, 국제협력사무원, 무역사무원, 신문방송해외특파원, 여행안내원, 외교관, 외국어교사, 유학상담자, 출입국심사관, 통역가, 해외공보관, 해외영업원 등

아랍어과
중동전문가 전공 분석

어떤 학과인가?

아랍어과는 주로 아랍어와 아랍국가의 문화를 중점적으로 다루는 학과입니다. 아랍어는 서아시아와 북아프리카에 위치한 22개 아랍국가의 공용어이며 국제연합(UN) 6대 공식어 중 하나입니다. 이 학과는 아랍어의 언어학적 특성, 문법, 발음 및 어휘를 체계적으로 연구하며, 학생들에게 아랍 세계의 다양한 언어적 특징과 문화적 배경을 깊이 있게 이해시킵니다. 아랍어를 학습하고 익힘으로써 학생들은 아랍 세계의 다양한 문학 작품과 역사적인 내용에 접근할 수 있게 됩니다. 아랍 사회의 구조와 문화적 전통, 종교적인 특징 등을 이해함으로써 학생들은 아랍 세계의 복잡한 현상을 분석하고 해석하는 능력을 키울 수 있습니다. 이를 통해 학생들은 아랍어와 관련된 다양한 직업 분야에서의 경쟁력을 갖출 수 있으며, 국제사회에서도 활발한 활동을 할 수 있는 역량을 갖추게 됩니다. 아랍어과는 문화적인 이해와 함께 언어학적인 지식을 함양하는데 중점을 둡니다. 학생들은 아랍어를 통해 아랍 세계의 정치, 경제, 사회 및 문화적인 다양성에 대한 통찰력을 얻게 됩니다. 또한, 아랍어와 관련된 다양한 학문 분야와의 융합을 통해 학생들은 창의적이고 다양한 관점에서 문제를 해결하는 능력을 갖추게 됩니다. 이를 통해 학생들은 글로벌 시대에 요구되는 다양성과 문화 이해력을 갖추면서도, 전문적인 지식과 기술을 바탕으로 세계적인 무대에서 활동할 수 있는 능력을 갖출 수 있습니다.

교육 목표와 교육 내용은?

아랍어과의 교육 목표는 학생들이 아랍 문화와 언어를 깊이 이해하고, 이를 통해 글로벌 커뮤니케이션 능력을 강화하는 데 있습니다. 이 과정에서 학생들은 아랍어의 기본 문법, 어휘, 발음을 습득함과 동시에 다양한 아랍 국가들의 역사, 문화, 사회적 배경에 대한 폭넓은 지식을 쌓게 됩니다. 아랍어과의 교육은 학생들이 아랍 세계와의 교류를 통해 다양한 전문 분야에서 활용할 수 있는 언어적, 문화적 역량을 강화하는 데 중점을 둡니다. 학생들은 텍스트 해석, 실생활 대화, 전문 분야에서의 의사소통 능력을 포함하여 아랍어 사용의 다양한 측면을 마스터함으로써, 국제 무대에서의 경쟁력을 키우고, 아랍 국가들과의 비즈니스, 교육, 문화 교류 등 다양한 분야에서 활동할 수 있는 기반을 마련하게 됩니다. 이러한 교육을 통해 학생들은 글로벌 사회에서 요구되는 언어적 다양성과 문화적 이해의 중요성을 인식하고, 이를 자신의 진로에 적극적으로 활용할 수 있게 됩니다. 21세기 글로벌 시대 사회적 요구에 부응할 수 있는 인재 양성을 통해 한국과 아랍·이슬람 세계와의 이해 증진 및 교류와 협력 확대에 기여하고 있습니다.

학과에 적합한 인재상은?

아랍어과를 전공하기 위해서는 학생들이 국제적인 관점을 가지고 다양한 문화와 언어에 대한 깊은 이해와 존중을 배우고자 하는 열정이 있어야 합니다. 아랍어와 아랍 문화에 대한 호기심은 물론, 다른 문화를 이해하고자 하는 넓은 시야와 개방된 마음이 필요하며, 이는 글로벌 사회에서의 소통 능력과 문화 간 이해를 증진시키는 데 중요한 역할을 합니다. 학생들은 아랍어의

> » 유창한 아랍어 구사 능력을 갖춘 글로벌 인재를 양성합니다.
> » 현지 언어와 지역학 지식을 갖춘 글로벌 중동지역전문가를 양성합니다.
> » 중동 지역의 정치·경제·사회·문화·역사 전반에 걸친 지식을 갖춘 인재를 양성합니다.
> » 다양한 전공 자료를 활용하고 분석할 수 있는 인재를 양성합니다.
> » 중동 지역에 대한 창의적·비판적 사고능력을 갖춘 인재를 양성합니다.
> » 한국과 중동 지역간 관계 발전에 기여할 수 있는 인재를 양성합니다.

복잡한 문법 구조와 발음에 대한 학습에 흥미를 느끼고, 이를 통해 언어 습득 과정에서 발생하는 도전을 극복하는 데 필요한 인내심과 집중력을 발휘할 수 있어야 합니다. 아랍어과 전공자는 국제 뉴스, 정치, 역사에 대한 관심을 가지고 있어야 하며, 아랍 세계의 사회적, 정치적 이슈에 대한 이해를 통해 국제 사회에서 발생하는 다양한 사건들을 더 깊이 있게 분석할 수 있는 능력을 갖추게 됩니다. 이러한 분석 능력은 학생들이 아랍 국가들과의 교류나 협력 과정에서 중요한 역할을 하며, 국제 관계, 비즈니스, 교육, 언론 등 다양한 분야에서의 경력 발전에 기여할 수 있습니다. 학생들은 또한 아랍 문화와 예술에 대한 깊은 감사와 이해를 바탕으로, 문화적 다양성을 존중하고 다른 문화적 배경을 가진 사람들과의 교류에서 긍정적인 태도를 유지해야 합니다. 아랍어과 전공을 위해서는 언어 학습에 대한 지속적인 관심과 열정, 문화적 다양성에 대한 존중, 그리고 국제적인 사회 이슈에 대한 깊은 이해가 필수적입니다. 학생들은 이러한 학습 과정을 통해 얻은 지식을 실제 생활에 적용하고자 하는 실용적인 태도를 가져야 하며, 아랍어 능력을 향상시키고 글로벌 커뮤니티 내에서 의미 있는 기여를 할 수 있는 능력을 개발해야 합니다. 이 과정에서 학생들은 다양한 문화적 배경을 이해하고, 국제적인 문제에 대해 비판적으로 사고하며, 다양한 전문 분야에서 아랍어와 아랍 문화의 지식을 활용할 수 있는 폭넓은 기회를 갖게 됩니다. 이러한 능력은 아랍어과 전공자들이 글로벌 사회의 다양한 도전에 대응하고, 다문화 간의 다리 역할을 하는데 큰 도움이 됩니다.

주요 교육 목표

언어 능력의 향상

문화적 이해 증진

중동 지역 분야에서의 응용 능력 증진

국제적 소통 능력 강화

비판적 사고 및 분석 능력 개발

자기 주도적 학습 및 연구 능력 강화

관련 학과는?

아시아중동학부, 아랍지역학과, 말레이·인도네시아어과, 태국어과, 베트남어과, 인도어과, 터키·아제르바이잔어과, 페르시아어·이란학과, 몽골어과, 통번역학과 등

진출 직업은?

관광통역안내원, 관리비서, 국제협력사무원, 리포터, 마케팅사무원, 면세상품판매원, 무역사무원, 문학평론가, 방송기자, 방송컨텐츠마케팅디렉터, 번역가, 소설가, 시나리오작가, 신문방송해외특파원, 아나운서, 여행사무원, 여행상품개발자, 여행안내원, 외교관, 외국어교사, 외국어학원강사, 유학상담자, 자막제작자, 잡지기자, 저작권에이전트, 중동전문가, 출입국심사관, 칼럼니스트, 통역가, 해외공보관, 해외영업원 등

취득 가능 자격증은?

☑ 관광통역안내사(아랍어)
☑ 특수외국어능력평가(아랍어) 등

추천 도서는?

- 새로 펴낸 종합아랍어(송산출판사, 이규철)
- 아랍어 첫걸음
  (한국외국어대학교출판부, 윤은경 저)
- 이것이 아랍 문화이다(청아출판사, 이희수 외 3인)
- 이슬람문명(창작과비평사, 정수일)
- 아랍인의 역사(심산, 앨버트 후라니, 김정명 역)
- 중동의 국제관계(미래엔, 루이즈 포셋, 백승훈 역)
- 이슬람 교리, 사상, 역사(일조각, 손주영)
- 대체로 무해한 이슬람 이야기(씨아이알, 황의현)
- 세 종교 이야기(행성B잎새, 홍익희)
- 사진과 그림으로 보는 케임브리지 이슬람사
  (시공사, 프랜시스 로빈슨, 손주영 역)
- 브리태니커 필수 교양사전 : 이슬람
  (아고라, 브리태니커 편찬위원회, 박지선 역)
- 바다와 문명(영남대학교출판부, 왕대연)
- 아랍의 봄 그 후 10년의 흐름
  (서울대학교출판문화원, 구기연 외 6인)
- 사막에서 화성탐사선을 쏘아 올린
  아랍에미리트(푸블리우스, 최창훈)
- 이토록 매혹적인 아랍이라니(부키, 손원호)
- 아랍인의 희로애락(서울대학교출판문화원, 김능우)
- 21세기 중동 바르게 읽기(서경문화사, 홍미정)
- 남들이 무모하다고 할 때 도전은
  시작된다(에이원북스, 진용기)

학과 주요 교과목은?

기초 과목	초급아랍어회화, 초급아랍어문법, 초급시청각아랍어, 초급아랍어강독, 아랍학입문, 아랍사회의 이해 등
심화 과목	중급아랍어회화, 중급아랍어, 중급시청각아랍어, 중급아랍어문장연습, 아랍지역연구, 고급아랍어회화, 아랍어학사, FLEX아랍어, 미디어아랍어, 아랍수필, 아랍의료관광의이해, 아랍통상실무, 중동외교사, 아랍어번역연습, 아랍단편소설, 아랍역사, 아랍정치세미나, 아랍어구문어체비교론, 아랍문학사, 아랍비교정치론, 아랍외교정책연구, 이슬람경제와금융, 아랍의문화예술, 아랍어구어체연구, 코란연구, 북아프리카시장론, 할랄비즈니스의이해, 아랍사회와문화 등

졸업 후 진출 분야는?

기업체	항공사, 대기업, 언론사(중동전문분야), 중동진출 기업(건설, 무역, 전자 부문) 등
연구소	KIEP(대외경제정책연구원), 국립외교원 연구소 등
정부 및 공공기관	주한아랍국가대사관, 아랍국가 주재 한국대사관, 외교부, 국가정보원, 경찰청 외사과, 법제처, 외교통상부, 출입국 관리사무소, 건설협회, 무역협회, 석유공사, KOTRA 등

🔍 전공 관련 선택 과목은?

▶ 국어, 영어 교과는 모든 학문의 기초적인 성격을 가진 도구교과로 모든 학과에 이수가 필요하여 생략함.

수능 필수	화법과 언어, 독서와 작문, 문학, 대수, 미적분 I, 확률과 통계, 영어 I, 영어 II, 한국사, 통합사회, 통합과학, 성공적인 직업생활(직업)		
교과군	선택 과목		
	일반 선택	진로 선택	융합 선택
수학, 사회, 과학	세계시민과 지리, 세계사, 사회와 문화, 현대사회와 윤리	동아시아 역사 기행, 윤리와 사상, 인문학과 윤리, 국제 관계의 이해	여행지리, 역사로 탐구하는 현대 세계, 사회문제 탐구, 윤리문제 탐구
체육·예술			
기술·가정/정보			
제2외국어/한문	아랍어	아랍어 회화, 심화 아랍어	아랍 문화
교양		인간과 철학, 삶과 종교	논술

학교생활기록부 관리는?

출결 사항	• 미인정 출결 내용이 없도록 관리하세요. 미인정 출결 내용이 있으면 인성, 성실성 영역 등에서 부정적 평가를 받을 가능성이 높아요.
자율·자치활동	• 다양한 교내외 활동에서 자기주도적 참여를 통해서 중동전문가와 관련이 깊은 국어, 영어 및 아랍어에 대한 관심과 흥미, 창의적 문제 해결 능력, 의사소통 능력, 협업 능력, 발전 가능성 등이 드러나도록 하세요.
동아리활동	• 영어, 아랍어, 세계사 관련 동아리 활동 참여를 통해서 아랍어 관련 전공에 대한 준비를 하세요. • 가입동기, 본인의 역할, 배우고 느낀 점, 아랍어과 진학을 위해 기울인 활동과 노력이 나타날 수 있도록 참여하세요. • 학교내에서 타인을 위해 할 수 있는 지속적인 봉사 활동을 하세요. • 학교에서 주관하는 외국어 행사, 세계 문화 전시회, 다문화 가정 학생 돕기 등 외국어와 관련된 봉사 활동을 하세요.
진로 활동	• 중동지역과 관련된 직업 정보 탐색 활동을 권장해요. • 중동 관련 기관 및 관련 학과 체험 활동이 무척 중요해요. • 아랍어나 사회 분야에 대한 적극적 진로 탐색 활동을 통해서 자신의 진로 역량, 공동체 역량, 발전 가능성 등이 나타날 수 있도록 하세요.
교과학습발달 상황	• 국어, 영어, 사회, 아랍어 등 중동전문가와 관련된 교과 성적은 상위권으로 유지시키고, 관련 교과 수업에서 학업 역량, 진로 역량, 공동체 역량, 자기주도성, 문제 해결 능력, 창의력, 발전 가능성 등의 역량이 발휘될 수 있도록 수업에 적극 참여하세요. • 외국어 및 사회 관련 분야의 교과 연계 독서 활동 내용이 기록되도록 하세요.
독서 활동	• 외국어, 사회, 인문학, 철학 등 다양한 분야의 책을 읽으세요. • 철학, 문학, 논리학, 예술, 과학 등 다양한 독서 활동을 통해서 중동전문가의 기본적인 지식을 쌓는 것이 중요해요.
행동 발달 특성 및 종합 의견	• 창의력, 문제 해결 능력, 의사소통 능력, 협업 능력, 리더십, 발전 가능성, 진로 역량 등이 드러날 수 있도록 하세요. • 자기주도성, 경험의 다양성, 성실성, 나눔과 배려, 학업 태도와 학업 의지에 대한 자신의 장점이 생활기록부에 기록되도록 관리하세요.

철학과 과학은 어떤 차이가 있을까요?

➡️ 철학과 과학은 인식의 대상과 방법론에서 차이점이 있어요. 철학은 존재, 지식, 가치, 이성, 마음, 언어 등 광범위한 추상적 질문에 대해 근본적인 성찰과 논리적 분석을 통해 접근해요. 주로 개념적 탐구와 논리적 추론을 바탕으로 하며, 경험적 검증보다는 합리적인 논증과 비판적 사고에 의존하지요. 반면, 과학은 자연 세계를 대상으로 하여 구체적인 현상을 관찰, 실험, 그리고 경험적 데이터를 통해 이론을 수립하고 검증하는 방식을 사용해요. 과학은 가설 설정과 이를 검증하기 위한 실험적 방법론을 통해 지식을 축적하며, 반복 가능성과 가시적 결과에 더 큰 중점을 두지요. 따라서 철학은 근본적인 삶의 질문과 개념적 탐구에 집중하는 반면, 과학은 경험적 방법을 통해 자연 현상을 설명하고 예측하는 데 초점을 두지요.

철학자란?

철학은 세계와 인간의 삶에 있어 근본 원리가 되는 인간의 본질, 세계관 등을 탐구하는 학문이라 할 수 있습니다. 철학(Philosophy)이라는 용어는 고대 그리스어의 필로소피아(지혜에 대한 사랑)에서 유래하였는데, 여기서 지혜는 일상 생활에서의 지식이 아닌 인간과 그를 둘러싼 세계관, 인생관, 가치관 등을 의미합니다. 원래 철학자란 인간의 조건에 대한 존재론적인 질문을 풀기 위한 삶을 살던 사람이었습니다. 그러나 현대에 와서 미학, 윤리학, 문학, 인식론뿐만 아니라 예술과 같은 학문을 연구하는 사람들로 확대되었습니다. 흔히 철학자들은 눈에 보이지 않는 것, 실체가 없는 뜬구름 잡는 이야기를 한다고 생각하는데, 이는 철학자가 아니라 궤변론자에 대한 비판입니다. 철학자는 사유하는 사람으로, 논리적인 생각을 바탕으로 사실의 근거에 다가가고자 하기 때문입니다. 따라서 논리 없는 말만 앞세우거나 지식을 쌓는 것만을 목적으로 하는 사람은 철학자라고 할 수 없습니다. 철학자는 어느 한 부분에 치우치지 않는 통합적 지식을 갖추어야 합니다. 분석철학을 전공한다면 수리논리학에 대한 이해가 필수적이고, 과학철학을 전공한다면 물리학이나 생물학, 심리학에 대한 지식이 필요합니다. 고전철학이나 중세철학을 전공한다면 당시 시대상에 대한 역사적 지식도 필요합니다. 철학자들이 치열하게 진리를 추구하더라도 인간이기 때문에 그들의 논리가 완벽할 수는 없습니다.

철학이라는 학문은 시대에 따라 계속 발전하는 학문이기 때문에 당대 사람들의 생각이나 철학 사조의 영향을 받을 수밖에 없습니다. 신의 존재를 당연하게 여겼던 중세 철학자들, 제국주의와 인종차별, 공산주의를 환영했던 근현대 철학자들이 대표적인 예입니다. 이러한 사실은 철학자들이 당대의 시대적 분위기에서 자유로울 수 없음을 보여줍니다.

철학자
철학과

철학자가 하는 일은?

철학자는 형이상학, 윤리학, 논리학과 같은 철학의 여러 전문 분야를 탐구하는 것에 초점을 맞춥니다. 이러한 연구는 단순히 사실을 축적하는 것을 넘어, 사실의 근거에 접근하는 방법을 찾는 데에 있습니다. 철학자들은 존재의 본질, 지식의 한계, 도덕적 가치의 기초와 같은 근본적인 질문들에 대해 깊이 있는 사고를 합니다. 이 과정에서 그들은 추상적인 개념을 구체화하고, 우리가 세계를 이해하는 방식에 대한 근본적인 가정들을 도전합니다. 인간과 사회에 대한 광범위한 문제들을 논리적으로 분석하고 연구합니다. 이는 인간의 행위, 생각, 지식, 가치관, 규범, 종교, 예술 등 다양한 영역을 포괄합니다. 철학자가 하는 연구는 우리가 세상을 바라보는 시각을 넓히고, 개인과 사회가 직면한 문제들에 대한 새로운 해석을 제시합니다.

철학자는 지식의 경계를 확장하고, 인류의 질문에 대한 끊임없는 탐구를 이끌어내며, 궁극적으로는 보다 근본적이고 의미 있는 답변을 찾아가는 특징이 있습니다.

» 인류 문화의 기본이 되는 동서양의 사상 문화를 탐구합니다.
» 현대 사회에서 발생하는 여러 가지 문제들을 논리적으로 탐구합니다.
» 각 사회의 사상과 문화를 연구하여 발전시키는 데 기여합니다.
» 다양한 문화권 사이의 교류에 능동적으로 대응할 수 있는 방법을 연구합니다.
» 사물의 근원에 대해 연구하고, 사물과 현상에 대한 기본 전제들을 탐구합니다.
» 종교와 도덕적 문제를 개념적이고 논리적으로 분석합니다.
» 실존적인 관심과 삶의 의미에 대해 깊이 있게 연구합니다.

Jump Up

고등학교 과목 중 인간과 철학에 대해 알아볼까요?

인간과 철학은 교양교과 중 진로선택과목으로 '나의 삶과 철학함, 공동체와 철학함, 생태계와 철학함, 창조성과 철학함'이라는 4개의 대단원으로 구성되어 있어요. 모든 학문의 뿌리가 되는 철학의 다양한 사상들을 탐구하면서, 학생들이 자신의 삶 속에서 스스로 '철학하는 사람'이 되어 가는 과정을 배울 수 있어요. 철학하는 기쁨을 체험하며, 철학적 대화와 소통 훈련을 통해 삶의 터전을 새롭게 구성하고 발전시킬 구체적인 방법을 실천할 수 있어요.

철학자
커리어맵

- 인문학, 사회과학적 지식 함양
- 다양한 분야의 독서 및 토론 활동
- 논리적 사고 능력을 키우는 활동
- 사상탐구 등의 동아리 활동
- 의사소통 능력을 키우는 활동
- 철학 관련 직업체험 및 학과 탐방

- 한국철학회 www.hanchul.org
- 경제·인문사회연구회 www.nrc.re.kr
- 각 대학의 철학연구소
- 생명문화연구소

- 진리에 대한 호기심
- 언어 능력
- 외국어 능력
- 분석적 사고 능력
- 논리적 사고 능력
- 혁신적 사고 능력
- 비판적 사고 능력
- 창의력
- 통찰력

준비방법

관련기관

적성과 흥미

관련자격

- 심리상담사
- 정신건강상담사
- 논술지도사

철학자

흥미유형

관련교과

- 탐구형
- 사회형

- 국어
- 영어
- 사회
- 과학
- 음악
- 미술

관련학과

관련직업

- 철학과
- 철학윤리학과
- 동양철학과
- 유학동양학과
- 철학·동아시아문화학전공

- 교수
- 동양철학자
- 철학연구원
- 서양철학자
- 국학자
- 예술 및 종교인

적성과 흥미는?

철학자는 사물이나 현상의 본질에 다가가기 위한 사유, 사물의 기본 현상, 인간의 기본적 사고 과정을 분석하고, 그에 대해 끊임없이 질문하며 논리적으로 해답을 찾아 나가야 합니다. 따라서 이론과 논리를 세울 수 있는 논리적이고 혁신적인 사고 능력, 분석력, 통찰력과 창의력이 요구됩니다. 또한 탐구과정에서 찾아낸 논리를 말이나 글로 표현할 수 있는 언어 능력, 사람과 사회에 대한 폭넓은 시각과 지적 호기심, 역사나 사회, 신학, 인류 등 인문학과 사회과학 전반에 대한 지식도 필요합니다. 철학자에 관심이 많다면 국어, 사회, 과학, 영어, 예술 교과 등 범교과적인 흥미를 가지고 인류의 기원과 이동, 문화와 역사에 대한 지식 등을 키워야 합니다. 철학자는 세계의 사상가들이 쓴 글을 많이 읽어야 하는데, 번역본에서는 해당 언어만의 독특한 표현이나 느낌이 제대로 드러나지 않습니다. 그러므로 독일어, 프랑스어, 라틴어, 이탈리아어, 러시아어, 한문, 중국어 등 연구하고자 하는 사상가가 저술한 글을 원문 그대로 이해할 수 있는 외국어 능력도 키우면 도움이 됩니다.

평소 문제해결을 위해 이치에 맞는 생각을 체계적으로 하려고 노력하는 것과 다양한 분야의 독서 활동을 통해 사고력을 넓히는 것도 매우 중요합니다. 철학자는 끊임없이 연구하며 자기의 전공 분야에 대해 깊이 공부해야 하므로 꾸준한 자기 계발과 관련 지식을 배우려고 하는 자세가 필요합니다. 독서토론반, 심리연구반, 논술반, 신문반, 사상탐구반 등의 동아리 활동이나 철학과 탐방 프로그램에 참여하는 것도 좋습니다.

철학자 커리어맵

Jump Up

동양철학과 서양철학은 어떤 차이가 있을까요?

동양철학과 서양철학은 기원, 발전 과정, 주요 관심사, 그리고 철학적 접근 방식에서 명확한 차이점이 있어요. 동양철학은 중국, 인도, 일본 등 아시아 지역에서 발전한 철학적 전통으로, 조화, 균형, 도덕성, 그리고 내면의 성찰에 중점을 두지요. 유교, 도교, 불교와 같은 학파들은 개인의 덕성, 사회적 조화, 우주와의 일체감을 강조해요. 이에 비해, 서양철학은 고대 그리스에서 시작하여 논리, 과학, 개인주의, 물질세계의 탐구가 더 중요해요. 서양 철학의 주요 관심사는 존재론, 인식론, 윤리학, 논리학 등으로, 명확한 논증, 이성적 분석, 그리고 개별 현상의 원인과 효과를 이해하는 데 중점을 두지요. 동양철학에서는 인간과 자연의 관계, 인간 내면의 조화와 같은 주제가 자주 탐구되며, 이는 일상 생활과 밀접한 연관을 가져요. 반면, 서양철학은 보다 추상적이고 개념적인 문제들을 다루며, 철학적 문제 해결에 있어 이성과 논리를 중시해요. 이러한 차이는 각 철학 전통이 발전해 온 역사적, 문화적 배경과 불가분의 관계에 있어요. 동양철학은 인간과 자연의 조화로운 공존을 추구하는 반면, 서양철학은 인간의 이성과 자연 세계의 이해를 통한 지식의 확장에 더 큰 가치를 두지요.

아동철학교육에 대해 알아볼까요?

아동철학교육은 어린이들이 비판적 사고능력과 논증 능력을 키울 수 있도록 하는 교육을 말해요. 옛날에는 주로 고등학교와 대학에서만 철학 교육이 이루어졌으나, 외국에서는 어린이들도 철학적 사고를 할 수 있다는 인식이 확대되었어요. 이에 따라 초등학교와 유치원에서도 철학 교육을 실시하고, 철학교육이 아동의 비판적 사고력을 증진시키고 수학, 과학, 언어 학습에도 긍정적인 영향을 미친다고 알려져 있어요. 아동철학교육에 대한 연구와 실천은 1970년대 이후 미국의 몽클레어주립대학교 아동철학연구소와 다양한 학회를 통해 활발히 이루어지고 있어요.

진출 방법은?

철학자가 되기 위해서는 다양한 방법이 있으며, 가장 기본적인 출발점은 대학교의 철학과에서 기초 소양을 쌓고 기본 지식을 배우는 것입니다. 이 과정에서 학생들은 철학의 다양한 분야와 주제들, 예를 들어 윤리학, 형이상학, 논리학 등을 깊이 있게 탐구하게 됩니다. 이러한 기초 교육은 철학적 사유와 분석 능력을 키우는 데 필수적입니다. 이후, 보다 전문적인 연구를 진행하고자 한다면 대학원에 진학하여 석사 및 박사 학위 과정을 밟는 것이 일반적입니다. 대학원 과정에서는 자신만의 연구 주제를 선택하여 깊이 있는 연구를 진행하며, 이 과정에서 독창적인 논문을 작성하게 됩니다.

철학 분야의 진출 경로는 학술적 연구 뿐만 아니라 다양한 분야에 걸쳐 있습니다. 석사 및 박사 학위를 취득한 후에는 대학이나 대학원에서 교수로 활동하며 후세대를 가르치고 자신의 연구를 계속할 수 있습니다.

또한, 정부 출연 연구소나 사립 연구 기관에서 연구원으로 일하면서 철학적 지식을 사회적, 문화적 문제 해결에 적용할 수 있습니다. 이 외에도 철학적 사유와 분석 능력은 비판적 사고와 문제 해결 능력을 요구하는 다양한 직업 분야에서 강점으로 작용할 수 있습니다. 철학자로서의 경로는 전통적인 학문적 경로 외에도 개인적인 연구와 저술 활동을 통해 이루어질 수 있습니다. 대학원에서 공부하지 않았다 하더라도, 자신만의 독특한 철학적 논문을 학술지에 발표하거나 책을 출판하여 그 연구 능력을 인정받는 사례도 있습니다. 이러한 방식으로 철학자로서 명성을 쌓아가는 것은 자신의 사상과 이론을 널리 퍼뜨리고, 대중과 소통하는 데 있어 매우 효과적입니다. 결국 철학자가 되기 위한 경로는 다양하며, 개인의 흥미와 열정, 그리고 철학에 대한 깊은 사랑이 중요한 역할을 합니다.

관련 학과 및 자격증은?

➡ 관련 학과 : 철학과, 철학윤리학과, 동양철학과,
　　　　　　유학동양학과, 철학·동아시아문화학전공
➡ 관련 자격증 : 심리상담사, 정신건강상담사,
　　　　　　　논술지도사

관련 직업은?

교수, 서양철학자, 동양철학자, 역사학연구원,
언어학연구원, 정치학연구원, 경제학연구원,
사회학연구원, 지리학연구원, 행정학연구원,
법학연구원, 심리학연구원, 철학연구원,
예술 및 종교인 등

미래 전망은?

철학자는 주로 대학교에서 강의를 하거나 연구소에서 연구원으로 활동하며 학문적 기여를 하고 있습니다. 이러한 전통적인 경로는 앞으로도 계속 중요한 역할을 할 것입니다. 그러나 인문학 연구원들이 진출할 수 있는 분야가 상대적으로 제한적이라는 점과 연구 성과가 눈에 띄게 나타나지 않는다는 점은 철학자들의 직업 시장을 현 상태로 유지할 가능성이 높음을 시사합니다. 이는 철학자들이 직면한 현실적인 도전으로, 이 분야에서의 진로를 고려하는 이들에게 고려해야 할 중요한 요소입니다. 그럼에도 불구하고, 최근 사회는 인문학과 기술의 융합을 통한 새로운 가치 창출에 점점 더 많은 관심을 보이고 있습니다. 철학은 이러한 융합 과정에서 중요한 역할을 할 수 있으며, 문화와 기술을 아우르는 복합적 지식 수요에 부응하는 데 필요한 깊은 사고와 비판적 분석을 제공할 수 있습니다. 따라서 철학자들에게는 새로운 서비스나 제품 개발에 기여하거나, 사회적, 윤리적 문제를 해결하는 데 참여하는 등의 새로운 기회가 열릴 수 있습니다. 이러한 배경을 고려할 때, 철학자의 미래 전망은 양면성을 지닙니다. 전통적인 학문적 경로가 여전히 중요한 가운데, 사회적 변화와 기술의 발전은 철학자들에게 새로운 기회의 장을 열고 있습니다. 인문학과 과학기술의 교차점에서 철학의 역할이 새롭게 조명받으면서, 철학자들의 역량을 다양한 분야에서 활용할 수 있는 가능성이 증가하고 있습니다. 이는 철학자들에게 새로운 일자리 창출에 긍정적인 영향을 미칠 것으로 기대되며, 앞으로의 사회 변화에 따라 철학자들의 역할과 기회는 더욱 확장될 것으로 예상됩니다.

철학과
철학자 전공 분석

어떤 학과인가?

철학은 특정 분야의 전공 지식에 만족하지 않고 자아와 인간, 그리고 사회와 자연에 대한 보다 깊은 성찰을 바탕으로 인생을 보람 있게 설계하려는 창조적인 젊은이들을 위한 학문입니다. 철학이라는 학문은 고교 시절에 겪었던 것처럼 누군가의 사상을 끊임없이 공부하면서 암기하는 재미없고 따분한 것이 아닙니다. 오히려 다양한 철학자들의 사유를 통해서 세계를 바라보는 시각을 달리한다면 예전과 다르게 사유하는 방법을 배울 수 있는 학문입니다. 철학(Philosophy)의 어원을 풀어 보면, '지혜를 사랑하다'라는 뜻을 가지고 있음을 알 수 있습니다. 결국 철학은 자신과 자신의 삶을 둘러싼 세계에 대한 지적인 관심이라고 할 수 있습니다. 자신을 둘러싼 환경 혹은 사회에 대해 끊임없이 의문을 품고, 고민하는 것이 철학을 공부하기 위해 필요한 가장 기본적인 자세라고 할 수 있습니다.

철학과에서는 삶의 의미, 신, 선과 악, 존재 등에 대한 궁극적인 의문을 던지고 이에 합리적으로 대답하는 법에 대해 공부합니다. 철학도가 되고 싶은 학생이라면, 평소 특정한 사건이나 명제를 접할 때마다 논리적으로 사고하는 습관을 갖는 것이 중요합니다. 철학과 졸업 후에는 다양한 분야로 진출이 가능하고, 특히 요즈음에는 정보 산업 및 문화 산업 분야에도 활발히 진출하는 편입니다.

교육 목표와 교육 내용은?

철학과는 학생들에게 자아, 인간, 사회, 자연에 대한 깊은 성찰을 통해 인생을 의미 있게 설계하는 능력을 기르는 것을 목표로 합니다. 이를 위해, 철학과는 단순히 특정 분야의 지식을 전달하는 것을 넘어서, 창조적이고 비판적인 사고력을 개발할 수 있는 교육을 제공합니다. 철학이라는 학문은 다양한 철학자들의 사유를 통해 세계를 바라보는 새로운 시각을 개발하고, 사고하는 방법을 변화시키는 과정입니다. 이 과정은 학생들이 지혜를 사랑하는 태도를 갖추고, 자신과 주변 세계에 대한 깊은 이해와 관심을 바탕으로 삶의 의미를 탐구하도록 이끕니다.

철학과는 학생들이 삶의 의미, 신의 존재, 선과 악, 존재의 본질 등과 같은 근본적인 질문에 대해 논리적이고 합리적으로 대응할 수 있는 능력을 개발하는 데 중점을 둡니다. 철학를 졸업하면 평소 사건이나 명제에 대해 논리적으로 사고하는 습관을 기르게 되며, 이는 정보 산업 및 문화 산업을 포함한 다양한 분야로의 진출 가능성을 열어줍니다. 궁극적으로, 철학과 교육은 학

» 창조적이고 비판적인 사고 능력을 갖추어 다양한 철학적 사유를 통해 세계를 바라보는 시각을 넓힐 수 있는 인재를 양성합니다.

» 자신의 삶과 주변 세계에 대한 지적인 관심과 호기심을 지속적으로 탐구하는 인재를 양성합니다.

» 삶의 근본적인 질문들에 대해 논리적이고 합리적으로 사고하고 대답할 수 있는 능력을 갖춘 인재를 양성합니다.

» 정보 산업 및 문화 산업 분야를 포함한 다양한 분야에서 창의적이고 유연한 해결책을 제시할 수 있는 인재를 양성합니다.

» 비판적 사고력을 바탕으로 사회적, 문화적 문제에 대해 깊이 있는 이해와 분석을 할 수 있는 인재를 양성합니다.

» 다양한 문화와 사상에 대한 광범위한 지식과 이해를 바탕으로 국제적인 교류와 협력에 기여할 수 있는 인재를 양성합니다.

» 철학적 지식과 능력을 실질적인 문제 해결 과정에 적용할 수 있으며, 사회적 가치를 창출할 수 있는 윤리적 인재를 양성합니다.

생들이 비판적 사고, 창의적 문제 해결, 다양한 문화적 및 사회적 문제에 대한 깊은 이해력을 바탕으로 사회에 기여할 수 있는 인재로 성장하도록 지원합니다.

학과에 적합한 인재상은?

철학과는 깊이 있는 사고와 탐구에 대한 흥미를 가진 이들에게 적합한 학문입니다. 이 분야는 세상과 인간 존재에 대한 근본적인 질문을 던지며, 복잡한 개념을 이해하고 분석하는 능력을 필요로 합니다. 철학적 사유는 단순한 지식 습득을 넘어서, 존재의 의미, 도덕적 가치, 인간의 이성 등에 대한 깊은 이해를 추구합니다. 따라서, 지적 호기심이 많고, 사물의 본질에 대해 탐구하는 것을 즐기는 사람들에게 매우 적합합니다.

비판적 사고와 논리적 분석 능력을 중시합니다. 학생들은 다양한 철학적 주장과 이론을 비판적으로 검토하고, 자신의 논리를 구성하여 주장을 펼칠 수 있어야 합니다. 이는 복잡한 문제를 분석하고, 다양한 관점에서 사고할 수 있는 능력을 요구합니다. 비판적 사고를 통해 자신만의 견해를 형성하고, 이를 논리적으로 표현하는 데 흥미와 능력이 있는 사람들에게 특히 적합합니다.

철학과는 다문화적 이해와 국제적 시각을 갖춘 인재를 양성하는 데 중점을 둡니다. 세계 각국의 철학적 사상과 문화를 이해하고, 이를 바탕으로 광범위한 사회적, 문화적 문제에 접근하는 능력이 요구됩니다. 이는 글로벌한 시대에 다양한 배경과 가치를 가진 사람들과의 소통능력을 키우고, 국제적 협력에 기여할 수 있는 기반을 마련합니다. 따라서, 다양한 문화에 대한 관심과 이해를 가지고, 사회적 문제에 대한 해결책을 모색하는 데 열정이 있는 학생들에게 적합한 학과입니다.

관련 학과는?

동양철학과, 미학과, 아시아언어문화학부(철학전공), 역사·철학상담학과, 역사철학부(철학전공), 윤리문화학과, 융합전공학부 철학−동아시아문화학 전공, 인도철학전공, 철학·상담전공, 철학상담학전공, 철학생명의료윤리학과, 철학윤리문화학부, 철학윤리문화학부 등

진출 직업은?

교수, 서양철학자, 동양철학자, 역사학연구원, 언어학연구원, 정치학연구원, 경제학연구원, 사회학연구원, 지리학연구원, 행정학연구원, 법학연구원, 심리학연구원, 철학연구원, 예술 및 종교인 등

주요 교육 목표

비판적 사고력 확립

깊은 성찰 능력 확립

문화 예술의 심층적 이해

창의적 해결 능력 함양

논리적인 분석력 함양

철학적 사유를 통한 인재 양성

취득 가능 자격증은?

☑ 중등학교 2급 정교사(철학) (4년제 대학교의 철학과 재학 중 교직 과목 이수 시)
☑ 평생교육사
☑ 심리상담사
☑ 정신건강상담전문가
☑ 갈등조정전문가
☑ 분쟁화해조정상담사
☑ 라이프코치, 논술지도사 등

추천 도서는?

- 철학자가 본 우주의 역사(보리, 윤구병)
- 철학, 영화를 캐스팅하다(효형출판, 이왕주)
- 철학과 포스트철학(한국학술정보, 오용득)
- 철학카페에서 문학 읽기(웅진지식하우스, 김용규)
- 철학자의 눈으로 본 첨단과학과 불교
  (살림출판사, 이상헌)
- 글로컬 시대의 철학과 문화의 해방선언
  (모시는사람들, 박치완)
- 러셀 서양철학사(을유문화사, 버트런드 러셀, 서상복 역)
- 뉴턴 하이라이트 139 과학과 철학
  (아이뉴턴, 뉴턴프레스)
- 중국철학사(까치, 풍우란)
- 칸트와 헤겔의 철학(아카넷, 백종현)
- 중관사상(민족사, 김성철)
- 윤리형이상학 정초(아카넷, 임마누엘 칸트, 백종현 역)
- 양명학의 정신(세창출판사, 정인재)
- 중국 불경의 탄생(창비, 이종철)
- 정의란 무엇인가(와이즈베리, 마이클 샌델, 김명철 역)
- 세상과 생각을 여는 철학자의 사고실험
  (북캠퍼스, 이브 보사르트, 이원석 역)
- 긍정의 배신(부키, 바버라 에런라이크, 전미영 역)
- 논어, 사람의 길을 열다(사계절, 배병삼)
- 소크라테스의 변론/크리톤/파이돈
  (숲, 플라톤, 천병희 역)
- 자유론(현대지성, 존 스튜어트 밀, 박문재 역)
- 고백록: 젊은 날의 방황과 아름다운 구원
  (풀빛, 아우구스티누스, 정은주 역)

학과 주요 교과목은?

기초 과목	철학의 근본문제, 한국철학사, 인식론, 서양고중세 철학사, 서양근세철학사, 윤리학, 동양철학사, 논리학, 도가철학, 유가철학, 서양철학원전강독, 제자백가의 철학 등
심화 과목	형이상학, 예술철학, 문학과 역사의 철학, 동양철학원전강독, 법과 사회의 철학, 언어분석과 심리철학, 독일관념론, 한국근세철학, 현대프랑스철학, 논리와 비판적 사고, 주역과 과학기술철학, 서양현대철학, 성리학과 양명학, 과학-AI-시민, 기술-미디어 철학 등

졸업 후 진출 분야는?

기업체	언론사, 금융사, 문화콘텐츠 기획 및 경영 회사 등
연구소	철학 관련 연구소 등
정부 및 공공기관	중앙정부 및 지방자치단체, 경제 · 인문사회연구회, 한국노동연구원 등 인문 · 사회과학 관련 공공기관 등

전공 관련 선택 과목은?

▶ 국어, 영어 교과는 모든 학문의 기초적인 성격을 가진 도구교과로 모든 학과에 이수가 필요하여 생략함.

수능 필수	화법과 언어, 독서와 작문, 문학, 대수, 미적분 I, 확률과 통계, 영어 I, 영어 II, 한국사, 통합사회, 통합과학, 성공적인 직업생활(직업)		
교과군	선택 과목		
	일반 선택	진로 선택	융합 선택
수학, 사회, 과학	세계시민과 지리, 세계사, 사회와 문화, 현대사회와 윤리, 생명과학, 지구과학	한국지리 탐구, 동아시아 역사 기행, 윤리와 사상, 인문학과 윤리, 국제 관계의 이해	사회문제 탐구, 윤리문제 탐구, 과학의 역사와 문화, 융합과학 탐구
체육·예술			
기술·가정/정보		생활과학 탐구	
제2외국어/한문			
교양		인간과 철학, 논리와 사고, 인간과 심리, 교육의 이해, 삶과 종교	논술

학교생활기록부 관리는?

출결 사항	• 미인정 출결 내용이 없도록 관리하세요. 미인정 출결 내용이 있으면 인성, 성실성 영역 등에서 부정적 평가를 받을 가능성이 높아요.
자율·자치활동	• 다양한 교내외 활동에서 자기주도적 참여를 통해서 철학자와 관련이 깊은 국어, 사회, 윤리, 역사, 영어에 대한 관심과 흥미, 창의적 문제 해결 능력, 의사소통 능력, 협업 능력, 발전 가능성 등이 드러나도록 하세요.
동아리활동	• 철학, 사회, 윤리, 역사, 영어, 국어 관련 동아리 활동 참여를 통해서 철학 관련 전공에 대한 준비를 하세요. • 가입동기, 본인의 역할, 배우고 느낀 점, 철학과 진학을 위해 기울인 활동과 노력이 나타날 수 있도록 참여하세요. • 학교내에서 타인을 위해 할 수 있는 지속적인 봉사 활동을 하세요. • 학교에서 주관하는 사회문화 행사, 전시회, 또래멘토링 등 철학 및 사회과 관련된 봉사 활동을 하세요.
진로 활동	• 철학과와 관련된 직업 정보 탐색 활동을 권장해요. • 철학 관련 기관 및 관련 학과 체험 활동이 무척 중요해요. • 사회 및 인문 분야에 대한 적극적 진로 탐색 활동을 통해서 자신의 진로 역량, 공동체 역량, 발전 가능성 등이 나타날 수 있도록 하세요.
교과학습발달 상황	• 사회, 윤리, 역사, 영어, 국어, 한문 등 철학자와 관련된 교과 성적은 상위권으로 유지시키고, 관련 교과 수업에서 학업 역량, 진로 역량, 공동체 역량, 자기주도성, 문제 해결 능력, 창의력, 발전 가능성 등의 역량이 발휘될수 있도록 수업에 적극 참여하세요. • 사회, 윤리, 역사 관련 분야의 교과 연계 독서 활동 내용이 기록되도록 하세요.
독서 활동	• 사회, 역사, 영어, 국어, 한문 등 다양한 분야의 책을 읽으세요. • 철학, 문학, 논리학, 예술, 과학 등 다양한 독서 활동을 통해서 철학자의 기본적인 지식을 쌓는 것이 중요해요.
행동 발달 특성 및 종합 의견	• 창의력, 문제 해결 능력, 의사소통 능력, 협업 능력, 리더십, 발전 가능성, 진로 역량 등이 드러날 수 있도록 하세요. • 자기주도성, 경험의 다양성, 성실성, 나눔과 배려, 학업 태도와 학업 의지에 대한 자신의 장점이 생활기록부에 기록되도록 관리하세요.

출판기획자와 작가는 어떤 차이가 있을까요?

➡ 출판기획자와 작가는 출판 과정에서 서로 다른 역할을 담당해요. 작가는 콘텐츠의 창작자로서, 소설, 시, 비평, 교육 자료 등 다양한 형태의 글을 쓰는 사람이에요. 창의적인 아이디어를 바탕으로 독창적인 작품을 만들어내지요. 반면, 출판기획자는 작가가 만든 콘텐츠를 대중에게 전달하는 과정을 관리해요. 작품의 편집, 디자인, 마케팅, 배포 전략을 계획하고 실행하여 작품이 성공적으로 출판되고 판매될 수 있도록 노력해요. 출판기획자는 출판물의 품질 관리와 시장성 평가를 담당하며, 작가와의 협업을 통해 작품이 최대한의 잠재력을 발휘할 수 있도록 지원해요. 따라서, 작가는 콘텐츠의 창조에 집중하는 반면, 출판기획자는 창조된 콘텐츠가 시장에서 성공할 수 있도록 다방면에서 지원하는 역할을 하지요.

출판기획자란?

사람들의 요구와 흥미에 부응하는 책이나 회화 등의 콘텐츠를 어떤 형태로 세상에 내놓을지 구체적으로 계획하고 실현하는 전문가를 출판기획자라고 합니다. 출판이라는 과정이 단순히 인쇄와 배포에 국한되지 않음을 잘 알고 있으며, 책에 대한 깊은 애정과 출판 환경에 대한 깊은 이해를 바탕으로 작업합니다. 출판기획자가 되기 위해서는 출판물 제작 과정에 대한 광범위한 지식을 갖추는 것이 중요하며, 이는 다양한 독서 활동과 직접적인 책 기획 경험을 통해 얻을 수 있습니다. 이러한 경험은 출판기획자가 출판물의 내용, 형태, 그리고 대상 독자층을 결정하는 데 필수적인 토대가 됩니다.

출판기획자의 역할은 매우 다양하며, 원고의 초기 평가부터 최종 출판에 이르기까지 출판 과정 전반에 걸쳐 중요한 결정을 내려야 합니다. 이들은 편집 방침을 수립하고, 원고를 검토 및 평가하며, 적절한 마케팅 전략과 발행 부수를 결정합니다. 또한, 출판물의 디자인과 관련하여 출판물 디자이너와 긴밀히 협력하며, 저자 및 출판업자와 협의하여 출판일자, 판권, 인쇄부수 등을 결정합니다. 이 과정에서 출판기획자는 독자의 경향과 수요를 정확히 파악하고 이를 기반으로 출판물의 성공을 최대화하는 역할을 합니다.

출판기획자
인문콘텐츠학부

　최근 출판 산업은 디지털화의 영향으로 급변하고 있으며, 이는 출판기획자에게 새로운 기회와 도전을 제공합니다. '읽는 책'에서 '보는 책'으로의 변화는 출판기획자에게 더욱 강화된 디지털 매체에 대한 이해와 미적 감각을 요구합니다. 모바일 기기와 같은 새로운 플랫폼에서 소비되는 디지털 출판 콘텐츠 기획에 있어서도 창의적인 접근과 소비자 트렌드에 대한 민감한 감각이 중요해지고 있습니다. 이러한 변화는 출판기획자에게 더 넓은 시야를 갖고 시장의 변화를 예측하며, 혁신적인 출판 방안을 연구할 것을 요구합니다.

　출판기획자는 지속적인 학습과 개인의 역량 개발에 힘써야 합니다. 새로운 기술의 도입과 소비자의 변화하는 요구를 이해하고 반영하는 것은 이들의 주요 임무 중 하나입니다. 또한, 강화된 마케팅 능력과 함께 디지털 콘텐츠에 대한 기획력도 중요해지고 있습니다. 출판 산업의 핵심 인력으로서의 역할을 충실히 수행하며, 콘텐츠의 질적 향상과 출판 산업의 미래를 모색해야 합니다.

출판기획자가 하는 일은?

출판기획자는 사람들의 관심을 끌 수 있는 콘텐츠를 선별하고, 이를 책이나 디지털 매체 등의 형태로 구체화하는 역할을 합니다. 이들은 원고의 초기 검토부터 편집, 디자인, 마케팅 전략 수립에 이르기까지 출판 과정 전반에 깊숙이 관여합니다. 출판기획자가 되기 위해서는 광범위한 독서와 출판물 제작 과정에 대한 이해가 필수적이며, 이는 책에 대한 깊은 애정과 출판 환경에 대한 통찰력을 바탕으로 합니다.

출판기획자는 단순히 책을 만드는 것을 넘어, 콘텐츠가 사회와 독자에게 긍정적인 영향을 미칠 수 있도록 하는 데 있습니다. 이를 위해 지속적인 학습과 역량 개발에 힘써야 하며, 새로운 기술의 도입과 변화하는 소비자 요구를 이해하고 반영하는 것이 중요합니다.

» 사람들의 관심을 끌 수 있는 책이나 회화 등의 콘텐츠를 선별하고, 이를 구체적인 출판물로 발전시킵니다.

» 원고의 초기 검토부터 편집, 디자인 결정, 그리고 마케팅 전략 수립에 이르기까지 출판 과정 전반에 걸쳐 중요한 결정을 내립니다.

» 출판물 제작 과정에 대한 광범위한 지식을 바탕으로, 책에 대한 깊은 애정과 출판 환경에 대한 통찰력을 가지고 출판 작업을 합니다.

» 디지털화의 영향으로 출판 산업이 변화하면서 디지털 매체에 대한 이해와 미적 감각을 키우기 위해서 노력합니다.

» 콘텐츠가 사회와 독자에게 긍정적인 영향을 미칠 수 있도록, 지속적인 학습과 개인의 역량 개발에 힘쓰며 새로운 기술과 소비자 요구를 이해하고 반영합니다.

» 출판 산업의 발전에 기여하며, 콘텐츠의 질적 향상과 출판 산업의 미래를 모색합니다.

Jump Up

1인 출판에 대해 알아볼까요?

1인 출판은 개인이 저자가 되어 자신의 책을 기획, 편집, 디자인, 출판, 마케팅 및 판매하는 출판 과정 전반을 독립적으로 수행하는 것을 말해요. 이 방식은 전통적인 출판사를 거치지 않고, 인터넷과 소셜 미디어, 온라인 출판 플랫폼 등을 활용하여 저렴한 비용으로 책을 출판할 수 있는 주요 장점이 있어요. 1인 출판은 소수의 독자를 대상으로 하는 틈새시장이나, 기존 출판사에서는 관심을 두지 않는 독특한 주제의 책을 출판하고자 하는 작가들에게 인기가 있어요. 자신의 이야기를 직접 세상에 내놓고자 하는 이들에게 자유롭고 창의적인 표현의 기회가 생긴 것이죠.

출판기획자 커리어맵

관련자격
- 전자출판기능사
- 컴퓨터 활용 능력

관련기관
- 한국출판인회의 www.kopus.org
- 대한출판문화협회 www.kpa21.or.kr

적성과 흥미
- 꼼꼼함
- 기획력
- 창의력
- 대인관계 능력
- 마케팅 능력
- 시간관리 능력
- 외국어에 대한 관심
- 책읽기와 글쓰기에 대한 관심
- 디자인에 대한 관심

관련학과
- 광고홍보학과
- 국어국문학과
- 문예창작과
- 사회학과
- 언어교육과
- 역사학과
- 고고학과
- 예체능교육과
- 유아교육학과
- 미디어출판과

흥미유형
- 관습형
- 사회형

출판기획자

관련교과
- 국어
- 영어
- 사회
- 과학
- 음악
- 미술

준비방법

관련직업

- 글쓰기 능력 및 의사소통 능력 함양
- 창의력 함양
- 출판그래픽 관련 컴퓨터 프로그램 활용 능력 함양
- 교지 편집, 신문, 도서, 북아트, 독서토론 관련 동아리 활동
- 폭넓은 독서 활동
- 관련 주제탐구 활동

- 소설가
- 방송작가
- 통역가
- 출판물편집자
- 영화시나리오작가
- 번역가
- 출판물전문가
- 편집디자이너

미래 전망은?

출판기획자의 역할은 디지털 시대에 접어들면서 더욱 중요해지고 있습니다. 정보와 콘텐츠가 넘쳐나는 현대 사회에서 독자들의 관심을 끌 수 있는 창의적이고 질 높은 출판물을 기획하는 것은 쉽지 않은 일입니다. 하지만 이러한 도전은 동시에 출판기획자에게 새로운 기회를 제공합니다. 디지털 출판, 전자책, 오디오북 등 새로운 형태의 출판 매체가 등장하면서 출판기획자는 전통적인 책뿐만 아니라 다양한 디지털 플랫폼을 통해 콘텐츠를 소비하는 독자층에게도 다가갈 수 있게 되었습니다. 이는 출판기획자에게 더 넓은 작업 영역과 창의적인 콘텐츠 기획의 기회를 제공합니다. 또한, 글로벌 시장으로의 확장은 출판기획자에게 또 다른 중요한 전망을 제시합니다. 인터넷과 디지털 기술의 발전은 지리적 경계를 허물고 있으며, 이는 출판콘텐츠의 국제적인 배포와 홍보에 큰 잠재력을 부여합니다. 출판기획자는 다양한 문화와 언어에 대한 이해를 바탕으로 글로벌 독자층을 겨냥한 콘텐츠를 기획하고, 다국어 출판을 통해 새로운 시장을 개척할 수 있습니다. 이 과정에서 외국어 능력과 국제적인 출판 네트워크 구축이 중요한 역량으로 부각됩니다. 이는 출판기획자에게 더욱 다양한 경력 기회와 전문성을 발전시킬 수 있는 기회를 제공합니다. 출판기획자에게는 이러한 기회들을 활용하기 위한 지속적인 학습과 적응 능력이 요구됩니다. 디지털 기술의 빠른 변화와 소비자의 변화하는 취향에 발맞춰 출판기획자는 새로운 트렌드를 빠르게 파악하고, 이를 출판 전략에 효과적으로 통합할 수 있어야 합니다. 또한, 출판 산업 내에서의 다양한 역할 간 협업 능력과 프로젝트 관리 기술도 중요해집니다. 이러한 도전을 극복하고 기회를 최대한 활용한다면 출판기획자는 앞으로도 출판 산업의 핵심적인 역할을 계속해서 담당할 것입니다. 출판기획자의 미래는 변화하는 시장 환경 속에서도 지속적인 성장과 발전의 가능성을 내포하고 있으며, 이는 새로운 콘텐츠와 혁신적인 출판 방식을 통해 더욱 확장될 것입니다.

출판기획자 커리어맵

Jump Up

편집자 직업에 대해 알아볼까요?

편집자는 출판 과정에서 원고를 검토하고, 내용을 조정하며, 언어와 문체를 다듬어 최종적으로 독자에게 제공될 콘텐츠의 품질을 보장하는 것을 담당해요. 작가의 의도와 창의성을 존중하면서도, 독자가 이해하기 쉽고 읽기 편안한 콘텐츠를 만들기 위해 문법, 구성, 명료성 등을 개선하지요. 또한, 출판물이 일관된 스타일과 표준을 유지하도록 보장하며, 때로는 내용의 정확성과 사실 확인을 위해 추가 조사를 수행하기도 해요. 출판물의 종류에 따라서, 편집자는 문학, 교육, 과학, 전문 서적 등 특정 분야에 전문성을 가질 수 있으며, 이는 해당 분야의 독자들에게 적합한 콘텐츠를 제공하는 데 필요해요. 편집자는 출판물의 품질과 성공에 결정적인 영향을 미치고, 작가의 원고가 출판되기까지의 전 과정에서 중요한 역할을 하게 되지요.

전자출판기능사 자격증에 대해 알아볼까요?

전자출판이란 컴퓨터를 이용하여 출판물을 조판, 편집 및 제작하는 것을 의미하는 것으로, 지식 정보화 사회에서 다양한 지식과 정보 문화를 체계적으로 정리, 보존, 전달하는데 핵심적인 역할을 하고 있어요. 전자출판기능사란 산업인력공단에서 주관하여 시행하고 있으며 필기시험은 '출판론, 전자출판, 전산편집'의 3과목으로 구성되어 있어요. 실기시험은 문제에 주어진 원고를 컴퓨터 및 주변기기를 이용하여 입력, 편집, 수정 등의 작업 공정을 거쳐 출판물 제작 업무를 수행하는 능력을 평가해요. 필기시험과 실기시험을 모두 합격하면 전자출판기능사 자격증을 취득할 수 있어요.

진출 방법은?

출판기획자가 되기 위해서는 출판과 관련된 광범위한 지식과 경험을 쌓는 것이 중요합니다. 국문학이나 어문계열과 같은 전공이 직접적인 경로를 제공할 수 있지만, 필수적이지는 않습니다. 대신, 다양한 분야의 책을 읽고, 이를 통해 얻은 지식을 바탕으로 콘텐츠에 대한 이해와 분석 능력을 키우면 됩니다. 출판 관련 아카데미나 문화센터 프로그램에 참여하여 출판 기획 및 편집에 대한 구체적인 교육을 받는 것도 좋은 방법입니다. 이를 통해 출판 과정의 전반적인 이해를 높이고, 출판 분야에 대한 실질적인 지식을 쌓을 수 있습니다. 마케팅, 경영, 광고 등 출판기획자로서 필요한 기획력과 마케팅 능력을 갖추는 것이 중요합니다. 이러한 능력은 책의 성공적인 출판과 판매에 있어 핵심적인 역할을 합니다. 이를 위해 관련 분야의 서적을 읽거나, 온라인 강의를 수강하여 기본적인 마케팅 원리와 전략을 이해해야 합니다. 학교에서의 다양한 프로젝트나 동아리 활동에 참여하여 실제로 마케팅과 기획에 대한 경험을 쌓는 것도 유익합니다. 이 과정에서 팀워크, 프로젝트 관리, 시간 관리 등의 역량도 자연스럽게 향상될 것입니다. 출판물의 편집과 디자인에 관여하기 위해 필요한 기술적인 능력을 개발하는 것도 중요합니다. 고등학교를 졸업한 후 출판그래픽 관련 프로그램 사용법을 익히고, 컴퓨터 관련 자격증을 취득한다면 출판물의 편집과 디자인 과정에서 큰 도움이 됩니다. 또한, 외국의 출판 선례를 찾아보고 이해하기 위해 영어 등 외국어 능력을 갖추는 것도 중요합니다. 이는 국제 출판 시장에서의 경쟁력을 갖추는 데 도움이 될 뿐만 아니라, 다양한 문화와 아이디어에 대한 접근성을 높여 줍니다. 이러한 다방면의 노력과 준비는 고등학생이 출판기획자의 꿈을 실현하는 데 있어서 도움이 될 것입니다.

관련 학과 및 자격증은?

- ➡ 관련 학과 : 광고·홍보학과, 교육학과,
  국어·국문학과, 문예창작과,
  문화·민속·미술사학과,
  사회교육과, 사회학과,
  언어교육과, 역사·고고학과,
  예체능교육과, 유아교육학과,
  인문콘텐츠학부, 자연계교육과,
  정보미디어학과, 종교학과,
  초등교육학과, 특수교육학과
- ➡ 관련 자격증 : 전자출판기능사,
  컴퓨터 활용 능력

적성과 흥미는?

출판기획자가 되기 위해서는 무엇보다 책과 글에 대한 깊은 애정이 필수적이며, 이는 출판 과정 전반에 대한 열정으로 이어집니다. 출판기획자는 다양한 주제와 장르의 책을 폭넓게 읽고 이해하는 데 흥미를 느껴야 하며, 새로운 지식을 탐구하고 배우는 것에 대한 호기심이 많아야 합니다. 이들은 책을 통해 사람들의 삶에 긍정적인 영향을 미치고, 지식과 문화를 전파하는 데 기여하는 것을 가치 있게 여깁니다. 또한, 출판 과정의 각 단계가 어떻게 독자에게 영향을 미치는지 이해하고, 이를 통해 의미 있는 결과물을 만들어내는 것에 큰 만족감을 느낍니다. 출판기획자에게 필요한 또 다른 중요한 적성은 강한 커뮤니케이션 능력입니다. 이들은 저자, 디자이너, 편집자, 마케팅 팀 등 출판 과정에 관련된 다양한 이해관계자와 효과적으로 소통할 수 있어야 합니다. 출판기획자는 이해관계자 간의 다리 역할을 하며, 각자의 요구와 기대를 조율하고, 공동의 목표를 향해 나아가기 위한 협력을 이끌어내야 합니다. 이를 위해선 뛰어난 협상 능력과 갈등 해결 기술이 요구되며, 다양한 사람들과의 관계에서 긍정적인 상호작용을 유지할 수 있는 능력이 중요합니다. 현대 출판 산업에서 출판기획자가 되기 위해선 디지털 미디어에 대한 이해와 기술적인 적성도 필수적입니다. 디지털 출판, 전자책, 오디오북 등 새로운 형태의 콘텐츠가 등장하면서, 출판기획자는 전통적인 출판물 뿐만 아니라 다양한 디지털 플랫폼에서 콘텐츠를 기획하고 관리할 수 있는 능력이 요구됩니다. 이에 따라, 기술에 대한 호기심과 학습 의지, 그리고 새로운 매체를 통해 콘텐츠를 어떻게 효과적으로 전달할 수 있을지에 대한 창의적 사고가 매우 중요합니다. 또한, 소비자 트렌드를 빠르게 파악하고 이를 출판 기획에 반영할 수 있는 시장 분석 능력도 필수적입니다. 출판기획자의 꿈을 키우고 있다면, 가장 먼저 다양한 장르의 책을 폭넓게 읽는 습관을 기르는 것이 중요합니다. 책을 통해 세상을 이해하고, 다양한 사고방식과 문화를 접함으로써 창의력과 비판적 사고력을 키울 수 있습니다. 이 과정에서 자신이 특히 관심 있는 분야를 발견하고, 해당 분야에 대한 심층적인 지식을 쌓아가는 것도 좋습니다. 또한, 글쓰기 능력을 향상시키기 위해 자신의 생각이나 읽은 책에 대한 리뷰를 정기적으로 작성해 보는 것이 도움이 됩니다. 이는 나중에 출판기획자가 된 후에 원고 평가나 편집 작업에 필요한 비판적인 눈과 표현 능력을 개발하는 데 도움이 될 것입니다.

관련 직업은?

소설가, 영화시나리오작가, 방송작가, 번역가, 통역가, 출판물전문가, 출판물편집자, 편집디자이너 등

인문콘텐츠학부과
출판기획자 전공 분석

어떤 학과인가?

인문콘텐츠학부는 인문사회과학의 깊이 있는 이해와 다양한 분야에 대한 폭넓은 지식을 바탕으로 현대 사회의 변화하는 요구에 부응할 수 있는 창의적인 결과물을 생성하는 데 중점을 둔 학과입니다.

이 학부는 학생들에게 인문학의 다양한 이론과 실천적 기술을 교육함으로써, 복잡한 글로벌 문제를 해결할 수 있는 창의적이고 융합적 사고능력을 키울 수 있는 교육 환경을 제공합니다. 학생들은 역사, 문화, 언어 등 인문학의 핵심 요소들을 학습하며, 이를 현대 사회의 다양한 분야에 적용하여 실용적이고 혁신적인 콘텐츠를 개발하는 능력을 배양하게 됩니다.

역사콘텐츠 전공은 학생들은 역사 연구, 역사 교육, 역사콘텐츠 기획, 문화유산콘텐츠 기획 등의 분야에서 필요한 전문 지식과 기술을 습득하게 됩니다. 이를 통해 학생들은 시대의 요구에 부응할 수 있는 다양한 역사콘텐츠를 개발하고, 문화유산을 보존하며 홍보하는 데 기여할 수 있는 역량을 갖추게 됩니다.

지적재산권 전공은 지적재산권 관련 법률, 경영 전략, 기술·표준화 등의 분야에서 실무적인 능력을 개발하게 되며, 이를 바탕으로 공정한 지적재산권의 유통과 선진 문화사회의 발전에 기여할 수 있게 됩니다.

문헌정보학 전공은 정보의 전문적 지식과 소양을 갖춘 정보전문가를 교육하며, 현장감 있는 교육과 첨단 정보기술 습득을 통해 실무형 정보전문가를 양성하고 각 분야의 정보 및 문헌을 처리하기 위한 학제적 연구와 응용을 위해 인접학문 또는 응용학분야에 대한 체계적인 지식을 쌓을 수 있습니다.

교육 목표와 교육 내용은?

인문콘텐츠학부는 다양한 인문학적 지식과 정보를 바탕으로 학제간 연계와 창의적 사고를 강조하는 교육을 통해 시대의 요구에 부응하는 전문 인력을 양성합니다.

이 과정에서 지적 호기심을 바탕으로 한 탐구와 창의적 문제 해결 능력을 함양함으로써, 학생들이 사회 각 분야에서 요구되는 실질적이고 혁신적인 콘텐츠를 생성할 수 있는 역량을 기를 수 있습니다.

교육의 최종 목표는 이론과 실제를 겸비한 지식인을 양성하여 인문학적 소양과 전문성을 갖춘 리더를 배출하는 것입니다.

» 경영적 지식을 교육하여 글로벌 수준의 전문 인재를 양성합니다.
» 다양한 지식을 바탕으로 문화와 역사를 창의적으로 활용할 수 있는 인재를 양성합니다.
» 지적재산권의 중요성 이해와 관련 분야에서의 전문 지식을 습득하는 인재를 양성합니다.
» 창의적인 콘텐츠 창작, 보호, 관리에 필요한 지식을 갖추어 지적재산권의 가치를 높일 수 있는 인재를 양성합니다.
» 다양한 문헌과 관련된 전문적 정보 지식과 소양을 갖춘 전문가를 양성합니다.
» 현장감 있는 교육과 첨단 정보기술 습득을 통한 실무형 전문가를 양성합니다.
» 융합형 지식기반 교육으로 글로벌 문화산업 분야의 인재를 양성합니다.

학과에 적합한 인재상은?

인문콘텐츠학부에 필요한 흥미는 인문학과 사회과학의 교차점에서 발현됩니다. 이 학부의 학생들에게는 역사, 문화, 언어 등에 대한 호기심이 중요하며, 다양한 인간의 지적 활동에 대한 탐구욕이 요구됩니다. 흥미 있는 주제에 대한 심층적인 분석과 연구를 즐기고, 그 결과를 창의적으로 표현하고자 하는 열정이 필수적입니다.

또한, 글로벌한 시각으로 다양한 문화와 사상을 비교하고 이해하려는 관심도 중요하며, 이는 인문콘텐츠를 통해 세계 각국의 사람들과 소통하는 데 있어 기본이 되는 소양입니다. 인문콘텐츠학부에서 공부하려면 비판적 사고력과 문제 해결 능력이 요구됩니다.

인문콘텐츠학부의 교육과정은 학생들이 정보를 비판적으로 분석하고, 독창적인 아이디어를 개발하여 실용적인 결과물로 전환하는 능력을 배양합니다. 이를 위해 학생들은 체계적이고 분석적인 사고 방식을 갖춰야 하며, 복잡한 정보를 정리하고 이를 적절히 해석하여 새로운 콘텐츠를 창출할 수 있는 능력이 필요합니다. 또한, 다문화적 이해와 언어적 능력도 중요한 적성 요소로, 다양한 문화적 배경을 가진 콘텐츠를 접목하고, 이를 통해 인문학적 이해와 통찰을 더하는 작업에 적합한 인재를 요구합니다.

주요 교육 목표

정보 전문 지식과
현장적 능력 함양

문화와 역사의 융합 능력 확립

혁신적인 콘텐츠를
생성하는 전문가 양성

지적재산권의 유통에 대한
지식 개발

창의적이고 비판적인
사고력 함양

인문콘텐츠 분야에서
글로벌 인재 양성

관련 학과는?

광고·홍보학과, 교육학과, 국어·국문학과, 문예창작과, 문화·민속·미술사학과, 사회교육과, 사회학과, 언어교육과, 역사·고고학과, 역사콘텐츠전공, 지적재산권 전공, 문헌정보학과, 예체능교육과, 유아교육학과, 정보미디어학과, 종교학과, 초등교육학과, 특수교육학과

취득 가능 자격증은?

☑ 전자출판기능사 등

진출 직업은?

역사연구자, 학예연구사, 문화콘첸츠 기획자, 문화관광 콘텐츠전문가, 동아시아 지역전문가, 콘텐츠비즈니스 전문가, 출판기획자 등

추천 도서는?

- 출판기획의 한계를 넘어(투데이북스, 이시우)
- 출판기획의 시작(투데이북스, 김재형 외 1인)
- 만만한 출판기획(한국출판마케팅연구소, 이홍)
- 한국의 출판기획자(한국출판마케팅연구소, 편집부)
- 출판기획물의 세계사(커뮤니케이션북스, 부길만)
- 된다! 책 만들기 with 인디자인
  (이지스퍼블리싱, 김혜린)
- 현대시작법(문학과지성사, 오규원)
- 당신은 이미 소설을 쓰기 시작했다
  (마음산책, 이승우)
- 소설을 살다(마음산책, 이승우)
- 문장강화(창비, 이태준)
- 글쓰기 표현사전(다산초당, 장하늘)
- 소설과 소설가(민음사, 오르한 파묵, 이난아 역)
- 하버드 글쓰기 강의(에쎄, 바버라 베이그, 박병화 역)
- Story: 시나리오 어떻게 쓸 것인가
  (민음인, 로버트 맥키, 고영범 역)
- 판타지 유니버스 창작 가이드
  (요다, 미야나가 다다마사, 전홍식 역)
- 인간의 75가지 감정 표현법
  (인피니티북스, 안젤라 애커만 외, 서준환 역)
- 그럼에도 작가로 살겠다면(다른, 스티븐 킹, 한유주 역)
- 단편 소설 쓰기의 모든 것
  (다른, 데이먼 나이트, 정아영 역)
- 희곡 창작의 실제(평민사, 샘 스밀리, 이재명 역)
- 내 문장이 그렇게 이상한가요?(유유, 김정선)

학과 주요 교과목은?

기초 과목	문화콘텐츠학입문, 멀티미디어콘텐츠실습, 역사학의 이해, 법학개론, 정보통신기술, 정보문화사 등
심화 과목	디지털인문학입문, 문화이론기초연구, 문화테크놀로지연구, 영상콘텐츠분석, 인터랙티브스토리텔링, 한국문화콘텐츠분석, 도시문화콘텐츠연구, 문화원형과고전, 소셜미디어콘텐츠, 스토리텔링연구, 축제연기표현실습, 축제이벤트산업론, 게임문화산업론, 도시문화콘텐츠기획실습, 만화애니메이션산업론, 문화마케팅실습, 박물관콘텐츠기획실습, 실감콘텐츠경험분석, 예술콘텐츠기획실습 등

졸업 후 진출 분야는?

기업체	소프트웨어, 게임, 모바일, 웹 개발업체, 홈페이지 구축업체, 영상물 제작업체, 애니메이션 관련 업체, 웹프로그래밍 업체, 업체금융권, IT 정보 보안회사 등
연구소	정보통신 관련 민간·국가연구소(한국전자통신연구원, 국가보안기술연구소, 소프트웨어정책연구소) 등
정부 및 공공기관	전산직 공무원, 국가기관(행정자치부, 미래창조과학부, 한국인터넷진흥원, 한국정보화진흥원), 사이버수사대, 교육기관 등

전공 관련 선택 과목은?

▶ 국어, 영어 교과는 모든 학문의 기초적인 성격을 가진 도구교과로 모든 학과에 이수가 필요하여 생략함.

수능 필수	화법과 언어, 독서와 작문, 문학, 대수, 미적분 I, 확률과 통계, 영어 I, 영어 II, 한국사, 통합사회, 통합과학, 성공적인 직업생활(직업)		
교과군	선택 과목		
	일반 선택	진로 선택	융합 선택
수학, 사회, 과학	세계사, 사회와 문화, 현대사회와 윤리	도시의 미래 탐구, 동아시아 역사 기행, 정치, 법과 사회, 경제, 윤리와 사상, 인문학과 윤리	사회문제 탐구, 윤리문제 탐구
체육·예술		음악 감상과 비평, 미술 감상과 비평	
기술·가정/정보	정보		
제2외국어/한문			
교양		인간과 심리	논술

학교생활기록부 관리는?

출결 사항	• 미인정 출결 내용이 없도록 관리하세요. 미인정 출결 내용이 있으면 인성, 성실성 영역 등에서 부정적 평가를 받을 가능성이 높아요.
자율·자치활동	• 다양한 교내외 활동에서 자기주도적 참여를 통해서 출판기획자와 관련이 깊은 국어, 영어, 정보 교과에 대한 관심과 흥미, 창의적 문제 해결 능력, 의사소통 능력, 협업 능력, 발전 가능성 등이 드러나도록 하세요.
동아리활동	• 국어, 사회, 역사, 컴퓨터 관련 동아리 활동 참여를 통해서 출판기획 관련 전공에 대한 준비를 하세요. • 가입동기, 본인의 역할, 배우고 느낀 점, 인문콘텐츠학부 진학을 위해 기울인 활동과 노력이 나타날 수 있도록 참여하세요. • 학교내에서 타인을 위해 할 수 있는 지속적인 봉사 활동을 하세요. • 학교에서 주관하는 글쓰기 행사, 사회문화 행사, 전시회 등 출판이나 편집 관련된 봉사 활동을 하세요.
진로 활동	• 인문콘텐츠학부와 관련된 직업 정보 탐색 활동을 권장해요. • 출판 관련 기관 및 관련 학과 체험 활동이 무척 중요해요. • 사회 및 인문 분야에 대한 적극적 진로 탐색 활동을 통해서 자신의 진로 역량, 공동체 역량, 발전 가능성 등이 나타날 수 있도록 하세요.

**교과학습발달
상황**
	• 국어, 영어, 사회, 정보 교과 등 출판기획과 관련된 교과 성적은 상위권으로 유지시키고, 관련 교과 수업에서
	  학업 역량, 진로 역량, 공동체 역량, 자기주도성, 문제 해결 능력, 창의력, 발전 가능성 등의 역량이 발휘될
	  수 있도록 수업에 적극 참여하세요.
	• 국어, 사회, 컴퓨터 관련 분야의 교과 연계 독서 활동 내용이 기록되도록 하세요.

독서 활동	• 국어, 사회, 역사, 영어, 한문등 다양한 분야의 책을 읽으세요. • 철학, 문학, 과학, 기술 등 다양한 독서 활동을 통해서 출판기획자의 기본적인 지식을 쌓는 것이 중요해요.

**행동 발달
특성 및
종합 의견**
	• 창의력, 문제 해결 능력, 의사소통 능력, 협업 능력, 리더십, 발전 가능성, 진로 역량 등이 드러날 수 있도록
	  하세요.
	• 자기주도성, 경험의 다양성, 성실성, 나눔과 배려, 학업 태도와 학업 의지에 대한 자신의 장점이 생활기록부에
	  기록되도록 관리하세요.

통역사와 번역가 직업은 어떤 차이가 있을까요?

통역사와 번역가는 모두 언어를 다른 언어로 전환하는 전문가이지만, 그들의 역할과 작업 환경에는 큰 차이가 있어요. 통역사는 주로 구두로 이루어지는 실시간 언어 전환을 담당하며, 이는 국제회의, 법정, 의료 상담 등 생동감 있는 상황을 담당하지요. 통역사는 즉각적인 이해와 빠른 반응력을 바탕으로 언어를 전환해야 하지요. 반면, 번역가는 문서, 책, 웹사이트와 같은 서면 텍스트를 한 언어에서 다른 언어로 옮기는 작업을 수행해요. 이 과정에서 정확성, 문맥의 이해, 문화적 적합성이 중요하며, 종종 깊은 연구와 세심한 텍스트 재구성이 요구되지요. 통역사은 즉석에서의 언어 능력과 적응력을 요구하고, 번역가는 깊은 문서 분석력과 언어의 세밀한 뉘앙스를 포착하는 능력이 필요해요.

통역사란?

통역사는 서로 다른 언어와 문화 배경을 가진 사람들 사이의 의사소통 다리 역할을 합니다. 이들은 단순히 언어를 다른 언어로 번역하는 것을 넘어, 상호 이해와 문화 간의 교류를 촉진하는 중요한 역할을 수행합니다. 통역의 필요성은 국제회의, 세미나, 법정, 의료기관 등 다양한 분야에서 점점 더 증가하고 있습니다. 통역사는 각 상황의 맥락을 정확히 이해하고, 해당 언어의 미묘한 뉘앙스와 문화적 차이까지 고려하여 통역해야 합니다. 이러한 전문성은 광범위한 지식, 뛰어난 언어 능력, 그리고 빠른 판단력을 요구합니다.

통역사는 크게 국제회의통역사, 수행통역사, 통역가이드 등으로 분류될 수 있으며, 각각의 역할에 따라 요구되는 전문 지식과 기술이 다릅니다. 국제회의통역사는 고도의 전문 지식을 바탕으로 중요한 국제 행사에서 실시간으로 통역을 제공합니다. 반면, 수행통역사는 개인이나 소그룹을 대상으로 동행하며 일상적인 대화나 업무 회의 등에서 통역 서비스를 제공합니다.

통역가이드는 주로 관광객을 대상으로 문화적 배경 지식을 바탕으로 설명하면서 통역하는 역할을 합니다.

이처럼 다양한 유형의 통역 서비스는 각 상황에 맞는 적절한 통역사의 선택을 가능하게 합니다.

통역사

영어영문학과

통역의 방식에는 동시통역, 순차통역, 위스퍼링 통역 등이 있으며, 각각의 상황과 필요에 따라 적절히 선택되어 사용됩니다. 동시통역은 통역사가 통역 부스 안에서 발표자의 말을 실시간으로 듣고 즉시 다른 언어로 변환해 청중에게 전달하는 방식입니다. 순차통역은 발표자가 일정 부분 말한 후, 그 내용을 통역사가 청중에게 전달하는 방식으로, 보다 시간이 소요되지만, 청중과의 직접적인 상호작용이 가능합니다. 위스퍼링 통역은 말 그대로 통역사가 소수의 청중에게 속삭이듯 통역하는 방식으로, 소규모 또는 특정 상황에서 유용하게 사용됩니다.

이러한 다양한 통역 방식의 선택과 적용은 통역사의 전문성과 숙련도를 반영하며, 효과적인 의사소통을 위해 중요합니다.

통역사가 하는 일은?

통역사는 서로 다른 언어와 문화적 배경을 가진 사람들 사이의 원활한 의사소통을 촉진합니다. 이들은 국제회의, 법정, 의료기관 등 다양한 분야에서 필수적인 역할을 하며, 각 상황에 맞는 전문 지식과 뛰어난 언어 능력을 바탕으로 정확하고 효과적인 통역을 제공합니다. 통역사는 문화적 차이와 언어의 미묘한 뉘앙스까지 고려하여, 양측의 상호 이해를 돕습니다.

통역사는 다양한 상황에서 필요한 동시통역, 순차통역, 위스퍼링 통역 등 여러 통역 방식을 통해, 발표자의 말을 실시간으로 다른 언어로 변환하여 청중에게 전달합니다. 이들은 각 방식을 상황에 맞게 선택하여 사용함으로써, 서로 다른 언어를 사용하는 사람들 간의 원활한 의사소통을 보장하고, 문화적 차이를 넘어 상호 이해를 증진시킵니다.

> » 통역을 해야 하는 상황을 분석한 후 적절한 방식을 선택하여 통역을 실시합니다.
> » 다양한 통역 방식을 통해, 통역사는 모든 상황에서 효과적인 의사소통을 지원합니다.
> » 서로 다른 언어를 사용하는 사람들 사이에서 의사소통을 가능하게 합니다.
> » 국제회의, 법정, 의료기관 등에서 통역을 통해서 중요한 역할을 수행합니다.
> » 발언자의 말을 듣고 문화적 차이와 언어의 미묘한 뉘앙스를 고려하여 다른 언어로 변환하여 전달합니다.

Jump Up

FM 동시통역 장비에 대해 알아볼까요?

FM 동시통역 장비는 FM전파를 이용한 FM변조기에 Audio Control System을 접속 운영하는 설비로 구성되어 있어요. 여러 나라의 대표자가 참여하여 진행하는 국제회의 및 세미나, 기타국제 행사를 자연스럽게 진행할 수 있도록 통역전달하는 기능이 있어요. 회의 및 행사의 진행에 따라 이동이 편리하도록 기기와 기기 간에는 전용 커넥터로 연결 되지요. Audio Control에서는 각 Channel별로 녹음 할 수 있는 녹음단자가 있고, FM전파를 사용하기 때문에 수신감도 및 명료도가 우수해요. 사용 시 편리한 전용 이어폰으로 구성되어 있기 때문에 동시통역장비로 많이 사용되고 있어요.

통역사
커리어맵

• 국내여행안내사 • 영어번역능력인정
• 관광통역안내사 • 무역영어
• 국내여행안내사 • 영어회화평가시험
• 국어번역행정사 • 영어능력시험

• 한국통번역사협회 www.i-kati.or.kr
• 한국외국어대학교 통번역대학원 gsit.hufs.ac.kr

• 외국어 능력
• 어휘력
• 의사소통 능력
• 성실성
• 적용성
• 스트레스 감내력
• 책임감
• 표현력

관련자격

관련기관

**적성과
흥미**

관련학과

• 국어국문학과
• 영미어문학과
• 일어일문학과
• 중어중문학과
• 프랑스어문학과
• 국제지역학과
• 통역학과(통역번역
대학원)

통역사

흥미유형

관련교과

• 사회형
• 탐구형

• 국어
• 영어
• 사회

준비방법

관련직업

• 국어, 영어, 제2외국어 관련 교과 역량 강화
• 외국어 관련 교내 행사 참여
• 영어, 외국어 관련 독서 활동
• 영어, 외국어 관련 동아리 활동
• 통역사 인터뷰 및 직업 체험 활동
• 국제회의장 및 학과 탐방

• 번역가   • 소설가
• 영화시나리오작가 • 방송작가
• 출판물기획자

적성과 흥미는?

통역사가 되기 위해서는 언어에 대한 열정과 재능이 중요합니다. 통역사는 두 개 이상의 언어에 능통해야 하며, 단어와 문장의 정확한 의미를 빠르게 파악하고 전달할 수 있어야 합니다. 이는 단순히 언어 학습을 넘어서, 다양한 문화와 맥락에서의 의미를 이해하고 소통할 수 있는 깊은 이해력을 요구합니다. 언어에 대한 깊은 관심과 지속적인 학습 의지는 이 직업을 위한 필수적인 적성 중 하나입니다. 높은 수준의 청취력과 반응 속도를 가져야 합니다. 동시통역의 경우, 발표자의 말을 듣고 거의 즉시 다른 언어로 변환해야 하므로, 빠른 사고력과 집중력이 필수적입니다. 순차통역에서도 발표자의 말을 정확히 기억하고, 이를 청중에게 명확하게 전달해야 하므로 우수한 기억력과 정확한 표현 능력이 요구됩니다. 이러한 능력은 자연스러운 의사소통을 넘어, 통역 중 발생할 수 있는 다양한 상황에 대처할 수 있는 능력을 포함합니다.

통역사는 다양한 분야의 지식에 대한 흥미와 이해도를 가져야 합니다. 국제회의, 법정, 의료, 경제 등 통역 서비스가 필요한 분야는 매우 다양하며, 각 분야의 전문 용어와 개념을 정확히 이해하고 통역할 수 있어야 합니다. 이를 위해서는 광범위한 분야에 대한 지식과 끊임없는 학습이 필요합니다. 따라서 통역사는 특정 분야에 대한 깊은 관심과 전문성을 개발하는 것에 흥미를 느껴야 합니다. 마지막으로, 통역사는 고도의 스트레스 관리 능력과 대인 관계 기술을 갖추어야 합니다. 통역 과정에서는 예기치 않은 상황이 발생할 수 있으며, 이러한 상황에서도 침착하게 대응할 수 있는 정신적 강인함이 요구됩니다. 또한, 다양한 문화적 배경을 가진 사람들과의 소통에서 발생할 수 있는 미묘한 차이를 이해하고 조정할 수 있는 능력도 중요합니다. 이러한 대인 관계 기술은 통역사가 자신의 역할을 효과적으로 수행하는 데 필수적인 요소입니다.

통역사

커리어맵

Jump Up

인공지능(AI)을 활용한 동시통역에 대해 알아볼까요?

인공지능(AI)을 활용한 동시통역 시스템은 언어 장벽을 허물고 글로벌 커뮤니케이션을 혁신적으로 변화시키고 있어요. 이 기술은 실시간으로 구두 발화를 인식하고 분석한 후 다른 언어로 변환하여 제공해요. 인공지능 기반 동시통역은 머신러닝과 자연어 처리 기술을 활용하여, 대규모의 언어 데이터에서 학습하고 언어 패턴을 파악해요. 이를 통해 정확도를 점차 개선하며, 다양한 언어와 방언에 대응할 수 있는 능력을 갖추게 되지요. AI 동시통역은 국제회의, 웨비나, 다국어 회의 등에서 효과적으로 사용되며, 통역사 없이도 실시간 다국어 통역을 가능하게 하여, 접근성을 크게 향상시키고 있어요. 이러한 기술의 발전은 글로벌 커뮤니케이션의 장벽을 낮추는 중요한 역할을 하고 있지요.

관광통역안내사 직업에 대해 알아볼까요?

관광통역안내사는 국내 여행을 하는 외국인을 대상으로 여행지 안내 및 기타 여행의 편의를 담당하는 직업이에요. 외국인의 모국어로 관광 정보를 제공하며, 문화, 역사, 관광 명소 등에 대해 안내하고 있어요. 특정 국가나 지역의 문화와 역사에 대한 깊은 지식을 바탕으로, 관광객에게 풍부하고 유익한 경험을 제공하기 위해 노력하지요. 관광통역안내사는 관광객의 이해를 돕고, 문화 간의 교류를 촉진하는 중요한 역할을 담당해요. 이 직업은 높은 수준의 언어 능력과 함께, 소통 능력, 고객 서비스 마인드, 그리고 문제 해결 능력을 요구하고 있어요. 관광통역안내사는 관광산업에서 중요한 위치를 차지하며, 관광객에게 잊지 못할 여행 경험을 선사하기 위해 다양한 정보와 서비스를 제공하고 있어요.

진출 방법은?

통역사가 되기 위해서는 높은 수준의 언어 능력을 갖추어야 합니다. 이를 위해, 목표로 하는 언어들에 대한 깊은 이해와 능통함을 개발해야 합니다. 이 과정에서 언어 학습은 단순히 어휘력과 문법 지식을 넘어서, 해당 언어를 사용하는 문화와 관습에 대한 깊은 이해를 포함해야 합니다. 다양한 상황에서의 언어 사용 능력을 향상시키기 위해, 실제 대화, 문학 작품 읽기, 영화 시청 등 다양한 방법을 활용하는 것이 중요합니다. 특정 분야의 전문 지식을 습득하는 것이 필수적입니다. 통역사는 법률, 의료, 기술, 경제 등 다양한 주제에 대해 정확하게 통역할 수 있어야 하기 때문에, 관련 분야의 기초 지식을 갖추는 것이 중요합니다. 이를 위해 관련 분야의 책을 읽거나 강의를 듣고, 해당 분야의 전문가와의 대화를 통해 실제 용어와 개념을 이해하는 것이 도움이 됩니다. 전문 분야에 대한 지식은 통역의 정확성과 전문성을 높이는 데 기여합니다. 실무 경험을 쌓는 것도 통역사가 되기 위한 중요한 단계입니다. 학문적 지식과 언어 능력을 바탕으로 실제 통역 상황에서의 경험을 쌓는 것은 능력을 향상시키는 데 매우 중요합니다. 인턴십, 자원봉사, 프리랜서 프로젝트 참여 등을 통해 다양한 통역 상황을 경험하며 실력을 쌓아갈 수 있습니다. 이러한 경험은 실시간으로 정보를 처리하고, 다양한 상황에 적응하는 능력을 개발하는 데 도움이 됩니다. 마지막으로, 통역사가 되기 위해 많은 이들이 선택하는 경로 중 하나는 통번역대학원에 진학하는 것입니다. 통번역대학원은 통역과 번역 전문가를 양성하기 위해 설계된 고등 교육 기관으로, 언어학, 문화학, 전문 분야 지식과 더불어 통역 및 번역 기술에 중점을 둔 커리큘럼을 제공합니다. 이러한 노력을 통해서 실제 통역사로서 필요한 전문 지식과 기술을 습득할 수 있습니다.

관련 학과 및 자격증은?

➡ 관련 학과 : 영어영문학과, 독어독문학과, 러시아어문학과, 불어불문학과, 스페인어학과, 아프리카어과, 유럽·기타어과, 일본어과, 일어일문학과, 중국어과, 중어중문학과

➡ 관련 자격증 : 관광통역안내사, 무역영어, 실용영어, 영어능력시험 (FLEX 영어, TOEIC, TEPS, TOEFL 등), 영어회화평가시험(ESPT), 외국어번역행정사, 통번역대학원 졸업

미래 전망은?

통역사는 글로벌화와 기술 발전의 두 가지 주요 트렌드에 의해 크게 영향을 받고 있습니다. 세계화가 진행됨에 따라, 국가 간의 교류는 더욱 빈번해지고 있으며, 이로 인해 다양한 언어와 문화 간의 의사소통 필요성이 증가하고 있습니다. 국제회의, 비즈니스 미팅, 관광 등 다양한 분야에서의 통역 수요는 계속해서 성장할 것으로 예상됩니다. 또한, 정치적, 경제적, 문화적 이유로 국제적인 협력이 강조되는 현재의 글로벌 환경은 통역사에 대한 수요를 지속적으로 촉진할 것입니다. 그러나 기술 발전이나 인공지능과 기계 번역 기술의 급속한 발전은 통역사의 역할에 변화를 가져오고 있습니다. 실시간 기계 번역 기술의 향상은 일부 통역 분야에서 인간 통역사의 필요성을 감소시킬 수 있으나, 고도의 전문 지식을 요구하는 통역 작업에서는 여전히 인간 통역사의 역할이 중요하게 남아 있습니다. 미묘한 문화적 뉘앙스와 감정을 전달하는 데에는 인간의 이해와 감성이 필수적이기 때문에, 특정 분야에서는 기계보다 인간 통역사에 대한 수요가 계속될 것입니다. 통역사의 미래 전망은 긍정적이며 동시에 변화를 요구하는 것으로 볼 수 있습니다. 기술의 발전을 수용하고 이를 자신의 업무에 통합하는 능력이 통역사에게는 더욱 중요해질 것입니다. 전문 분야에서의 깊은 지식과 함께, 기술을 활용한 통역 서비스 제공 방법을 개발하는 능력은 통역사가 시장에서 경쟁력을 유지하고 미래의 직업 시장에 적응하는 데 중요한 열쇠가 될 것입니다. 따라서 지속적인 학습과 기술 적응력은 통역사의 미래를 밝게 만드는 중요한 요소가 될 것입니다.

관련 직업은?

번역가, 소설가, 영화시나리오작가, 방송작가, 출판물기획자 등

영어영문학과
통역사 전공 분석

어떤 학과인가?

영어영문학과는 학생들에게 영어의 구조, 문법, 의미를 깊이 있게 이해하고, 이를 바탕으로 정확하고 유창하게 영어를 사용할 수 있는 능력을 개발하는 학문입니다. 이 과정에서 학생들은 단지 읽기, 말하기, 쓰기와 같은 실용영어 기술을 넘어서, 셰익스피어의 작품과 같은 고전부터 현대에 이르기까지 영어권 국가의 다양한 문학 작품을 분석하며 영어의 다채로운 표현력을 마스터합니다.

이러한 학습은 문학적 상상력과 비평적 사고력을 키우는 데 중점을 두며, 영어 문학의 역사적 배경과 문화적 맥락을 통해 언어의 깊은 이해를 가능하게 합니다. 영어영문학과의 교육은 영어학의 이론적 기반과 실제 사용 사이의 괴리를 메우는 데 중요한 역할을 하며, 학생들이 영어를 더 효과적으로 사용하고 가르칠 수 있도록 준비시킵니다.

영어의 소리와 특성의 체계, 어휘, 문장 구조와 의미 등을 포괄하는 영어학의 다양한 측면을 탐구합니다. 이를 통해 학생들은 영어가 시간에 따라 어떻게 변화해 왔는지, 현재 사용되는 영어에 어떤 문제가 있는지를 분석할 수 있는 능력을 개발합니다. 전문 영어 분야에서는 영어 회화, 작문, 토론 등을 통해 학생들이 실용적이면서도 고급 수준의 영어 소통 능력을 갖출 수 있도록 지도합니다.

영미 문학 공부는 시, 소설, 희곡, 수필 등 다양한 장르의 문학 작품을 통해 시대별 문학의 특성을 이해하고, 작품 분석 및 비평을 통해 작가의 의도와 문학적 가치를 탐색하는 능력을 키웁니다. 영어영문학과는 이처럼 언어와 문학에 대한 폭넓은 지식과 깊은 이해를 바탕으로 학생들이 다양한 분야에서 전문가로 성장할 수 있는 학과입니다.

교육 목표와 교육 내용은?

영어영문학과는 학생들이 영어의 정확한 구조와 문법을 마스터하고, 이를 통해 영어를 유창하게 사용할 수 있는 능력을 키우는 것을 목표로 합니다.

학생들은 영어학의 기본 이론과 영미 문학의 다양한 작품을 깊이 있게 분석하며, 문학적 감수성과 비평적 사고력을 발달시키는 것을 목표로 합니다. 고전부터 현대에 이르기까지 영어 문학 작품을 통한 교육은 언어와 문화의 깊은 이해를 도모합니다.

전문 영어 소통 능력의 개발에 중점을 두어, 학생들이 다양한 상황에서 영어를 효과적으로 사용하고 전달할 수 있도록 합니다. 영어 회화, 작문, 토론을 포함한 실용 영어 교육은 학생들이 글로벌 환경에서 필요로 하는 고급 영어 능력을 갖추게 하며, 이를 통해 국제 사회에서의 다양한 진로에 대비할 수 있도록 준비시킵니다. 영어영문학과는 이러한 교육을 통해 언어와 문학의 전문가로서 뿐만 아니라, 글로벌 커뮤니케이터로서 학생들의 성장을 교육목표로 하고 있습니다.

> » 영어의 구조와 문법을 정확히 이해하고, 유창하게 사용할 수 있는 인재를 양성합니다.
> » 영미 문학의 다양한 작품을 깊이 있게 분석하고 비평할 수 있는 인재를 양성합니다.
> » 문학적 감수성과 비평적 사고력을 발달시킬 수 있는 인재를 양성합니다.
> » 영어와 관련된 기본 이론을 통해 언어의 복잡성을 이해할 수 있는 인재를 양성합니다.
> » 고급 영어 회화, 작문, 토론 능력을 갖추고, 실용적인 소통을 할 수 있는 인재를 양성합니다.
> » 글로벌 환경에서 필요로 하는 다양한 상황에 대응할 수 있는 인재를 양성합니다.
> » 언어와 문학의 전문 지식을 바탕으로 국제 사회에서 활동할 수 있는 글로벌 커뮤니케이터를 양성합니다.

학과에 적합한 인재상은?

영어영문학과를 준비하기 위해서는 문학에 대한 깊은 관심과 사랑이 중요합니다. 이는 다양한 시대와 문화를 배경으로 한 영미 문학 작품들을 탐구하고 분석하는 데 필요한 동기부여가 됩니다. 문학 작품 속에 담긴 다층적인 의미를 해석하고 작가의 의도를 이해하려는 열정은 학습자를 문학적 사고의 깊이로 이끕니다. 이런 흥미는 고전에서 현대에 이르기까지 폭넓은 문학의 세계를 탐험하는 데 있어 중요한 원동력이 됩니다.

영어에 대한 높은 적성과 열정이 매우 중요합니다. 언어의 구조와 사용에 대한 깊은 이해뿐만 아니라, 다양한 상황에서 영어를 유창하게 활용할 수 있는 능력은 필수적입니다. 이는 학문적 연구뿐만 아니라, 실제 생활에서 영어를 효과적으로 사용하기 위한 기반을 마련해 줍니다. 영어로의 소통을 즐기고, 영어를 통해 세계와 연결되고자 하는 욕구는 영어영문학과에서의 성공적인 학업과 진로를 위한 기본 요소입니다.

비평적 사고력과 분석 능력은 영어영문학과에서 중요한 역량입니다. 문학 작품이나 언어학적 현상을 깊이 분석하고, 복잡한 아이디어를 명확하고 논리적으로 표현할 수 있는 능력은 이 학문 분야의 중요한 요소입니다. 문학과 언어의 다양한 측면을 탐구하고 이해하기 위해서 노력하고, 실생활에서의 문제 해결과 의사소통 능력이 뛰어난 학생에게 적합한 학과입니다.

관련 학과는?

영문학전공, 영어영문학부, 영미어문전공, 영미영어문화학과, 영어영미문화전공, 영미언어문화전공, 영어영문학전공, 영미문화학과, 영미어문학부, 영어영문학전공, 영미언어문화학과, 영어문학전공, 영어통번역학부, 영어학과, 영어학전공, 국제학부(영어학전공) 등

진출 직업은?

신문기자, 방송기자, 작가, 번역가, 통역가, 대학 교수, 교사, 금융기관종사자, 광고 및 홍보전문가, 외교관, 해외통신원, 국제회의기획자, 호텔 및 관광기획자, 관광통역안내원, 문화유산해설사, 여행안내원 등

주요 교육 목표

정확한 영어 구조와 문법 이해

문학적 감수성과 비평적 사고력

다양한 문화와 언어의 깊은 이해

유창한 영어 소통 능력 함양

고급 영어 회화, 작문,
토론 능력 함양

글로벌 커뮤니케이션 전문가 양성

 ## 취득 가능 자격증은?

- ☑ 중등학교 2급 정교사(영어)
  (4년제 대학교의 영어영문학과
  재학 중 교직 과목 이수 시)
- ☑ 관광통역안내사
- ☑ 무역영어
- ☑ 영어능력시험
  (FLEX 영어TOEIC, TEPS, TOEFL 등)
- ☑ 영어회화평가시험(ESPT)
- ☑ 외국어번역행정사
- ☑ 호텔경영사
- ☑ 호텔관리사 등

추천 도서는?

- 오이디푸스왕(민음사, 소포클레스, 강대진 역)
- 이야기 영국사(청아출판사, 김현수)
- 셰익스피어 4대 비극
  (민음사, 월리엄 셰익스피어, 최종철 역)
- 영미문학의 길잡이(창작과비평사, 영미문학연구회)
- 앵무새 죽이기(열린책들, 하퍼 리, 김욱동 역)
- 언어 이론과 그 응용(한국문화사, 김진우)
- 미메시스(민음사, 에리히 아우어바흐, 김우창 역)
- 마지막 잎새(브라운힐, 오 헨리, 김지영 역)
- 신곡: 지옥(열린책들, 단테 알리기에리, 김운찬 역)
- 1984(민음사, 조지 오웰, 정회성 역)
- 동물농장(민음사, 조지 오웰, 도정일 역)
- 죽은 시인의 사회
  (서교출판사, N. H. 클라인바움, 한은주 역)
- 오만과 편견(민음사, 제인 오스틴, 윤지관 역)
- 안나 카레니나(문학동네, 레프 톨스토이, 박형규 역)
- 반 고흐, 영혼의 편지
  (위즈덤하우스, 빈센트 반 고흐, 신성림 역)
- 제인 에어(브라운힐, 샬럿 브론테, 박정숙 역)
- 파리대왕(민음사, 월리엄 골딩, 유종호 역)
- 황무지(민음사, T. S. 엘리엇, 황동규 역)
- 호밀밭의 파수꾼(민음사, 제롬 데이비드 샐린저, 정영목 역)
- 한일 통역과 번역(한국문화사, 김한식)
- 중국어 국제회의 통역노트
  (이화여자대학교출판문화원, 손지봉)
- 통역의 바이블(길벗이지톡, 임종령)
- 통역학 개론(한국문화사, 정혜연)
- 국제회의 통역사를 위한 노트테이킹
  핵심기술(한국문화사, 이상빈)
- 현장에서 바로 쓰는 의료통역 영어
  (시대고시기획 시대교육, 최원선 외 3인)

학과 주요 교과목은?

기초 과목	영어문법, 영문학개론, 영어산문, 영어학개론, 영어단편소설, 시 읽기, 빅데이터와 영어학습, 영어발음 연습, 영미희곡, 미국소설, 영어독해, 문학과 환경, 영한대조분석, 영어어휘구조, 비평입문, 문학과 영화, 영어작문, 영미문화 등
심화 과목	영어통사구조의 이해, 외국어습득론, 셰익스피어, 로맨스문학, 근대영미소설, 영미대중문학, 언어와 뇌과학, 영어음성음운론, 영어구문분석, 영어의미화용론, 현대영미소설, 비교문학, 연극과 공연, 영어음성음운세미나, 영어통사의미세미나, 영어사, 문화이론, 비평이론, 젠더와 문학, 영어학주제실습, 영어빅데이터와 분석, 문학과 대안문명, 현대영미시 등

졸업 후 진출 분야는?

기업체	무역 회사, 여행사, 호텔, 외국계 기업체, 일반 기업의 국제 관련 부서, 일반 기업의 영업직·해외 업무부서, 해외 현지 기업, 언론사(신문사, 잡지사, 방송국), 출판사 등
연구소	한국콘텐츠진흥원, 대사관, 한국공항공사, 인천국제공항공사, 무역·수출입 관련 공공 기관(관세청, 한국무역보험공사, 한국무역협회 등), 중고등학교, 대학교, 정부 부처 및 공공기관, 공공 기관 보도실 등
정부 및 공공기관	국제 경제·무역 관련 국가·민간 연구소, 인문 과학 관련 국가·민간 연구소 등

전공 관련 선택 과목은?

▶ 국어, 영어 교과는 모든 학문의 기초적인 성격을 가진 도구교과로 모든 학과에 이수가 필요하여 생략함.

수능 필수	화법과 언어, 독서와 작문, 문학, 대수, 미적분 I, 확률과 통계, 영어 I, 영어 II, 한국사, 통합사회, 통합과학, 성공적인 직업생활(직업)		
교과군	선택 과목		
	일반 선택	진로 선택	융합 선택
수학, 사회, 과학	세계시민과 지리, 세계사, 사회와 문화, 현대사회와 윤리	윤리와 사상, 인문학과 윤리, 국제 관계의 이해	여행지리, 사회문제 탐구, 윤리문제 탐구
체육·예술		음악 감상과 비평, 미술 감상과 비평	
기술·가정/정보			
제2외국어/한문			
교양		인간과 철학, 인간과 심리, 삶과 종교	논술

학교생활기록부 관리는?

출결 사항	• 미인정 출결 내용이 없도록 관리하세요. 미인정 출결 내용이 있으면 인성, 성실성 영역 등에서 부정적 평가를 받을 가능성이 높아요.
자율·자치활동	• 다양한 교내외 활동에서 자기주도적 참여를 통해서 통역사와 관련이 깊은 국어, 영어, 제2외국어 교과에 대한 관심과 흥미, 창의적 문제 해결 능력, 의사소통 능력, 협업 능력, 발전 가능성 등이 드러나도록 하세요.
동아리활동	• 국어, 영어, 사회, 제2외국어 관련 동아리 활동 참여를 통해서 통역사 관련 전공에 대한 준비를 하세요. • 가입동기, 본인의 역할, 배우고 느낀 점, 영어영문학과 진학을 위해 기울인 활동과 노력이 나타날 수 있도록 참여하세요. • 학교내에서 타인을 위해 할 수 있는 지속적인 봉사 활동을 하세요. • 학교에서 주관하는 외국어 행사, 사회문화 행사, 전시회 등 외국어 관련된 봉사 활동을 하세요.
진로 활동	• 영어영문학과와 관련된 직업 정보 탐색 활동을 권장해요. • 통역 관련 기관 및 관련 학과 체험 활동이 무척 중요해요. • 영어, 국어, 제2외국어 분야에 대한 적극적 진로 탐색 활동을 통해서 자신의 진로 역량, 공동체 역량, 발전 가능성 등이 나타날 수 있도록 하세요.
교과학습발달 상황	• 국어, 영어, 사회, 제2외국어 교과 등 통역사와 관련된 교과 성적은 상위권으로 유지시키고, 관련 교과 수업에서 학업 역량, 진로 역량, 공동체 역량, 자기주도성, 문제 해결 능력, 창의력, 발전 가능성 등의 역량이 발휘될 수 있도록 수업에 적극 참여하세요. • 국어, 영어, 사회, 제2외국어 관련 분야의 교과 연계 독서 활동 내용이 기록되도록 하세요.
독서 활동	• 국어, 영어, 사회, 제2외국어, 한문등 다양한 분야의 책을 읽으세요. • 철학, 문학, 언어, 과학, 외국어 등 다양한 독서 활동을 통해서 통역사의 기본적인 지식을 쌓는 것이 중요해요.
행동 발달 특성 및 종합 의견	• 창의력, 문제 해결 능력, 의사소통 능력, 협업 능력, 리더십, 발전 가능성, 진로 역량 등이 드러날 수 있도록 하세요. • 자기주도성, 경험의 다양성, 성실성, 나눔과 배려, 학업 태도와 학업 의지에 대한 자신의 장점이 생활기록부에 기록되도록 관리하세요.

평론가와 예술가 직업은 어떤 차이가 있을까요?

➲ 평론가와 예술가는 예술 세계에서 서로 다른 역할을 담당해요. 예술가는 창조적인 과정을 통해 새로운 예술 작품을 만들어내는 사람으로, 자신의 감정, 사상, 경험을 표현하는 데 초점을 맞춰요. 예술가의 작업은 창의성과 개인적인 시각을 바탕으로 이루어지며, 예술의 형태와 내용을 혁신하는 데 기여해요. 반면, 평론가는 예술 작품을 분석하고 평가하는 역할을 담당해요. 평론가는 작품의 의미, 기술적 완성도, 사회적 맥락 등을 비평적으로 검토하여 대중에게 작품의 가치와 중요성을 설명해요. 이 과정에서 평론가는 예술 이론과 비평적 사고를 바탕으로 작품을 접근하며, 예술계와 대중 사이의 중재자 역할을 수행해요. 따라서, 예술가와 평론가는 창작과 해석이라는 서로 다른 과정을 통해 예술 세계에 기여하고 있어요.

평론가란?

평론가는 예술의 세계에서 중요한 역할을 담당합니다. 미술전람회, 음악연주회, 연극공연 등 다양한 예술 활동에 참석하거나 영화, 방송 등을 관람하며 작품을 깊이 있게 검토합니다. 이 과정에서 평론가는 작품의 주제, 표현 방법, 기술적 측면 등을 면밀히 분석하여 예술작품의 가치와 의미를 탐색합니다. 그들의 분석은 예술작품에 대한 이해와 평가를 깊게 하며, 예술의 다양한 면모를 관객이나 독자에게 전달하는 데 기여합니다.

평론은 단순한 의견 제시를 넘어서, 그들의 지식, 판단력, 그리고 풍부한 경험을 바탕으로 합니다. 이러한 근거를 통해 그들은 예술작품을 평가하고, 그 가치와 영향력을 탐구합니다. 평론가의 분석과 평가는 예술작품에 대한 새로운 관점을 제공하며, 작품이 지닌 여러 가지 의미와 메시지를 풀어내는 데 중요한 역할을 합니다. 이는 예술작품의 수용과 해석에 있어 깊이 있는 이해를 가능하게 하며, 예술계 내외의 대화를 촉진합니다.

또한, 예술작품에 관련된 다양한 자료를 수집하고 연구하여, 그들의 발견과 생각을 일간지, 잡지 등에 칼럼이나 논평으로 발표합니다.

평론가
미학과

이러한 활동을 통해 평론가는 예술계의 최신 동향과 중요 이슈를 대중에게 소개하고, 예술에 대한 대중의 이해와 관심을 높이는 데 기여합니다. 평론가의 글은 예술에 대한 폭넓은 대화를 이끌어내며, 예술의 사회적, 문화적 가치를 강조하는 중요한 수단이 됩니다.

평론가는 예술계와 대중 사이의 다리 역할을 합니다. 그들은 예술작품을 통해 사회적, 문화적 메시지를 해석하고 전달함으로써, 예술이 인간 경험의 다양한 측면을 탐구하고 표현하는 데 어떻게 기여하는지를 보여줍니다. 평론가의 노력을 통해 예술은 단순히 감상의 대상을 넘어, 생각하고 느끼며 이해하는 과정의 중요한 부분이 됩니다.

이처럼 평론가는 예술의 가치를 평가하고, 예술을 통해 우리 사회와 문화를 더 깊게 이해할 수 있도록 돕는 전문가입니다.

평론가가 하는 일은?

평론가는 다양한 예술 분야에서 작품을 검토하고 평가하는 전문가입니다. 미술, 음악, 연극, 영화 등의 분야에서 작품의 주제, 표현 방식, 기술적 측면 등을 면밀히 분석하여, 그 가치를 평가합니다. 이들은 예술작품의 이해와 감상을 돕기 위해 자신의 지식, 판단력, 경험을 바탕으로 평론을 합니다. 예술작품에 대한 깊이 있는 이해를 바탕으로, 관련 자료를 수집하고 분석합니다. 그 결과를 바탕으로 일간지, 잡지, 온라인 미디어 등 다양한 플랫폼에 칼럼을 기고하거나 논평을 발표하여, 대중에게 예술작품의 가치와 의미를 전달합니다. 이를 통해 예술의 이해를 증진시키고 문화적 대화를 활성화시키는 역할을 합니다.

언론기관이나 학계 등에 소속된 평론가는 안정적인 급여와 함께, 연구 지원, 출판 기회, 학술 교류의 기회 등을 얻을 수 있습니다. 복리 후생의 차이는 개인의 경력, 명성, 소속 기관의 정책에 크게 좌우됩니다. 평론가로서 성공하기 위해서는 높은 수준의 전문 지식과 비평 능력을 키우기 위해서 노력해야 합니다.

» 미술전시회, 음악연주회, 연극, 영화 등 다양한 예술작품을 검토하고 관람합니다.
» 다양한 예술작품의 주제, 표현 방법, 기술적 측면을 분석하고 평가합니다.
» 자신의 지식과 판단력, 경험을 바탕으로 다양한 예술 작품의 가치를 평가합니다.
» 예술작품을 검토하고 관람한 후 작품에 대한 깊이 있는 리뷰와 논평을 작성합니다.
» 예술작품의 이해와 감상을 돕기 위해 일간지, 잡지, 온라인 미디어 등에 칼럼을 기고하거나 논평을 발표합니다.
» 예술 작품과 관련된 자료를 수집하고 연구하면서 대중에게 예술작품의 이해와 감상을 돕기 위한 가이드 역할을 합니다.

Jump Up

인공지능을 활용한 예술과 평론에 대해 알아볼까요?

인공지능을 활용한 예술 작품은 기존 인간 중심의 창작 방식에 새로운 시각을 제공하며, 이로 인해 예술 평론가들은 기술과 예술의 경계, 인간의 창의성과 인공지능의 역할에 대해 새롭게 고민하게 되었어요. 인공지능 예술은 알고리즘을 통해 무한한 창작 가능성을 탐구하며, 이는 평론가들로 하여금 작품의 독창성, 예술성, 기술적 복잡성을 평가하는 새로운 기준을 모색하게 만들었어요. 이러한 평론은 기술적 진보가 예술의 본질에 미치는 영향을 탐구하고, 인간과 기계 간의 협력을 통한 예술의 미래를 상상하게 하지요. 인공지능을 활용한 예술과 평론은 예술이 지닌 가능성을 확장시키며, 예술적 가치와 의미에 대한 깊은 사유를 촉진하지요.

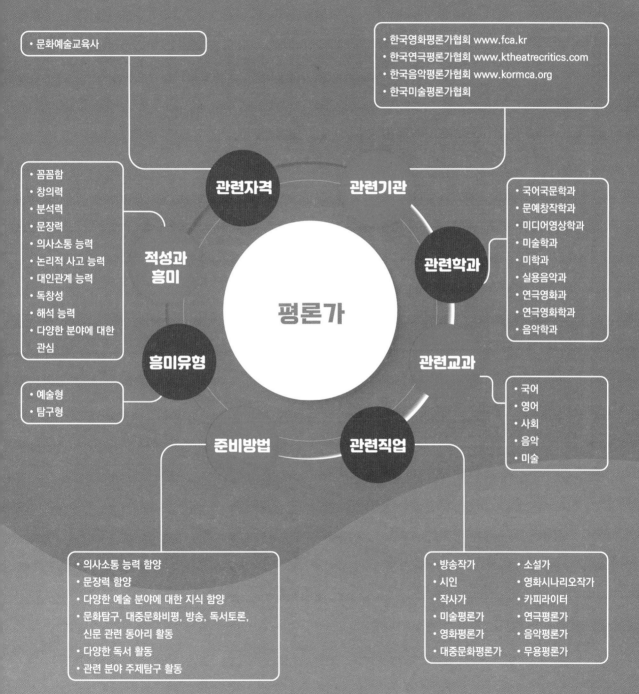

평론가
커리어맵

• 문화예술교육사

• 한국영화평론가협회 www.fca.kr
• 한국연극평론가협회 www.ktheatrecritics.com
• 한국음악평론가협회 www.kormca.org
• 한국미술평론가협회

관련자격

관련기관

적성과 흥미

• 꼼꼼함
• 창의력
• 분석력
• 문장력
• 의사소통 능력
• 논리적 사고 능력
• 대인관계 능력
• 독창성
• 해석 능력
• 다양한 분야에 대한 관심

관련학과

• 국어국문학과
• 문예창작학과
• 미디어영상학과
• 미술학과
• 미학과
• 실용음악과
• 연극영화과
• 연극영화학과
• 음악학과

평론가

흥미유형

• 예술형
• 탐구형

관련교과

• 국어
• 영어
• 사회
• 음악
• 미술

준비방법

관련직업

• 의사소통 능력 함양
• 문장력 함양
• 다양한 예술 분야에 대한 지식 함양
• 문화탐구, 대중문화비평, 방송, 독서토론, 신문 관련 동아리 활동
• 다양한 독서 활동
• 관련 분야 주제탐구 활동

• 방송작가
• 시인
• 작사가
• 미술평론가
• 영화평론가
• 대중문화평론가
• 소설가
• 영화시나리오작가
• 카피라이터
• 연극평론가
• 음악평론가
• 무용평론가

미래 전망은?

평론가의 미래는 디지털 시대의 변화와 맞물려 복잡하면서도 다양한 가능성을 내포하고 있습니다. 정보와 콘텐츠의 홍수 속에서 대중은 질 높은 분석과 해석을 필요로 합니다. 이러한 배경하에, 평론가의 역할은 더욱 중요해지고 있으며, 전문적인 지식과 비평적 사고를 바탕으로 예술작품과 문화콘텐츠를 해석하는 전문가의 수요는 지속적으로 증가할 것으로 예상됩니다. 디지털 플랫폼의 발달은 평론가들에게 더 넓은 독자층에 도달할 수 있는 기회를 제공하며, 이는 그들의 영향력을 확대하는 데 기여할 것입니다. 반면에 평론가들은 디지털 미디어의 발전과 함께 증가하는 콘텐츠의 양과 다양성 속에서 자신의 목소리를 돋보이게 하는 도전에 직면하게 됩니다. 소셜 미디어와 블로깅 플랫폼 등은 전문가뿐만 아니라 일반 대중도 자신의 의견을 자유롭게 표현할 수 있는 장을 마련해 주었습니다. 이러한 환경은 평론가들에게 더

욱더 창의적이고 깊이 있는 분석을 요구하며, 독특한 시각과 통찰력을 개발하는 것이 중요한 경쟁력이 됩니다. 평론가가 되고자 하는 이들은 이 변화하는 미디어 환경 속에서 자신만의 정체성과 전문성을 구축해야 할 필요가 있습니다. 평론가의 미래는 예술과 문화 분야의 지속적인 발전과 불가분의 관계에 있습니다. 새로운 예술 형태와 문화콘텐츠의 등장은 평론가들에게 새로운 연구 대상과 비평의 영역을 제공합니다. 이는 평론가들에게 새로운 기회를 제공할 뿐만 아니라, 예술과 문화의 대중적 이해와 감상을 심화시키는 데 기여할 것입니다. 따라서, 평론가들은 지속적인 학습과 자기 발전을 통해 변화하는 예술 환경에 적응하고, 예술과 문화에 대한 대중의 이해를 깊게 하는 중요한 역할을 수행할 것입니다. 이러한 점에서 평론가의 미래는 여전히 밝고 중요해질 것으로 보입니다.

평론가
커리어맵

Jump Up

미학과와 철학과는 어떤 차이가 있을까요?

미학과와 철학과는 모두 인간의 사고와 문화에 대해 탐구하지만, 그 초점과 접근 방식에서 차이가 있어요. 미학과는 아름다움, 예술 작품, 그리고 예술적 창조 과정에 대한 철학적 이해가 중요해요. 이 학문은 예술의 본질, 아름다움의 기준, 예술 작품이 인간 경험에 미치는 영향 등을 탐구해요. 반면, 철학과는 존재, 지식, 가치, 이성, 마음, 언어 등 인간 사유의 근본적인 문제를 폭넓게 다루며, 논리학, 윤리학, 인식론, 형이상학과 같은 다양한 분야를 다루지요. 미학과는 예술과 아름다움에 특화된 반면, 철학과는 인간 존재와 사고의 근본적인 질문에 더 광범위하게 접근해요.

영화평론가 직업에 대해 알아볼까요?

영화평론가는 영화를 분석하고 평가하여, 그 결과를 대중에게 전달하는 직업이에요. 영화의 스토리, 연출, 연기, 시각적 요소 등을 종합적으로 검토하며, 영화가 전달하고자 하는 메시지와 예술적 가치를 평가해요. 영화평론가의 작업은 영화 선택에 대한 관객의 가이드 역할을 하며, 때로는 영화의 흥행과 비평계에서의 인식을 형성하는 데 중요한 역할을 해요. 이 직업은 영화에 대한 깊은 지식과 비평적 사고력을 요구하며, 효과적인 커뮤니케이션 능력을 통해 자신의 평가를 명확하게 전달할 수 있어야 하지요. 영화평론가는 다양한 매체를 통해 활동하며, 영화 산업과 대중 문화에 깊은 영향을 미치기 때문에 영화에 대한 열정과 지속적인 학습이 필요해요.

진출 방법은?

평론가가 되기 위해 전공해야 할 분야는 자신이 관심 있는 예술 분야에 따라 다양합니다. 예를 들어, 문학평론가가 되고 싶다면 문학, 언어학, 문화 연구 등의 학문을 깊이 있게 탐구하는 것이 중요합니다. 이러한 전공들은 다양한 문학 이론, 장르, 역사 등에 대한 폭넓은 지식을 제공하며, 작품 분석과 비평 작성 능력을 키우는 데 도움이 됩니다. 문학 작품의 다양한 해석과 비평적 접근 방법을 학습함으로써, 비평가로서의 깊이 있는 통찰력을 개발할 수 있습니다. 미술 평론가를 목표로 한다면, 미술사, 미술 이론, 시각 문화 연구 등의 전공이 바람직합니다. 이 분야들은 미술 작품과 운동, 미술사의 주요 시기, 그리고 시각적 표현의 다양한 형태와 기능에 대한 이해를 깊게 합니다. 또한, 현대 미술의 트렌드와 비평적 접근법에 대한 지식을 습득할 수 있어, 미술 작품을 분석하고 평가하는 데 필요한 비평적 눈을 길러줍니다. 미술 평론가로서 성공하기 위해서는 미술 작품 뒤에 숨겨진 의미를 해석하고, 그 가치를 대중에게 설명할 수 있는 능력이 필수적입니다. 음악 평론가나 영화 평론가를 꿈꾼다면, 음악학, 영화학, 커뮤니케이션 학과 같은 분야에서 공부하는 것이 좋습니다. 이러한 전공은 음악이나 영화의 역사, 이론, 분석 방법을 배우는 데 중점을 두며, 작품의 기술적인 측면과 함께 문화적, 사회적 맥락에서의 의미를 이해하는 데 도움을 줍니다. 특히, 영화나 음악 작품의 구성, 스토리텔링, 연출 기법 등을 분석하는 방법을 배움으로써, 작품에 대한 평가를 더 깊고 풍부하게 할 수 있습니다. 이 과정에서 개발된 비평적 사고와 분석 능력은 평론가로서의 경력을 쌓는 데 중요한 기반을 마련해 줍니다.

관련 학과 및 자격증은?

➡ 관련 학과 : 국어국문학과, 문예창작학과,
　　　　　　　미디어영상학과, 미술학과, 미학과,
　　　　　　　실용음악과, 연극영화과,
　　　　　　　연극영화학과, 음악학과

➡ 관련 자격증 : 문화예술교육사

관련 직업은?

방송작가, 소설가, 시인, 영화시나리오작가, 작사가, 카피라이터, 미술평론가, 연극평론가, 영화평론가, 음악평론가, 대중문화평론가, 무용평론가 등

적성과 흥미는?

평론가가 되기 위해서는 깊은 예술적 이해와 감각이 필요합니다. 예술의 다양한 장르와 표현 방법에 대한 폭넓은 지식과 민감한 감수성을 갖추어야 합니다. 이는 작품의 미학적 가치를 정확히 평가하고, 그 의미와 영향을 깊이 있게 해석하는 데 기초가 됩니다. 예술에 대한 열정적인 관심과 지속적인 학습 의지가 이를 뒷받침해야 합니다. 비판적 사고와 분석 능력도 중요합니다. 평론가는 작품을 단순히 감상하는 것을 넘어서, 그 구성 요소와 창작 과정, 사회적 맥락 등을 분석하여 작품 뒤에 숨겨진 의미를 찾아내야 합니다. 이를 위해선 논리적이고 체계적인 사고 방식이 필요하며, 다양한 관점에서 작품을 바라볼 수 있는 개방성과 유연성이 요구됩니다. 평론가는 자신의 분석과 평가를 명확하고 설득력 있게 전달하는 탁월한 커뮤니케이션 능력이 있어야 합니다. 이는 글쓰기 능력뿐만 아니라 대중 앞에서 자신의 의견을 효과적으로 발표할 수 있는 구술 능력도 포함합니다. 평론가의 리뷰와 논평은 다양한 독자와 청중에게 도달해야 하므로, 복잡한 아이디어를 알기 쉽게 전달할 수 있는 능력이 중요합니다. 평론가로서 성공하기 위해서는 강한 윤리 의식과 독립적인 사고가 필요합니다. 예술 평론은 주관적인 견해가 크게 작용하는 분야이므로, 개인의 신념과 가치를 가지면서도 공정하고 객관적인 평가를 내리는 자세가 중요합니다. 이는 때때로 대중의 의견이나 예술계의 유행과 대립될 수도 있기에, 자신의 판단을 믿고 유지하는 용기와 독립적인 사고가 필요합니다. 평론가는 예술 세계와 대중 사이에서 중요한 역할을 수행하며, 이러한 적성과 흥미를 갖춘 이들에게는 무한한 가능성이 열려 있습니다. 평론가라는 전문가가 되기 위해서는 다양한 예술 작품에 대한 깊은 이해와 분석 능력을 길러야 합니다. 이를 위해 미술관, 박물관 방문, 다양한 장르의 책 읽기, 영화와 연극 관람과 같은 문화 예술 활동에 적극적으로 참여해야 합니다. 또한 생각이나 느낀 점을 정리하는 습관을 기르기 위해 리뷰나 비평 글쓰기를 꾸준히 연습해야 합니다. 이러한 활동은 예술에 대한 폭넓은 시각을 개발하고 비판적 사고력을 향상시키는 데 도움이 됩니다. 예술과 문화에 대한 토론이나 동아리 활동에 참여하여 관련 분야의 지식을 넓히고, 다양한 관점을 이해하기 위해서 노력하는 것을 추천합니다.

미학과
평론가 전공 분석

어떤 학과인가?

미학과는 인간의 아름다움 창조와 관련된 인문학적 특성을 철학적, 역사적, 심리학적, 사회학적 관점에서 탐구하는 학문입니다. 이 과정에서 인간의 가치와 삶의 의미를 깊이 있게 성찰하며, 문화와 세계를 다양한 시각에서 조망하는 것을 목표로 합니다. 미학과는 예술과 미에 대한 이해를 바탕으로, 예술작품이 인간과 사회에 끼치는 영향을 분석하고, 예술적 감성과 철학적 사유의 조화를 통해 인문학적 성찰의 능력을 갖춘 인재를 양성하는 데 주력합니다. 학문적으로 미학과는 순수 미학 사상과 예술 철학을 다루는 이론 분야와 미술, 음악, 연극, 무용, 영화, 사진 등 다양한 예술 장르에 대한 이론적 탐구와 비평적 성찰을 제공하는 예술 이론 분야로 구성됩니다. 동양미학과 서양미학 사상의 탐구는 물론, 현대 미학 이론과 예술 사회학 이론까지 아우르며, 학생들에게는 예술의 본질과 특성을 이해하고, 예술적 가치를 비평적으로 평가할 수 있는 광범위한 지식과 기술을 제공하는 학과입니다.

교육 목표와 교육 내용은?

미학과는 아름다움과 예술에 대한 철학적 이해를 바탕으로 한 학문입니다. 이 과정에서 학생들은 고대부터 현대에 이르기까지 다양한 시대와 문화를 아우르는 미학 이론을 학습합니다. 미학의 교육 목표는 학생들이 미학적 사고를 통해 인간의 삶과 문화, 예술 작품을 깊이 있게 이해하고, 이를 통해 보다 풍부한 인문학적 성찰과 비판적 사고 능력을 개발하는 것입니다. 이 과정에서 학생들은 아름다움이란 무엇인지, 왜 우리가 아름다움을 느끼는지 등 본질적인 질문을 탐구하며, 다양한 예술 형태와의 교류를 통해 예술에 대한 깊은 이해를 쌓아갑니다. 학생들은 미학과에서 예술과 미에 대한 폭넓은 지식을 습득함으로써, 개인적 창조성과 비평적 사고를 발달시킬 수 있는 기반을 마련하게 됩니다. 교육 과정은 플라톤, 아리스토텔레스부터 현대의 미학 이론에 이르기까지 서양과 동양의 미학 사상을 아우르며, 이를 통해 학생들은 글로벌 문화 속에서 예술의 다양한 양상을 이해하고 비판적으로 분석하는 능력을 갖추게 됩니다. 이러한 학습은 학생들이 예술 사회학, 예술 심리학 등 다른 학문과의 접목을 통해 미학의 새로운 지평을 개척하고, 예술 및 인문학 분야에서의 전문적인 경력을 준비하는 데 필수적입니다.

학과에 적합한 인재상은?

미학과를 준비하기 위해서는 예술과 아름다움에 대한 깊은 흥미가 중요합니다. 이는 다양한 예술작품과 문화 현상에 대한 호기심과 열정을 바탕으로, 아름다움의 본질을 탐구하고자 하는 욕구에서 비롯됩니다. 예술에 대한 이해와 감상이 일상의 즐거움이며, 다양한 예술 형태와 장르에 대한 지식을 넓히고자 하는 열정이 있는 사람이라면 미학과는 매우 적합한 학문 분야가

> » 철학적 사고와 예술적 감수성을 겸비한 창의적 인재를 양성합니다.
> » 깊이 있는 인문학적 성찰과 비판적 사고 능력을 갖춘 전문가를 양성합니다.
> » 다양한 예술 장르와 문화에 대한 폭넓은 이해를 기반으로 한 예술 비평가를 양성합니다.
> » 미학적 지식과 연구 능력을 바탕으로 현대 사회와 예술의 접점을 탐구하는 학자를 양성합니다.
> » 글로벌 문화 속에서 예술의 다양한 양상을 분석하고 평가할 수 있는 문화 전문가를 양성합니다.
> » 예술과 인문학의 교차점에서 새로운 지식을 창출할 수 있는 연구자를 양성합니다.
> » 예술 사회학, 예술 심리학 등 다학제적 접근을 통해 미학의 새로운 영역을 개척하는 혁신가를 양성합니다.

될 것입니다. 예술작품 속에 담긴 메시지를 해석하고, 그 아름다움을 느끼고자 하는 갈망은 미학과 학생으로서의 여정을 시작하는 데 있어 중요한 동기 부여가 됩니다. 비판적 사고력과 분석적 능력도 중요합니다. 미학은 단순히 예술작품을 감상하는 것을 넘어서, 그 작품이 왜 아름다운지, 어떤 사회적·문화적 맥락에서 생성되었는지를 탐구합니다. 이를 위해서는 작품의 형식, 내용, 맥락을 분석하고 이해할 수 있는 능력이 필요합니다. 또한, 미학적 이론과 예술 철학에 대한 이해를 바탕으로 자신만의 관점을 개발하고 논리적으로 주장할 수 있는 능력도 중요하게 평가됩니다. 예술과 철학에 대한 깊은 관심과 함께 이를 체계적으로 탐구하고자 하는 지적 호기심이 미학과의 적성에 적합합니다. 미학과는 개방적 사고방식과 다양한 문화에 대한 수용성도 요구합니다. 예술은 전 세계 다양한 문화와 역사적 배경 속에서 발전해 왔기 때문에, 다양한 문화적 시각에서 예술을 바라보고 이해할 수 있는 능력이 중요합니다. 또한, 새로운 미학적 이론과 예술적 실험에 개방적이고, 이를 통해 새로운 아름다움의 형태를 탐색하고자 하는 태도가 필요합니다. 다양한 문화와 예술 사이의 연결고리를 찾고, 이를 통해 인간의 아름다움에 대한 이해를 깊게 하고자 하는 흥미와 적성을 가진 이들에게 미학과는 매우 매력적인 학문 분야입니다.

주요 교육 목표

예술적 감수성 향상

창의적 개발 능력 확립

글로벌 문화 소통 능력 개발

문화적 다양성 이해 증진

비판적 사고력 능력 개발

새로운 지식을 창출하는
연구자 양성

관련 학과는?

교육학과, 언어학과, 예술학과, 철학과 등 문화콘텐츠학부(시각문화큐레이터전공), 미술·디자인학부(회화·조소), 미술과, 미술디자인학전공, 미술이론과, 미술조형전공, 미술학과, 미술학과(한국화전공, 서양화전공, 조소전공, 조형예술이론전공), 미술학부, 미술학부 기독교미술전공, 미술학부 생활예술전공, 복시융합인재학부 미술문화복지전공, 불교미술전공, 비주얼아트학과, 서예전공, 예술학부 무대미술전공, 입체미술전공, 큐레이터학과, 트랜스아트과, 현대미술학전공 등

 ## 취득 가능 자격증은?

☑ 문화예술교육사
☑ 박물관 및 미술관 준학예사
☑ 연극심리상담사
☑ 음악심리치료사
☑ 정신건강상담전문가
☑ 평생교육사, 갈등조정전문가
☑ 논술지도사 등

진출 직업은?

학예사(큐레이터), 예술비평가, 홍보관리연구원, PD, 기자, 평론가, 갤러리관장, 미술사학자, 게임작가, 대학 교수, 중등학교 교사(미술), 학예연구관(공무원), 문화자료연구원, 기록과학연구원 등

추천 도서는?

- 글자 풍경(을유문화사, 유지원)
- 나를 채우는 인문학(이지퍼블리싱, 최진기)
- 미의 역사(열린책들, 움베르토 에코, 이현경 역)
- 미학 오디세이1,2,3(휴머니스트, 진중권)
- 미학의 기본 개념사
  (미술문화, W.타타르키비츠, 손효주 역)
- 미학의 역사(서울대학교출판부, 미학대계간행회)
- 미학이론(문학과지성사, 테오도르 W.아도르노, 홍승용 역)
- 미학과 미술(미진사, 박일호)
- 헤겔의 미학강의(은행나무, 헤겔, 두행숙 역)
- 예술, 존재에 휘말리다(문학동네, 이진경)
- 사르트르의 미학(기파랑, 강충권)
- 미술은 철학의 눈이다(문학과지성사, 서동욱)
- 경험으로서의 예술(책세상, 존 듀이, 이재언 역)
- 수행성의 미학
  (문학과지성사, 에리카 피셔 리히테, 김정숙 역)
- 박물관학(삼화출판사, 이난영)
- 세상을 바꾼 미술(다른, 정연심)
- 아름다움의 구원(문학과지성사, 한병철)
- 예술과 경제를 움직이는 다섯 가지 힘
  (문학동네, 김형태)
- 예술수업(어크로스, 오종우)
- 이미지의 힘(동문선, 아네트쿤, 이형식 역)
- 인간의 이해력에 관한 탐구
  (지식을만드는지식, 데이비드 흄, 김혜숙 역)

학과 주요 교과목은?

기초 과목	미학원론, 고중세미학, 근대미학, 동양미학개론, 음악미학, 조형예술미학, 분석미학, 독일미학, 프랑스미학, 매체미학 등
심화 과목	동양예술론, 예술심리학, 무용미학, 사진미학, 미술비평론, 한국예술사상, 예술사회학, 연극미학, 영상미학, 미술사론, 고전미학특강, 독일미학특강, 동양미학특강, 사회미학특강, 근대미학특강, 영미미학특강, 프랑스미학특강, 음악론특강 등

졸업 후 진출 분야는?

기업체	신문사, 방송국, 출판사, 잡지사, 광고 회사, 마케팅·리서치 회사, 기업의 문화 예술 관련 부서, 홍보부서 등
연구소	인문과학연구소, 시민 사회 단체 등
정부 및 공공기관	중앙 정부 및 지방 자치 단체의 문화 예술 분야, 문화체육관광부, 중고등학교, 대학교 등

🔍 전공 관련 선택 과목은?

▶ 국어, 영어 교과는 모든 학문의 기초적인 성격을 가진 도구교과로 모든 학과에 이수가 필요하여 생략함.

수능 필수	화법과 언어, 독서와 작문, 문학, 대수, 미적분Ⅰ, 확률과 통계, 영어Ⅰ, 영어Ⅱ, 한국사, 통합사회, 통합과학, 성공적인 직업생활(직업)		
교과군	선택 과목		
	일반 선택	진로 선택	융합 선택
수학, 사회, 과학	사회와 문화, 현대사회와 윤리	윤리와 사상, 인문학과 윤리	사회문제 탐구, 윤리문제 탐구
체육·예술	음악, 미술, 연극	음악 연주와 창작, 음악 감상과 비평, 미술창작, 미술 감상과 비평	음악과 미디어, 미술과 매체
기술·가정/정보			
제2외국어/한문			
교양		인간과 철학, 논리와 사고, 인간과 심리, 삶과 종교	

학교생활기록부 관리는?

출결 사항	• 미인정 출결 내용이 없도록 관리하세요. 미인정 출결 내용이 있으면 인성, 성실성 영역 등에서 부정적 평가를 받을 가능성이 높아요.
자율·자치활동	• 다양한 교내외 활동에서 자기주도적 참여를 통해서 평론가와 관련이 깊은 국어, 영어, 사회, 예술 교과에 대한 관심과 흥미, 창의적 문제 해결 능력, 의사소통 능력, 협업 능력, 발전 가능성 등이 드러나도록 하세요.
동아리활동	• 국어, 영어, 사회, 예술 관련 동아리 활동 참여를 통해서 미학과 관련 전공에 대한 준비를 하세요. • 가입동기, 본인의 역할, 배우고 느낀 점, 미학과 진학을 위해 기울인 활동과 노력이 나타날 수 있도록 참여 하세요. • 학교내에서 타인 을 위해 할 수 있는 지속적인 봉사 활동을 하세요. • 학교에서 주관하는 축제, 예술 행사, 미술 전시회 등 예술 관련된 봉사 활동을 하세요.
진로 활동	• 미학과와 관련된 직업 정보 탐색 활동을 권장해요. • 평론 관련 기관 및 관련 학과 체험 활동이 무척 중요해요. • 국어, 영어, 사회, 예술 분야에 대한 적극적 진로 탐색 활동을 통해서 자신의 진로 역량, 공동체 역량, 발전 가능성 등이 나타날 수 있도록 하세요.
교과학습발달 상황	• 국어, 영어, 사회, 예술 교과 등 평론가와 관련된 교과 성적은 상위권으로 유지시키고, 관련 교과 수업에서 학업 역량, 진로 역량, 공동체 역량, 자기주도성, 문제 해결 능력, 창의력, 발전 가능성 등의 역량이 발휘될 수 있도록 수업에 적극 참여하세요. • 국어, 영어, 사회, 예술 관련 분야의 교과 연계 독서 활동 내용이 기록되도록 하세요.
독서 활동	• 국어, 영어, 사회, 예술등 다양한 분야의 책을 읽으세요. • 문학, 영어, 사회, 과학, 예술 등 다양한 독서 활동을 통해서 평론가의 기본적인 지식을 쌓는 것이 중요해요.
행동 발달 특성 및 종합 의견	• 창의력, 문제 해결 능력, 의사소통 능력, 협업 능력, 리더십, 발전 가능성, 진로 역량 등이 드러날 수 있도록 하세요. • 자기주도성, 경험의 다양성, 성실성, 나눔과 배려, 학업 태도와 학업 의지에 대한 자신의 장점이 생활기록부에 기록되도록 관리하세요.

국어교사와 한국어교사는 어떤 차이가 있을까요?

⊙ 국어교사와 한국어교사는 비슷해 보이지만, 가르치는 대상과 목적에서 차이가 있어요. 국어교사는 주로 한국의 중고등학교 학생들을 대상으로 국어, 화법과 작문, 독서와 작문, 문학, 주제 탐구 독서, 독서 토론과 글쓰기 등 국어 교과를 가르치는 교사예요. 한국 학생들이 자기 나라 언어를 더 잘 이해하고 사용할 수 있게 도와주는 거지요. 반면에 한국어교사는 한국어를 모국어로 하지 않는 사람들, 즉 외국인이나 다문화 가정의 학생들에게 한국어를 가르치는 역할을 해요. 한국어를 새로운 언어로 배우고 싶은 사람들이 한국어를 익히고, 한국 문화를 이해할 수 있도록 도와주지요

한국어교사란?

한국어교사는 전 세계적으로 한국어와 한국 문화의 인기가 증가함에 따라 중요한 역할을 하고 있습니다. 이들은 한국어의 기본 문법, 어휘, 발음 등을 가르치는 것뿐만 아니라 한국의 역사, 문화, 사회적 관습에 대해서도 학습자들에게 소개합니다. 한국어 교육의 수요가 늘어나면서 다양한 국가와 지역에서 한국어를 가르치는 교사들의 필요성도 함께 증가하고 있습니다. 이들은 학교, 대학, 언어학원, 온라인 플랫폼 등 다양한 환경에서 근무하며, 학습자들이 한국어를 효과적으로 습득할 수 있도록 돕는 직업입니다.

한국어교사가 되기 위해서는 한국어교육능력을 갖추는 것이 필수적입니다. 대부분의 교사들은 한국어 또는 한국어교육 관련 학과에서 학사 학위를 얻거나, 특정 교육 과정을 이수하여 자격증을 취득합니다. 또한, 다양한 문화적 배경을 가진 학습자들에게 효과적으로 가르치기 위해 문화 간 커뮤니케이션 능력과 교육적 접근 방식에 대한 이해도 중요합니다. 교사들은 학습자의 수준과 필요에 맞춰 교육 내용을 조정하고, 다양한 교육 기법과 자료를 활용하여 수업을 진행합니다.

한국어교사
한국어학과

한국어 교사로서의 경력을 쌓는 과정에서는 지속적인 자기 개발이 요구됩니다. 이는 언어학, 교육학 최신 연구 결과를 따라가고, 교육 기술과 자료를 지속적으로 업데이트함으로써 가능합니다. 많은 교사들이 전문 세미나, 워크숍, 컨퍼런스에 참여하여 자신의 지식을 넓히고, 교육 방법을 개선하는 데 힘쓰고 있습니다.

이러한 전문성은 학생들에게 더욱 효과적인 학습 경험을 제공할 뿐만 아니라, 교사 자신의 경력 발전에도 크게 기여합니다.

또한, 한국어 교사는 학생들이 한국어를 배우는 것 이상의 가치를 찾을 수 있도록 도와야 합니다. 학생들이 한국어를 통해 새로운 문화를 이해하고, 다른 나라의 사람들과 소통하는 능력을 개발할 수 있도록 격려하는 것이 중요합니다.

이를 위해, 교사들은 학생들이 자신의 학습 목표를 설정하고, 이를 달성할 수 있도록 지원해야 합니다. 한국어 교사로서의 역할은 단순히 언어를 가르치는 것을 넘어서, 학생들이 글로벌 시민으로서 성장할 수 있도록 하는 데에도 중요한 의미를 갖습니다.

한국어교사가 하는 일은?

한국어교사는 학생들에게 한국어의 기본적인 문법, 어휘, 발음은 물론 한국 문화와 관습에 대한 지식을 전달하는 역할을 합니다. 단순히 언어 지식의 전달자를 넘어 학습자가 다양한 문화적 배경을 이해하고 존중할 수 있도록 돕는 역할을 수행합니다. 이는 학생들이 글로벌 커뮤니티의 일원으로서 필요한 문화 간 소통 능력을 개발하는 데 기여합니다. 교사들은 학습자들이 자신의 학습 목표를 설정하고, 도전적인 목표에 도달할 수 있도록 격려하며, 이 과정에서 자신감을 갖고 새로운 언어를 즐겁게 배울 수 있는 환경을 조성합니다. 이와 함께, 학생들이 한국어를 통해 새로운 문화를 경험하고, 다른 문화와의 교류를 통해 자신의 시야를 넓힐 수 있도록 지원하는 것도 한국어교사의 중요한 임무 중 하나입니다.

한국어교사의 임금과 복리후생은 근무지, 경력, 자격, 고용 형태 등에 따라 다양합니다. 정규직 교사의 경우, 공공기관이나 대학 등에서는 교육 경력과 학력에 따라 비교적 안정적인 임금을 받으며, 여러 복리후생 혜택을 누립니다. 사설 학원이나 온라인 플랫폼에서는 수업 시간 수나 학생 수에 따라 수입이 달라질 수 있으며, 복리후생은 기관의 정책에 크게 의존하는 특징이 있습니다.

» 학생들에게 한국어의 기본 문법, 어휘, 발음을 가르칩니다.
» 다양한 교육 자료와 멀티미디어를 활용하여 흥미로운 수업을 진행합니다.
» 한국의 문화, 역사, 사회적 관습에 대한 지식을 학생들에게 전달합니다.
» 학습자의 수준과 필요에 맞춰 개별화된 학습 계획을 제공합니다.
» 한국어능력시험 준비를 위한 특별 수업을 제공할 수 있습니다.
» 대화 연습, 역할극 등을 통해 실생활에서 쓸 수 있는 언어 능력을 강화시킵니다.
» 학생이 다른 문화를 이해하고 존중할 수 있도록 문화 간 소통 능력을 개발하도록 돕습니다.
» 온라인 플랫폼을 통한 원격 교육으로 전 세계 학습자와 소통합니다.

Jump Up

국립국어원에 대해 알아볼까요?

국립국어원은 국어의 올바른 사용과 발전을 위해 노력하는 중앙정부기관이고, 1984년 국어연구소로 출발하여 2005년 국어기본법 발효와 함께 현재의 명칭으로 변경되었어요. 국립국어원은 합리적인 국어 정책 수립, 국민의 언어생활 계도, 표준국어대사전 편찬 등을 통해 국어 연구 및 교육에 기여해요. 국어 사용 환경 개선 및 국어 교육의 질적 향상을 도모하며, 한글맞춤법, 표준어, 외래어 표기법 등을 제정하고 홍보해요. 또한 인터넷 국어 순화, 신규 외래어 표기법 규정, 한글의 국제적 홍보, 한국어 학습 교재 및 온라인 강좌 등을 개발해요. 국립국어원은 한국어교원자격증 발급과 교원 연수 프로그램 운영을 통해 전문 교육 과정도 제공하며, 국민과 국제사회에서 한국어의 올바른 이해와 사용을 증진시키는 데 중추적 역할을 하고 있어요.

한국어교사 커리어맵

한국어교사

관련자격
- 한국어교원 자격증
- 한국어능력시험

관련기관
- 국립국어원 www.korean.go.kr
- 국가평생교육진흥원 www.nile.or.kr
- 한국산업인력공단 www.hrdkorea.or.kr
- 문화체육관광부 www.mcst.go.kr
- 세종학당재단 www.ksif.or.kr

관련학과
- 국어국문학과
- 국어교육과
- 교육학과
- 평생교육과
- 영어영문학과

적성과 흥미
- 외국어 능력
- 어휘력
- 의사소통 능력
- 성실성
- 적용성
- 스트레스 감내력
- 책임감
- 표현력
- 인내력
- 공감 능력

흥미유형
- 사회형
- 관습형

관련교과
- 국어
- 영어
- 사회
- 정보

준비방법
- 국어, 영어, 사회 관련 교과 역량 강화
- 한국어 관련 교내 행사 참여
- 국어, 영어, 외국어 관련 독서 활동
- 영어, 외국어 관련 동아리 활동
- 한국어교사 인터뷰 및 직업 체험 활동
- 다문화센터 및 학과 탐방

관련직업
- 인문과학연구원
- 다문화언어지도사
- 아나운서
- 대학 교수
- 중등학교 교사
- 출판물기획전문가
- 언론인

적성과 흥미는?

한국어교사는 한국어에 대한 깊은 흥미와 사랑을 가져야 합니다. 언어를 가르치는 일은 단순히 단어와 문법을 전달하는 것을 넘어, 의사소통의 다리를 놓는 중요한 역할을 합니다. 따라서, 다양한 언어와 문화에 대한 호기심과 이해가 필수적입니다. 또한, 자신이 배운 언어 지식을 다른 사람에게 효과적으로 전달할 수 있는 능력도 중요한 적성 중 하나입니다. 이는 학생들이 언어를 쉽고 재미있게 배울 수 있도록 돕는 교육적 접근 방식과 교수법을 개발하는 데 도움이 됩니다. 한국어교사를 꿈꾼다면 인내심과 책임감을 갖추어야 합니다. 언어 학습은 시간이 걸리고 때로는 학생이 학습에 진전을 보이지 않을 때도 있습니다. 이러한 상황에서 교사가 격려와 지원을 아끼지 않고, 학습자 개개인의 속도와 수준에 맞추어 교육할 수 있는 인내심이 필요합니다. 교육 과정에서 발생할 수 있는 다양한 도전들을 긍정적이고 창의적으로 해결할 수 있는 태도 역시 중요한 적성입니다. 학생들이 한국어를 배우는 과정에서 발생하는 어려움을 이해하고, 이를 극복하기 위한 방안을 제시할 수 있는 능력이 요구됩니다. 마지막으로, 한국어교사는 커뮤니케이션 능력과 문화 간 이해도를 높이는 데 관심을 가져야 합니다. 다양한 배경을 가진 학생들과 효과적으로 소통하고, 각기 다른 문화적 배경에서 오는 차이를 이해하고 존중하는 능력은 언어 교육에서 매우 중요합니다. 이를 통해 학생들은 더 넓은 세계관을 갖게 되고, 글로벌 커뮤니티의 일원으로서의 자신감을 키울 수 있습니다. 언어 교육은 단순히 언어 전달을 넘어서, 다리를 놓는 역할을 하는 만큼, 한국어교사가 될 학생들은 이러한 교육적 가치를 이해하고, 다양한 문화적 배경을 가진 사람들과의 교류를 즐길 준비가 되어 있어야 합니다.

한국어교사 커리어맵

미래 전망은?

한국어교사의 전망은 전 세계적으로 한국 문화와 한류의 인기가 지속적으로 증가함에 따라 매우 긍정적입니다. K-팝, 한국 드라마, 영화 등의 문화 콘텐츠가 전 세계적으로 소비되면서 한국어에 대한 관심도 상당히 높아졌습니다. 이러한 추세는 한국어 교육에 대한 수요를 증가시키며, 한국어 교사에 대한 필요성을 더욱 강조하고 있습니다. 따라서, 한국어를 가르칠 수 있는 교사들에게는 국내외에서 다양한 교육 기회가 생겨나고 있으며, 이는 앞으로도 계속될 것으로 예상됩니다. 또한, 기술의 발전은 온라인 및 원격 교육의 확장을 의미하며, 이는 한국어교사들에게 새로운 기회를 제공합니다. 온라인 플랫폼과 소셜 미디어를 활용한 언어 교육이 인기를 끌면서, 지리적 제약 없이 전 세계 학습자들에게 한국어를 가르칠 수 있는 가능성이 열렸습니다. 이는 교사들이 자신의 교육 서비스를 더 넓은 범위의 학습자에게 제공할 수 있게 하며, 더욱 유연한 근무 환경과 다양한 교육 방식을 모색할 수 있는 기회를 제공합니다. 온라인 교육의 성장은 한국어 교사의 역할을 재정의하고, 교육의 질과 접근성을 높이는 데 기여할 것입니다. 한편으로, 한국어 교사의 미래 전망에는 지속적인 전문성 개발과 교육 기술 적응이 중요한 요소로 자리 잡고 있습니다. 교육 분야의 변화에 발맞추어 교사들은 최신 교육 기술, 방법론, 그리고 문화적 트렌드에 대한 이해를 깊게 해야 합니다. 따라서, 평생 학습의 자세와 전문성을 끊임없이 업데이트하는 노력이 한국어 교사로서 성공적인 경력을 구축하는 데 결정적인 역할을 할 것입니다. 미래의 교육 환경은 더욱 다양하고 복잡해질 것이며, 이에 대응할 수 있는 유연성과 창의성을 갖춘 교사들이 필요할 것입니다. 이러한 변화를 선도하는 한국어 교사들은 글로벌 교육 시장에서 중요한 위치를 차지하게 될 것입니다.

Jump Up

한국어교원 자격증에 대해 알아볼까요?

한국어교원은 국어를 모어(母語)로 사용하지 않는 외국인, 재외동포를 대상으로 한국어를 가르치는 사람을 말해요. 한국어교원 자격증은 1,2,3급으로 나뉘고, 3급을 취득하려면 대학에 입학한 후 한국어교육 분야를 부전공으로 하여 영역별 필수이수학점을 이수한 후 학위를 받거나, 한국어교원 양성과정을 이수한 후 한국어교육능력검정시험에 합격해야 되요. 2급은 대학(원)에 입학하여 한국어교육 분야를 주전공 또는 복수전공으로 하여 발급기관이 요구하는 필수이수학점을 이수한 후 학위를 취득해야 되요. 2급을 소지한 후 일정한 교육 경력을 갖춘 후에 1급을 취득할 수 있어요.

다문화언어지도사 직업에 대해 알아볼까요?

다문화언어지도사는 의사소통 문제를 겪는 다문화가족 자녀를 대상으로 언어 발달 지원을 제공하는 직업이에요. 다문화지원센터에서 근무하거나 아동의 집을 방문해 초기 상담, 부모 상담, 언어 평가를 실시하고, 언어발달 지체가 있는 경우 문제점을 분석하지요. 평가 결과에 따라 아동에게 필요한 맞춤형 수업 계획을 세우고, 부모에게는 아동의 언어 발달을 촉진할 수 있는 방법을 안내해요. 또한, 아동이 학교생활에 원활히 적응할 수 있도록 지속적인 지도와 상담을 수행하는 역할을 해요.

관련 학과 및 자격증은?

➡ 관련 학과 : 국어국문학과, 국어교육과,
　　　　　　　교육학과, 평생교육과,
　　　　　　　영어영문학과
➡ 관련 자격증 : 한국어교원 자격증(1,2,3급),
　　　　　　　한국어능력시험

진출 방법은?

한국어 교사가 되기 위해서는 관련 교육을 받고 자격증을 취득하는 것입니다. 대부분의 경우, 한국어교육 관련 학사 학위를 취득하거나, 한국어교육능력검정시험에 합격하여 자격증을 취득해야 합니다. 이러한 과정에서 한국어의 구조, 응용 언어학, 교수법, 문화 연구 등을 깊이 있게 학습하게 됩니다. 또한, 교육 실습을 통해 실제 교육 현장에서의 경험을 쌓는 것도 중요합니다. 이 과정은 예비 한국어 교사가 이론과 실제를 접목하여 효과적인 교육 방법을 개발하는 데 도움이 됩니다. 언어 교사로서 지속적인 학습과 전문성 개발에 힘써야 합니다. 한국어 교육 분야는 계속해서 변화하고 발전하므로, 최신 교육 기술, 방법론, 연구 결과에 대한 지식을 습득하는 것이 필수적입니다. 이를 위해 한국어 교사들은 전문 워크숍, 세미나, 컨퍼런스에 참여하고, 관련 분야의 학술지를 정기적으로 읽어 전문성을 유지하고 향상시킬 수 있습니다. 또한, 온라인 리소스와 교육 커뮤니티에 참여하여 교육 방법과 자료를 공유하고, 동료 교사들과 네트워킹을 통해 서로의 경험과 지식을 나누는 것도 중요합니다. 한국어 교사가 되기 위해서는 다양한 교육 환경에서의 경험을 쌓는 것이 중요합니다. 학교, 대학, 언어 학원, 온라인 플랫폼 등 다양한 환경에서 교육할 기회를 찾아보고, 이를 통해 다양한 학습자 그룹과 상호작용하는 경험을 쌓아야 합니다. 또한, 국제적인 환경에서 교육하는 경험도 추구할 수 있습니다. 이는 교사로서의 시야를 넓히고, 글로벌 커뮤니티 내에서 다양한 문화적 배경을 가진 학습자들과 효과적으로 소통할 수 있는 능력을 개발하는 데 도움이 됩니다. 이 과정을 통해 예비 한국어 교사는 자신의 교육 철학과 방법을 발전시키고, 학습자들에게 더 나은 학습 경험을 제공할 수 있습니다.

관련 직업은?

인문과학연구원, 중등학교 교사, 다문화언어지도사, 출판물기획전문가, 아나운서, 언론인, 대학 교수 등

한국어학과
한국어교사 전공 분석

어떤 학과인가?

한국어학과는 글로벌 시대에 한국의 언어와 문화를 전파하는 데 중요한 역할을 합니다. 1999년 국내 대학에서 처음 설립된 이래, 한국어학과는 국제적 수요의 증가에 따라 해외에서 한국어와 한국문화의 전문 지식을 가진 인재를 양성하는 데 중점을 두고 있습니다.

한국어학과는 다양한 국적의 학생들이 모여 공부하는 국제적 교육 환경을 제공함으로써 학생들에게 넓은 시각을 갖게 하며, 이는 한국어학과가 가장 국제화된 학과 중 하나로 자리 잡는 데 기여하였습니다. 한국어학과에서는 한국어교원 2급 자격증 취득을 위한 교육 프로그램을 비롯하여 해외 대학에서의 전공 연수 프로그램 운영과 같은 다양한 국제 교류 활동을 지원합니다. 이를 통해 학생들은 한국어와 한국문화를 국제적으로 가르치는 데 필요한 실질적인 경험을 쌓을 수 있습니다.

또한 세종학당, 해외 한국교육원, 재외동포재단 등에서 실시하는 전공 관련 인턴십에 참여하여 실무 경험을 쌓는 기회도 제공되고 있어, 학생들이 국제적인 무대에서 활약할 수 있는 기반을 마련해 줍니다. 이처럼 한국어학과는 한국의 언어와 문화를 전세계에 전파하고자 하는 비전을 가진 학생들에게 이상적인 학습 환경을 제공합니다.

교육 목표와 교육 내용은?

한국어학과는 한국의 언어와 문화를 깊이 있게 이해하고, 이를 전 세계에 전파할 수 있는 전문가를 양성하는 것을 목표로 합니다. 한국어는 한반도와 주변 섬에서 사용되는 공용어로, 순수한 고유어, 한자어, 차용어로 이루어진 풍부한 어휘 체계를 가지고 있습니다. 이러한 언어적 특성을 바탕으로 한국어학과는 외국어로서의 한국어 교육뿐만 아니라 한국의 전통과 현대 문화에 대한 깊은 이해를 통합한 교육 과정을 제공합니다.

교육 과정은 학생들이 한국어와 한국 문화의 전문지식을 습득하고, 이를 글로벌 커뮤니티에 효과적으로 전달할 수 있는 능력을 개발하는 데 중점을 둡니다.

학과에 적합한 인재상은?

한국어학과를 희망하는 학생은 다양한 문화와 언어에 대한 깊은 흥미를 가지고 있어야 합니다. 특히 한국어와 한국 문화에 대한 열정은 필수적이며, 이는 한국 드라마, 영화, 음악 등 한국의 대중문화뿐만 아니라, 한국의 역사, 전통 예술, 문학에 이르

» 한국어와 한국 문화의 깊은 이해를 바탕으로 한국의 언어와 문화를 전파할 수 있는 전문가를 양성합니다.
» 다양한 어휘 체계와 문화적 가치를 포함한 한국어의 특성을 전세계에 알릴 수 있는 교육자를 양성합니다.
» 외국어로서의 한국어 교육 및 한국 문화 교육의 전문 지식을 갖춘 연구자를 양성합니다.
» 한국어 발음, 어휘, 문법, 담화 교육 및 교수법 등을 포괄하는 한국어교육학의 전문가를 양성합니다.
» 글로벌 커뮤니티에서 한국어와 한국 문화의 가치를 적극적으로 전달할 수 있는 전문가를 양성합니다.
» 국제적인 교류 및 협력을 통해 한국어와 한국 문화의 전파에 기여할 수 있는 글로벌 리더를 양성합니다.
» 한국어 교육과 한국 문화 연구에 있어 혁신적인 방법론을 개발하고 적용할 수 있는 창의적인 사고를 가진 인재를 양성합니다.

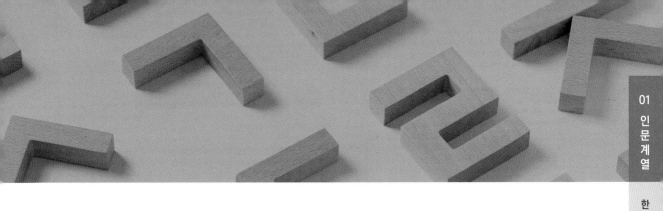

기까지 광범위한 분야에 대한 관심에서 비롯될 수 있습니다. 한국어학과에 대한 흥미는 이러한 콘텐츠를 소비하는 것을 넘어, 언어와 문화의 깊은 이해를 통해 더 넓은 세계와 소통하고자 하는 욕구에서 발생합니다.

언어 학습에 대한 높은 능력과 인내심, 그리고 문화 간의 차이를 이해하고 존중할 수 있는 개방적인 태도가 중요합니다. 외국어로서의 한국어를 배우고 가르치는 데 필요한 섬세한 언어 감각과 문법, 발음 등의 다양한 언어적 요소에 대한 이해 능력이 요구됩니다. 또한, 한국어 교육학을 포함한 교육 과정에서는 비판적 사고와 분석적 능력을 필요로 하며, 한국어와 한국 문화를 국제적으로 전파하기 위해 다양한 문화적 배경을 가진 사람들과의 효과적인 커뮤니케이션 능력도 중요합니다.

한국어학과 준비하기 위해서는 국제적인 시각을 갖는 것도 중요합니다. 글로벌화된 세계에서 한국어와 한국 문화의 전파는 단순히 언어 지식의 전달을 넘어서, 문화적 가치와 사상의 교류를 포함합니다. 이를 위해서는 다양한 국가와 문화에 대한 폭넓은 관심과 지식, 그리고 세계 여러 나라의 사람들과 소통할 수 있는 유연성과 적응력이 필요합니다.

또한, 한국어학과 학생으로서 해외에서의 교환 학생 프로그램 참여나 국제 인턴십 기회를 적극적으로 모색하는 등 글로벌 경험을 쌓고자 하는 의지도 중요합니다. 이런 경험은 학생들이 자신의 국제적인 시각을 넓히고, 다문화 사회에서 필요한 소통 능력을 개발하는 데 큰 도움이 됩니다.

관련 학과는?

한국어문학부, 한국어학부, 한국언어문학과, 한국어문학과, 한국언어문화학과, 한국어교육과, 국어국문한국어교육학과, 글로벌한국어문화교육전공, 한국어문학전공, 한국어교원학전공, 한국어교육문화학과, 한국어문학전공, 한국어문화학부, 글로벌한국어전공, 다문화복지한국어학과 등

주요 교육 목표

한국어와 문화에 대한
심도 있는 이해

- - - - - - - - - - - - - - - - - -

다문화 이해를 바탕으로 한
교육적 접근법 개발

- - - - - - - - - - - - - - - - - -

한국 문화 연구를 위한
비판적 사고 능력 함양

- - - - - - - - - - - - - - - - - -

커뮤니케이션을 위한
대인관계 능력 강화

- - - - - - - - - - - - - - - - - -

외국어로서의 한국어 교육을 위한
지식 습득

- - - - - - - - - - - - - - - - - -

국제적 교류 및 협력을 위한
인재 양성

진출 직업은?

외교관, 통역가, 번역가, 국제상거래전문가, 비교문화학연구원, 언어습득이론전문가, 외국인을 위한 한국어교사, 이중언어대조연구원, 한국문화지도사, 한국문화콘텐츠(영화, 드라마) 개발자, 한국어교재개발자, 한국언어·문화연구원, 한국문화디지털콘텐츠개발자 등

 ## 취득 가능 자격증은?

☑ 한국어교원 자격증(1,2,3급)

추천 도서는?

- 쉽게 읽는 한국어학의 이해(한국문화사 홍종선 외 15인)
- 한국어의 말소리(박이정출판사, 신지영)
- 표준국어 문법론(한국문화사, 고영근 외 4인)
- 학습 활동을 겸한 한국어 문법론
  (부산외국어대학교출판부, 우형식)
- 한국문학의 이해(민음사, 김흥규)
- 문학과 예술의 사회사(창비, 아르놀트 하우저, 백낙청 역)
- 세계를 바꾼 연설과 선언(서해문집, 이종훈)
- 재미있는 한국어의 미학(형설출판사, 이규항)
- 두근두근 내 인생(창비, 김애란)
- 서정주 시집(범우사, 서정주)
- 강의: 나의 동양고전 독법(돌베개, 신영복)
- 외국인을 위한 한국어 문법과 표현
  (집문당, 양명희 외 5인)
- 한국문학통사(지식산업사, 조동일)
- 국어사전 혼내는 책(유유, 박일환)
- 한국고전소설사연구(고려대학교출판부, 장효현)
- 외국어로서의 한국어학의 이해(소통, 허용)
- 말이 인격이다(예담, 조항범)
- 옥수수와 나(문학사상, 김영하 외 6인)
- 한국어 교사를 위한 한국어 첫 문법
  (KONG&PARK, 장향실 외 3인)
- 한국어 교사를 위한 한국어학 개론
  (사회평론아카데미, 민현식 외 14인)
- 외국어로서의 한국어교육학 개론
  (박이정출판사, 허용 외 6인)
- 이것이 한국어다
  (한양대학교출판부, 한양대학교 교양국어교육위원회)

학과 주요 교과목은?

기초 과목	언어의 이해, 문화의 이해, 한국어학개론, 한국어교육학개론, 한국민속문화, 한국현대문화, 한국어문법론, 한국어형태음운론, 한국어발음교육론, 한국어문법교육론, 한국어어휘교육론, 한국전통문화, 한국현대문학입론, 한국작가분석 등
심화 과목	외국어습득론, 한국어담화교육론, 한국어말하기쓰기교육법, 한국어교수법, 대조언어학, 한국어교재및 교구활용론, 한국어듣기읽기교육법, 한국의 정신이해, 한국문화교육론, 한국현대예술, 한국소설과 영상, 한국어교육과정론, 한국어평가론, 한국어어문규범, 한국어변천사, 한국어교육실습, 한국여성문화, 한국대중문화, 한국문학사, 한국문화유산탐방, 한국언어문화캡스톤디자인 등

졸업 후 진출 분야는?

기업체	방송사, 출판사, 신문사, 광고 회사, 마케팅 회사, 금융 회사, 국내 기업의 외국 지사, 한국국제협력단, 일반 기업의 사무직 등
연구소	한국어 관련 연구소, 한국 문화 관련 연구소, 한국어교재 연구소 등
정부 및 공공기관	한국콘텐츠진흥원, 한국관광공사, 외교부 등

전공 관련 선택 과목은?

▶ 국어, 영어 교과는 모든 학문의 기초적인 성격을 가진 도구교과로 모든 학과에 이수가 필요하여 생략함.

수능 필수	화법과 언어, 독서와 작문, 문학, 대수, 미적분 I, 확률과 통계, 영어 I, 영어 II, 한국사, 통합사회, 통합과학, 성공적인 직업생활(직업)		
교과군	선택 과목		
	일반 선택	진로 선택	융합 선택
수학, 사회, 과학	세계사, 사회와 문화, 현대사회와 윤리	동아시아 역사 기행, 윤리와 사상, 인문학과 윤리	사회문제 탐구, 윤리문제 탐구
체육·예술	음악, 연극, 미술		
기술·가정/정보			
제2외국어/한문	한문		
교양		인간과 철학, 인간과 심리, 교육의 이해	논술

학교생활기록부 관리는?

출결 사항	• 미인정 출결 내용이 없도록 관리하세요. 미인정 출결 내용이 있으면 인성, 성실성 영역 등에서 부정적 평가를 받을 가능성이 높아요.
자율·자치활동	• 다양한 교내외 활동에서 자기주도적 참여를 통해서 한국어교사와 관련이 깊은 국어, 영어, 제2외국어 교과에 대한 관심과 흥미, 창의적 문제 해결 능력, 의사소통 능력, 협업 능력, 발전 가능성 등이 드러나도록 하세요.
동아리활동	• 국어, 영어, 사회, 제2외국어 관련 동아리 활동 참여를 통해서 한국어학과 관련 전공에 대한 준비를 하세요. • 가입동기, 본인의 역할, 배우고 느낀 점, 한국어학과 진학을 위해 기울인 활동과 노력이 나타날 수 있도록 참여하세요. • 학교내에서 타인을 위해 할 수 있는 지속적인 봉사 활동을 하세요. • 학교에서 주관하는 글쓰기 행사, 외국어 행사, 사회문화 행사 등 외국어 관련된 봉사 활동을 하세요.
진로 활동	• 한국어학과와 관련된 직업 정보 탐색 활동을 권장해요. • 한국어 교육 관련 기관 및 관련 학과 체험 활동이 무척 중요해요. • 국어, 영어, 제2외국어 분야에 대한 적극적 진로 탐색 활동을 통해서 자신의 진로 역량, 공동체 역량, 발전 가능성 등이 나타날 수 있도록 하세요.

**교과학습발달
상황**
	• 국어, 영어, 사회, 제2외국어 교과 등 한국어교사와 관련된 교과 성적은 상위권으로 유지시키고, 관련 교과
	  수업에서 학업 역량, 진로 역량, 공동체 역량, 자기주도성, 문제 해결 능력, 창의력, 발전 가능성 등의 역량이
	  발휘될 수 있도록 수업에 적극 참여하세요.
	• 국어, 영어, 사회, 제2외국어 관련 분야의 교과 연계 독서 활동 내용이 기록되도록 하세요.

독서 활동	• 국어, 영어, 사회, 제2외국어, 한문 등 다양한 분야의 책을 읽으세요. • 문학, 언어, 과학, 사회, 외국어 등 다양한 독서 활동을 통해서 한국어교사의 기본적인 지식을 쌓는 것이 중요해요.

**행동 발달
특성 및
종합 의견**
	• 창의력, 문제 해결 능력, 의사소통 능력, 협업 능력, 리더십, 발전 가능성, 진로 역량 등이 드러날 수 있도록
	  하세요.
	• 자기주도성, 경험의 다양성, 성실성, 나눔과 배려, 학업 태도와 학업 의지에 대한 자신의 장점이 생활기록부에
	  기록되도록 관리하세요.

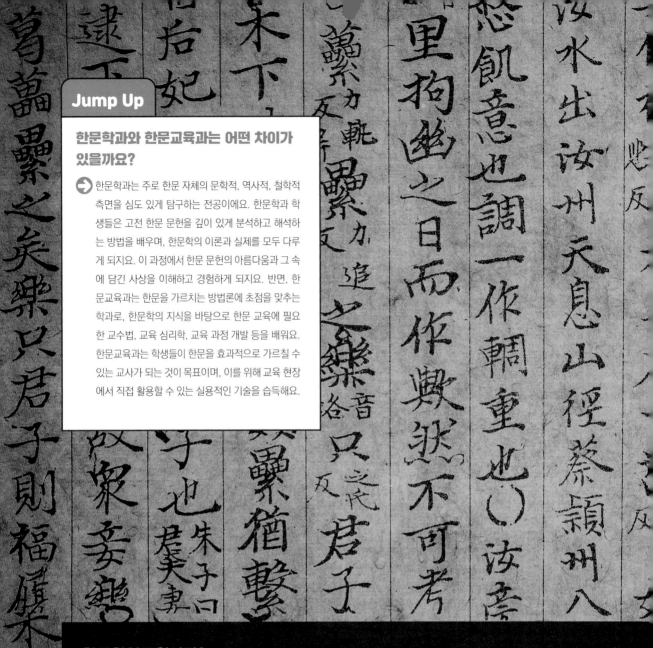

한문학과와 한문교육과는 어떤 차이가 있을까요?

한문학과는 주로 한문 자체의 문학적, 역사적, 철학적 측면을 심도 있게 탐구하는 전공이에요. 한문학과 학생들은 고전 한문 문헌을 깊이 있게 분석하고 해석하는 방법을 배우며, 한문학의 이론과 실제를 모두 다루게 되지요. 이 과정에서 한문 문헌의 아름다움과 그 속에 담긴 사상을 이해하고 경험하게 되지요. 반면, 한문교육과는 한문을 가르치는 방법론에 초점을 맞추는 학과로, 한문학의 지식을 바탕으로 한문 교육에 필요한 교수법, 교육 심리학, 교육 과정 개발 등을 배워요. 한문교육과는 학생들이 한문을 효과적으로 가르칠 수 있는 교사가 되는 것이 목표이며, 이를 위해 교육 현장에서 직접 활용할 수 있는 실용적인 기술을 습득해요.

한문학연구원이란?

한문학연구원은 동아시아의 고전을 깊이 연구하고 해석하는 전문가입니다. 이들은 한문으로 쓰인 고전 문헌을 분석하고 해석하여, 고대부터 현대에 이르는 다양한 사상과 문화의 흐름을 이해하고자 합니다. 연구원들은 한문학의 다양한 측면을 탐구함으로써, 문학, 역사, 철학 등 여러 학문 분야에 걸쳐 광범위한 지식을 축적하고, 이를 바탕으로 동아시아 문화의 복잡성과 다양성을 세계에 소개합니다.

한문학연구원의 활동은 단순히 학문적 연구에 국한되지 않습니다. 이들은 교육 프로그램 개발, 문화 행사 조직, 학술 출판물 발간 등을 통해 한문학의 가치를 사회에 전파하고, 일반 대중과의 소통을 강화합니다. 또한, 디지털 기술을 활용한 문헌 디지털화 프로젝트를 진행하여 고전 문헌의 접근성을 높이고, 한문학 연구의 새로운 방향을 모색합니다.

이 분야의 전문가들은 국제적 협력과 네트워킹을 통해 한문학의 연구 기반을 확장합니다. 세계 각국의 학자들과의 협업을 통해 한문학 연구의 다양성과 깊이를 증진시키며, 동아시아 문화의 글로벌 이해와 인식을 높이는 데 기여합니다. 이러한 국제적 교류는 한문학이 지닌 보편적 가치와 중요성을 널리 알리는 데 중추적인 역할을 합니다.

한문학연구원은 끊임없이 변화하는 학문적 환경 속에서도 전통적인 연구 방법과 현대적인 접근 방식을 융합하여 한문학의 새로운 지평을 개척합니다. 이들의 연구는 동아시아 고전을 현대적 맥락에서 재해석하고, 전통과 현대가 어우러지는 새로운 학문적 시각을 제시합니다. 한문학연구원의 노력은 한문학을 더욱 풍부하고 다층적인 학문으로 발전시키는 데 기여하며, 동아시아 문화의 이해와 전파에 있어 핵심적인 역할을 수행합니다.

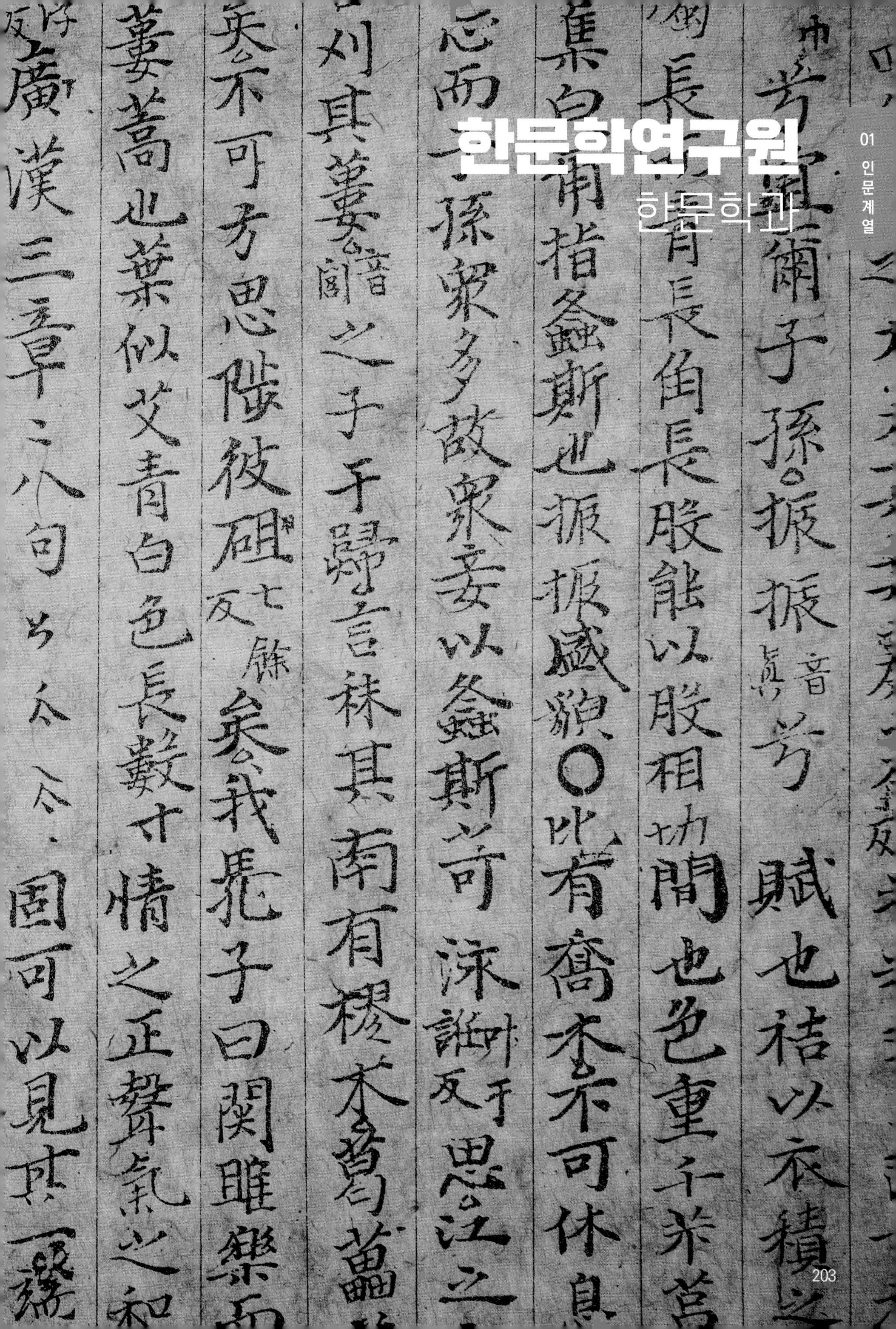

廣漢三章三八句ㅎ众众固可以見其一鸞

薑蒿必葉似艾青白色長數寸情之正聲氣之和

矣不可方思陟彼砠反七餘众我瘣子曰關雎樂

刈其�老闍音之子于歸言秣其南有樛木喬曹

忌而孫眾多故眾妾以螽斯苛泳誐反思泛之

集皀南楷螽斯此振振盛貌○比有喬木可休息

帷芍蘭子孫振振音芳賦也祜以衣積

長偶長股能以股相功閒也邑重千羔吝

한문학연구원이 하는 일은?

한문학연구원은 한문으로 쓰인 고전 문헌을 해독하고 연구하여 동아시아의 문화, 역사, 철학에 대한 깊은 이해를 도모합니다. 이들은 학문적 연구뿐만 아니라 교육 프로그램 개발, 문화 행사 조직, 학술 출판물 발간을 통해 한문학의 가치를 사회에 전파하고, 고전의 현대적 해석과 적용을 모색합니다. 국제적 협력과 디지털 기술을 활용한 문헌 디지털화 프로젝트를 통해 한문학의 연구 기반을 확장하고, 접근성을 높입니다. 이러한 노력은 한문학의 국제적 이해와 인식을 증진시키며, 동아시아 문화의 글로벌 전파에 중추적인 역할을 합니다.

한문학연구원은 동아시아 고전 연구에 깊이 관여하며, 학술 연구와 문화 보존의 중요한 역할을 합니다. 이 분야는 지속적인 학습과 전문 지식의 습득이 요구되어 자기개발 가능성이 높고, 연구 성과에 따른 승진 및 학계 내외의 다양한 기회를 제공합니다. 고전 연구와 긴 연구 시간이 필요하기 때문에 한문학연구원에게 고도의 집중력과 인내력을 요구하는 특징이 있습니다.

» 한문으로 쓰인 고전 문헌을 해독하고 분석하여, 고대와 중세의 사상, 문화, 역사에 대한 이해를 하기 위해 연구합니다.

» 연구 결과를 학술지, 책, 강연 등 다양한 형태로 발표하여 학문적 지식을 공유하고 대중과 소통합니다.

» 한문교육 프로그램을 개발하고 운영하여 한문학의 접근성을 높이고, 학습자들에게 한문 문헌의 가치를 전달합니다.

» 디지털 인문학 도구를 활용하여 문헌의 디지털화와 분석 작업을 진행함으로써 연구의 범위와 효율성을 개선합니다.

» 국제적인 학술 교류와 협력을 통해 한문학의 글로벌 네트워크를 확장하고, 동아시아 문화의 이해를 증진시킵니다.

» 전통적인 연구 방법과 현대적인 접근 방식을 융합하여 한문학의 새로운 지평을 개척합니다.

» 동아시아 고전 문화의 보존과 전승에 기여하며, 현대 사회에 그 가치를 재조명합니다.

Jump Up

인공지능을 활용한 한문 고전 번역기에 대해 알아볼까요?

인공지능을 활용한 한문 고전 번역기는 고대 한문 문헌을 현대 언어로 자동 번역하는 첨단 도구에요. 이 기술은 딥러닝과 자연어 처리 기법을 사용하여 한문의 복잡한 구조와 의미를 분석하고, 정확도 높은 번역을 제공해요. 번역기 사용자는 이를 통해 고전 문헌의 내용을 쉽게 이해할 수 있으며, 학술적 연구나 교육에 활용할 수 있어요. 지속적인 개발을 통해 번역 품질이 향상되고 있으며, 한문학의 접근성을 높이는 데 기여하고 있어요.

한문학연구원
커리어맵

한문학연구원

관련자격
- 중등학교 2급 정교사(한문)
- 한자능력검정시험
- 한자지도사

관련기관
- 한국고전번역원 www.itkc.or.kr
- 한국학중앙연구원 www.aks.ac.kr
- 한국사학진흥재단 www.kasfo.or.kr
- 국사편찬위원회 www.history.go.kr

적성과 흥미
- 외국어 능력
- 어휘력
- 의사소통 능력
- 성실성
- 적용성
- 스트레스 감내력
- 책임감
- 표현력
- 인내력

관련학과
- 한문학과
- 한문교육과
- 국어국문학과
- 국어교육과
- 외국어교육과

흥미유형
- 탐구형
- 관습형

관련교과
- 국어
- 영어
- 사회
- 한문

준비방법
- 국어, 영어, 사회 관련 교과 역량 강화
- 한국어 관련 교내 행사 참여
- 국어, 영어, 외국어 관련 독서 활동
- 영어, 외국어 관련 동아리 활동
- 한국어교사 인터뷰 및 직업 체험 활동
- 다문화센터 및 학과 탐방

관련직업
- 한문문헌전문연구원
- 출판물기획전문가
- 출판업자
- 언론인
- 대학 교수
- 동양서전문번역자
- 한문고전리라이터
- 한적전문사서
- 작가
- 아나운서
- 중등학교 교사
- 인문과학연구원

적성과 흥미는?

한문학연구원이 되기 위해서는 동아시아 문화와 역사에 대한 깊은 흥미와 열정을 가져야 합니다. 이는 고전 한문 문헌을 통해 과거의 사상, 문학, 역사를 연구하며, 그 의미와 가치를 현대적 관점에서 재해석하는 작업에 필수적입니다. 따라서 광범위한 독서와 연구에 대한 지속적인 관심이 중요합니다. 또한, 언어에 대한 강한 적성과 학습 능력도 필요합니다. 한문학은 복잡한 한자와 고문을 이해하고 해석하는 능력을 요구하며, 이를 위해 고도의 집중력과 인내심이 필요합니다. 한문학을 깊이 있게 연구하기 위해서는 한문 뿐만 아니라 해당 문헌이 작성된 시대의 문화, 사회, 철학에 대한 폭넓은 지식이 요구됩니다. 비판적 사고력과 분석 능력도 중요한 적성입니다. 한문학연구원은 다양한

문헌을 비교 분석하고, 고전 내용을 현대적 맥락에서 해석할 수 있어야 합니다. 연구 과정에서 새로운 가설을 세우고, 이를 뒷받침하거나 반박할 수 있는 논리적이고 체계적인 사고방식이 요구됩니다. 이러한 능력은 한문학의 다양한 해석을 가능하게 하며, 학문적 발전에 기여합니다. 한문학연구원이 되기 위해서는 한문과 관련된 서적 읽기, 한자 학습 앱 사용, 문화 체험 활동 참여, 관련 온라인 강좌 수강 등을 할 수 있습니다. 한문 동아리 활동, 한문학 관련 경시대회나 퀴즈 참여, 그리고 관심 있는 한문 문헌에 대한 개인적인 연구나 탐구 프로젝트에 참여하는 것을 추천합니다.

한문학연구원 커리어맵

Jump Up

한자어와 한문은 어떤 차이가 있을까요?

한자어는 한국어 어휘 중 한자에서 유래한 단어를 의미하며, 한국어 문장 내에서 사용되는 형태를 말해요. 반면, 한문은 고대 중국에서 사용된 문자 및 그 문자로 쓰인 문서나 문학 작품을 지칭하며, 주로 고전적인 문헌이나 문학 작품을 연구할 때 사용돼요. 따라서 한자어는 현대 한국어의 구성 요소 중 하나이며 일상 대화나 글에서 흔히 볼 수 있는 반면, 한문은 역사적이고 문학적인 문서를 연구하는 데 주로 사용되지요.

동양서전문번역자 직업에 대해 알아볼까요?

동양서전문번역자는 동아시아 언어와 문화에 깊은 이해를 바탕으로 한문, 일본어, 한국어 등의 동양 언어로 작성된 고전적 문서나 문학 작품을 다른 언어로 정확하고 의미 있게 번역하는 직업이에요. 이들은 언어학적 지식뿐만 아니라 해당 문화의 역사적, 사회적 맥락에 대한 폭넓은 이해를 필요로 하며, 고유의 문화적 가치와 뉘앙스를 존중하면서 번역 작업을 수행하고 있어요.

진출 방법은?

한문학연구원이 되기 위해서는 우선 한문과 동아시아 문화에 대한 깊은 관심과 열정을 키워야 합니다. 이를 바탕으로 중고등학교 및 대학교에서 한문학 관련 과목을 적극적으로 이수하며 기초 지식을 쌓아야 합니다. 대학에서는 한문학, 중국어문학, 동양학 등 관련 학과를 전공하며 전문성을 높여야 합니다. 또한, 한자 자격증이나 한문 번역 경험 등을 통해 실무 능력을 갖추는 것도 중요합니다. 대학원에서 한문학 연구에 필요한 심화 학문을 공부하며 연구 방법론과 이론을 익히는 것이 필요합니다. 석사와 박사 과정을 통해 한문학 연구의 전문가로 성장하며, 학위 논문이나 연구 프로젝트를 통해 자신만의 연구 영역을 개척해야 합니다. 이 과정에서 국내외 학술대회 참가나 학술지 게재 등을 통해 연구 성과를 공유하고 네트워크를 확장할 수 있습니다. 한문학연구원으로서의 경력을 쌓기 위해서는 대학이나 연구 기관에서의 교육 및 연구 직을 수행할 수 있습니다. 교수, 연구원, 교사 등 다양한 직종에서 한문학의 교육과 연구를 진행하며, 동아시아 문화의 전파에 기여하게 됩니다. 이를 위해선 지속적으로 연구 활동을 하며 학문적 업적을 쌓는 것이 중요합니다. 또한, 한문학연구원으로 활동하기 위해서는 연구뿐만 아니라 다양한 문화교육 프로그램 기획 및 운영에도 참여할 수 있습니다. 박물관, 도서관, 문화재단 등에서 한문 관련 전시나 강좌를 기획하며 한문학이 대중화에 기여합니다. 이러한 활동을 통해 한문학의 사회적 가치를 높이고, 한문학연구원으로서의 전문성과 사회적 영향력을 강화할 수 있습니다.

관련 학과 및 자격증은?

➡ 관련 학과 : 한문학과, 한문교육과,
　　　　　　국어국문학과, 국어교육과,
　　　　　　외국어교육과 등
➡ 관련 자격증 : 중등학교 2급 정교사(한문),
　　　　　　　한자능력검정시험, 한자지도사 등

미래 전망은?

한문학연구원의 전망은 디지털화와 글로벌화의 흐름 속에서 긍정적인 변화를 예상합니다. 디지털 인문학의 발전으로 한문 자료의 디지털 자료화와 온라인 접근성이 향상되면서, 한문학 연구의 폭과 깊이가 확장될 것입니다. 이는 연구자들이 전통적인 연구 방법과 현대적 기술을 융합하여 보다 효율적이고 창의적인 연구를 진행할 수 있게 만들 것입니다. 또한, 세계화의 추세에 따라 한문학의 국제적 관심이 증가하고 있습니다. 이는 한문학연구원에게 해외 연구 기관과의 협력 기회를 제공하며, 동아시아 문화와 사상에 대한 국제적인 이해와 교류를 촉진할 것입니다. 한문학의 글로벌 교육 프로그램 개발과 국제 학술 교류는 이 분야의 전문가들에게 넓은 활동 무대를 마련해 줄 것입니다.

한문학연구원의 역할이 사회 및 교육 분야에서 더욱 중요해지면서, 한문학 교육과 문화 보급에 대한 수요는 당분간 비슷할 것으로 보입니다. 이는 한문학연구원에게 다양한 직업적 기회를 제공하며, 동시에 한문학의 가치를 사회적으로 재조명하는 계기가 될 것입니다. 따라서 한문학연구원은 전통과 현대를 아우르는 연구와 교육 활동을 통해, 한문학의 사회적 기여도를 높이는 중요한 역할을 수행할 것입니다.

관련 직업은?

한문문헌전문연구원, 한적전문사서, 동양서전문번역자, 한문고전리라이터, 출판물기획전문가, 작가, 출판업자,
아나운서, 언론인(기자, PD, 아나운서 등), 중등학교 교사, 대학 교수, 인문과학연구원 등

한문학과
한문학연구원 전공 분석

어떤 학과인가?

한문학은 동양학의 핵심 분야 중 하나로, 한문 원전을 해독하고 탐구하는 학문입니다. 한문은 중국 문자로 널리 알려져 있지만, 실제로는 한국, 일본, 베트남, 중국 등 여러 국가에서 공통적으로 사용된 문어였습니다. 이는 한자 문화권에 속한 우리나라가 근대 이전까지 공식적으로 한자를 사용하며, 사상, 감정, 선현들의 작품, 역사 등을 한자로 기록한 배경과도 연결됩니다. 한문학은 이러한 동양 고전을 연구함으로써, 문학은 물론 역사학, 철학 등 동아시아 학문 전통 전반에 대한 깊은 이해를 가능하게 합니다.

특히 한국의 한문 고전과 문학에 중점을 두는 연구가 이루어지며, 이는 동아시아 문화와 학문의 다양한 측면을 탐구하는 중요한 기반을 마련합니다. 한문학과는 한문 문헌을 정확하게 이해하고 해석할 수 있는 능력을 기르는 데 중점을 둡니다. 이 학과는 인문 고전에 대한 깊은 이해를 통해 21세기 한자 문화권의 중요성이 커지는 상황에서 동아시아적 시각과 안목을 갖춘 인재를 양성하는 것을 목표로 합니다. 학생들은 한문학 연구를 통해 우리 옛 선현들의 문학작품과 전통문화를 이해하고 계승하는 데 필요한 지식과 능력을 갖추게 됩니다.

이는 세분화된 전공만으로는 달성하기 어려운, 넓은 범위의 인문학적 소양과 동아시아에 대한 폭넓은 이해를 제공합니다. 한문학과의 교육은 학생들에게 미래 사회에서 중요한 역할을 할 수 있도록 안내하는 학과입니다.

교육 목표와 교육 내용은?

한문학과는 학생들에게 한문 원전의 정확한 해석과 이해 능력을 개발하는 데 중점을 둡니다. 이는 동아시아의 광범위한 문화와 학문적 전통에 대한 깊은 이해를 통해, 21세기 한자 문화권의 중요성을 인식하고 이를 현대 사회에 적용할 수 있는 인재를 양성하는 것을 목표로 합니다.

학생들은 한문학 연구를 통해 고전 문학작품과 전통문화를 이해하고 계승할 필요한 지식과 능력을 갖추게 되며, 이 과정에서 넓은 범위의 인문학적 소양과 동아시아에 대한 폭넓은 이해를 얻게 됩니다.

한문학과 교육은 미래 사회에서 중요한 역할을 할 수 있도록 학생들을 안내합니다. 동아시아적 시각과 안목을 갖춘 인재를 양성하며, 한문학의 깊이와 너비를 탐구하는 데 필수적인 기반을 마련합니다.

» 한문 원전을 정확하게 해석하고 깊이 이해할 수 있는 능력을 갖춘 인재를 양성합니다.
» 동아시아 문화와 학문에 대한 깊은 이해를 바탕으로, 다양한 문화적 배경과 역사적 맥락을 연결할 수 있는 인재를 양성합니다.
» 21세기 한자 문화권의 중요성을 인식하고, 이를 현대 사회와 글로벌 커뮤니티에 전파할 수 있는 인재를 양성합니다.
» 한문학 연구를 통해 우리의 전통 문화와 선현들의 지혜를 이해하고 계승할 수 있는 비전을 가진 인재를 양성합니다.
» 넓은 범위의 인문학적 소양과 비판적 사고 능력을 갖추어, 다양한 학문적 질문에 답할 수 있는 창의적인 인재를 양성합니다.
» 동아시아에 대한 폭넓은 이해를 통해 국제적인 시각에서 문화적 가치를 소통할 수 있는 인재를 양성합니다.

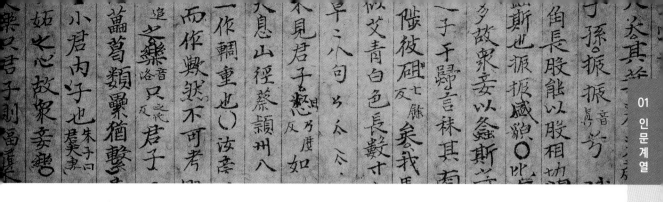

학과에 적합한 인재상은?

한문학을 전공하는 데에는 동아시아 고전에 대한 깊은 호기심이 요구됩니다. 고대 문헌 속에 숨겨진 지혜와 역사를 탐구하려는 열정은 이 분야에 꼭 필요한 요소입니다. 한문학은 단순히 언어를 넘어서 문화, 역사, 철학의 교차점에서 인류의 공통된 질문에 대한 답을 찾아가는 여정입니다. 이러한 탐색 과정에서 새로운 발견과 연결을 만들어내는 데에 호기심이 중심 역할을 합니다.

또한, 한문학 전공자에게는 언어적 감각과 문학적 감수성이 필수적입니다. 한문 텍스트의 복잡한 구조와 미학을 이해하고, 그 안에서 다층적인 의미를 추출할 수 있는 능력은 이 학문을 더욱 풍부하게 만듭니다. 문학작품, 역사문서, 철학적 논문 등 다양한 장르를 넘나드는 한문 원전들은 광범위한 지식과 민감한 해석력을 요구합니다. 이러한 문학적 감수성은 한문학의 깊이를 더하고, 전공자로 하여금 고전을 현대적 맥락에서 재해석할 수 있는 능력을 길러줍니다.

마지막으로, 한문학을 전공하기 위해서는 끈기와 인내가 필요합니다. 고전 원문을 정확히 이해하고 해석하기까지는 오랜 시간과 노력이 소요됩니다. 이 과정에서 발전하는 분석적 사고력과 문제 해결 능력은 학문적 성취뿐만 아니라 인생의 다양한 영역에서도 큰 자산이 됩니다. 한문학의 도전적인 공부는 꾸준한 학습 의지와 지적 호기심을 만족시키며, 결국에는 깊은 지식과 이해로 이어지는 보람 있는 여정입니다.

주요 교육 목표

한문학 연구 능력 함양

- - - - - - - - - - - - - - - - - - - -

비판적 사고 및 분석 능력 개발

- - - - - - - - - - - - - - - - - - - -

전통문화 계승 및
현대적 적용 능력 강화

- - - - - - - - - - - - - - - - - - - -

한문 문헌 해석 능력 향상

- - - - - - - - - - - - - - - - - - - -

동아시아 문화 이해 증진

- - - - - - - - - - - - - - - - - - - -

국제적 소통능력 및
문화 교류 역량 강화

관련 학과는?

국어국문학과, 국어교육과, 한문교육과, 외국어교육과, 중어중문학과 등

진출 직업은?

한문문헌전문연구원, 한적전문사서, 동양서전문번역자, 한문고전리라이터, 출판물기획전문가, 작가, 출판업자, 아나운서, 언론인(기자, PD, 아나운서 등), 중등학교 교사, 대학 교수, 인문과학연구원 등

 ## 취득 가능 자격증은?

☑ 중등학교 정교사 2급(한문)
☑ 한자능력검정시험
☑ 한자지도사 등

추천 도서는?

- 모던한문학(학자원, 김진균)
- 한문학 강의노트(다운샘, 김재욱)
- 한국한문학의 이론 산문(보고사, 동방한문학회)
- 한문학 연구의 이모저모(국학자료원, 이종문)
- 이이화의 한문 공부(역사비평사, 이이화)
- 이조한문단편집(창비, 이우성 외 1인)
- 한문학의 이해와 연구(경진, 윤인현)
- 한자의 이해(고려대학교출판부, 고려대학교한문한자연구소)
- 한국문학통사(지식산업사, 조동일)
- 한국문학의 이해(민음사, 김흥규)
- 강의 : 나의 동양고전 독법(돌베개, 신영복)
- 한국 고전명시 100선 감상(계명대학교출판부, 안병렬)
- 삼국유사(민음사, 일연)
- 조선시대 책과 지식의 역사(천년의상상, 강명관)
- 한국 고전문학의 비평적 이해(제이앤씨, 정병헌)
- 우리 고전문학을 찾아서
  (고려대학교민족문화연구, 고미숙)
- 한국의 고전을 읽는다(휴머니스트, 고운기 외)
- 열하일기(돌베개, 박지원)
- 조선의 뒷골목 풍경(푸른역사, 강명관)
- 한국학, 그림과 만나다(태학사, 정민 외 1인)
- 두보시선(지식을만드는지식, 두보)
- 허삼관 매혈기(푸른숲, 위화)
- 사기열전(서해문집, 사마천, 김원중 역)
- 삼국지(민음사, 나관중)
- 내면기행(민음사, 심경호)

학과 주요 교과목은?

기초 과목	한문고전의 이해, 한학연구입문, 컴퓨팅사고, 열린사고와 표현, 대학실용영어, 동양고전의 이해, 한문문화의 이해, 한문문학과 문화유산, 한문문학입문, 국문문학과 한문문학, 초급한문강독, 한문문법입문, 한문문학과 한국역사, 한문문학과 생활문화, 중급한문강독 등
심화 과목	한국한문학배경론, 한국한문학작가론, 한문교육론, 한문과 논리논술, 전통의학과 우리생활, 한문학사의 쟁점, 역대사상사자료선독, 역대한시명작선독, 고급한문강독, 한국한문산문론, 한문교재연구 및 지도법, 한문산문의 탐구, 역대한문산문선독, 한국한문학비평자료선독, 고급한문강독, 한문문학과 문화유산, 한문학특수과제연구, 동아시아문학과 한국한문학, 금석서예실습, 한문번역실습, 한문문학과 중세예술, 동아시아비교문화자료선독 등

졸업 후 진출 분야는?

기업체	방송사, 출판사, 신문사, 광고 회사, 금융 기관, 문화콘텐츠 관련 회사, 일반 기업의 사무직 등
연구소	한국학중앙연구원, 한국고전번역원, 세종대왕기념관, 태동고전연구소, 한문학·한국학 관련 국가·민간 연구소 등
정부 및 공공기관	대학교, 중고등학교, 정부부처 및 공공기관, 국사편찬위원회, 한국국학진흥원 등

전공 관련 선택 과목은?

▶ 국어, 영어 교과는 모든 학문의 기초적인 성격을 가진 도구교과로 모든 학과에 이수가 필요하여 생략함.

수능 필수	화법과 언어, 독서와 작문, 문학, 대수, 미적분 I , 확률과 통계, 영어 I , 영어 II , 한국사, 통합사회, 통합과학, 성공적인 직업생활(직업)		
교과군	선택 과목		
	일반 선택	진로 선택	융합 선택
수학, 사회, 과학	사회와 문화, 현대사회와 윤리	동아시아 역사 기행, 윤리와 사상, 인문학과 윤리	사회문제 탐구, 윤리문제 탐구
체육·예술			
기술·가정/정보			
제2외국어/한문	중국어, 일본어, 한문	중국어 회화, 심화 중국어, 한문 고전 읽기	중국 문화, 언어생활과 한자
교양		인간과 철학, 교육의 이해	

학교생활기록부 관리는?

출결 사항	• 미인정 출결 내용이 없도록 관리하세요. 　미인정 출결 내용이 있으면 인성, 성실성 영역 등에서 부정적 평가를 받을 가능성이 높아요.
자율·자치활동	• 다양한 교내외 활동에서 자기주도적 참여를 통해서 한문학연구원과 관련이 깊은 한문, 국어, 영어, 제2외국어 교과에 대한 관심과 흥미, 창의적 문제 해결 능력, 의사소통 능력, 협업 능력, 발전 가능성 등이 드러나도록 하세요.
동아리활동	• 한문, 국어, 영어, 사회, 제2외국어 관련 동아리 활동 참여를 통해서 한문학과 관련 전공에 대한 준비를 하세요. • 가입동기, 본인의 역할, 배우고 느낀 점, 한문학과 진학을 위해 기울인 활동과 노력이 나타날 수 있도록 참여하세요. • 학교내에서 타인을 위해 할 수 있는 지속적인 봉사 활동을 하세요. • 학교에서 주관하는 글쓰기 행사, 한자 교육 멘토링, 사회문화 행사 등 인문 관련된 봉사 활동을 하세요.
진로 활동	• 한문학과와 관련된 직업 정보 탐색 활동을 권장해요. • 한문 교육 관련 기관 및 관련 학과 체험 활동이 무척 중요해요. • 한문, 국어, 영어, 제2외국어 분야에 대한 적극적 진로 탐색 활동을 통해서 자신의 진로 역량, 공동체 역량, 발전 가능성 등이 나타날 수 있도록 하세요.
교과학습발달 상황	• 한문, 국어, 영어, 사회, 제2외국어 교과 등 한문학연구원과 관련된 교과 성적은 상위권으로 유지시키고, 관련 교과 수업에서 학업 역량, 진로 역량, 공동체 역량, 자기주도성, 문제 해결 능력, 창의력, 발전 가능성 등의 역량이 발휘될 수 있도록 수업에 적극 참여하세요. • 한문, 국어, 영어, 사회, 제2외국어 관련 분야의 교과 연계 독서 활동 내용이 기록되도록 하세요.
독서 활동	• 한문, 국어, 영어, 사회, 제2외국어 등 다양한 분야의 책을 읽으세요. • 한문, 문학, 과학, 사회, 외국어 등 다양한 독서 활동을 통해서 한문학연구원의 기본적인 지식을 쌓는 것이 중요해요.
행동 발달 특성 및 종합 의견	• 창의력, 문제 해결 능력, 의사소통 능력, 협업 능력, 리더십, 발전 가능성, 진로 역량 등이 드러날 수 있도록 하세요. • 자기주도성, 경험의 다양성, 성실성, 나눔과 배려, 학업 태도와 학업 의지에 대한 자신의 장점이 생활기록부에 기록되도록 관리하세요.

참고 문헌 및 참고 사이트

- "2015 개정 교육과정 시행에 따른 학생부종합전형 준비를 위한 선택교과목 가이드북", 명지대학교, 국민대학교, 서울여자대학교, 숭실대학교(2019).
- "2015 개정 교육과정에 따른 선택 과목 안내서", 교육청교육연구정보원서울특별시(2024).
- "2024 이후 학생부위주전형 모집단위별 인재상 및 권장과목", 부산대학교(2024).
- "2024 진로연계 과목 선택을 위한 학과안내서", 부산광역시교육청(2024).
- "2024학년도 서울대 권장 이수과목 목록", 서울대학교(2024).
- "고등학교 교과목 안내", 충청남도교육청(2019).
- "대학 전공 선택 길라잡이", 전라남도교육청(2024).
- "전공 적성 개발 길라잡이", 세종특별시자치교육청(2024).
- "진로 연계 과목 선택을 위한 학과 안내서", 광주광역시교육정보원(2024).
- "청소년을 사로잡는 진로디자인5", 부산광역시교육청(2024).
- "학생 진로진학과 연계한 과목 선택 가이드북", 교육부(2019).

- 커리어넷 www.career.go.kr
- 메이저맵 www.majormap.net
- 대입정보포털 어디가 www.adiga.kr
- 고용24 www.work24.go.kr
- 전국 각 대학 홈페이지

나만의 진로 가이드북 :
인문계열 (2022 개정 교육과정 적용)

1판 1쇄 찍음   2024년 12월 2일

출판   (주)캠토
저자   김강석·하 희·이남설

총괄기획   민하늘(sky@camtor.co.kr)
책임편집   이사라
디자인   북커북

R&D   오승훈·김예솔·박민아·최미화·강덕우·송지원·국희진·양채림·윤혜원·송나래·황건주
미디어사업   이동준·박지원
교육사업   문태준·박홍수·정훈모·송정민·변민혜
브랜드사업   윤영재·박선경·이경태·신숙진·이동훈·김지수·조용근·김연정
경영지원   김동욱·지재우·임철규·최영혜·이석기·노경희
발행인   안광배

주소   서울시 서초구 강남대로 557(잠원동, 성한빌딩) 9F
출판등록   제2012-000207
구입문의   (02) 333-5966
팩스   (02) 3785-0901
홈페이지   www.campusmentor.co.kr (교구몰)

ISBN 979-11-92382-05-0 (44080)
ISBN 979-11-92382-04-3 (세트)